東大寺叢書 1

東大寺要録 一

東大寺

東大寺要録　一

東大寺叢書1

東大寺

『東大寺叢書』刊行の辞

天平十五年（七四三）、聖武天皇は、天下の隅々にまで法恩を行きわたらせるという願いを込めて、盧舎那大仏を造立することを発願され、これを本尊とする東大寺の建立を進められました。そこには聖武天皇の、あらゆる人々の祈りを大仏のもとに一つにまとめようという熱い思いが込められていました。その後、本寺は、幾度となく壊滅の危機に瀕しましたが、そのたびに多くの人々の願いによって復興してまいりました。

本寺は、多くの経巻・典籍・文書を伝えてきました。それらには、すでに一部公開したものもありますが、これまで公開の機会に恵まれなかったものも、また多くあります。これらを、できるだけ原本に近い鮮明な形で公開することは、本寺の長い間の願いでありました。そこで、このたび『東大寺叢書』として、順次刊行していくことといたしました。刊行書目は東大寺叢書編纂会において選定いたします。

本叢書が、本寺に関する研究のみならず、古代から近現代に至る南都・日本および諸外国の仏教・寺院に関する宗教的、政治的、経済的、文化的その他の諸研究の基礎となることを願ってやみません。

平成三十年十二月

東大寺

東大寺叢書編纂会

上司永照

木村清孝

栄原永遠男

杉本一樹

永村眞

湯山賢一

（あいうえお順）

醍醐寺の格別のご高配により、本巻には、同寺所蔵の重要文化財『東大寺要録』を収録させていただくことができました。厚く御礼申し上げます。

東大寺

凡例

一、『東大寺叢書』の第一期として、東大寺叢書編纂会による選定にもとづいて、『東大寺要録』一、二、三を刊行する。本書はその第一分冊である。

一、『東大寺要録』は全一〇巻からなるが、東大寺の所蔵本（東大寺本、重要文化財）は巻第二を欠いており、その欠を補うために『東大寺続要録』の一冊を巻第二として編入して冊子本一〇冊としている。一方、明治時代に醍醐寺において「東大寺続要録巻第一」「東大寺要録巻第二」が発見された（醍醐寺本、重要文化財）。これは、鎌倉時代に東大寺僧の寛乗（聖守）が書写したもので、東大寺本はこれを室町時代に写したものである。以上の点に鑑みて、本書には、醍醐寺本の巻第一、巻第二とそれらの紙背文書、東大寺本の巻第一、巻第二を収録する。醍醐寺本の画像データは醍醐寺より提供をうけたものを使用させていただいた。

一、高精細カラー影印版として刊行し、学術調査・研究の基礎資料として広く提供する。

一、原本に対する縮尺率は、醍醐寺本が八三・二パーセント、東大寺本が八三・五パーセントである。

一、巻子たる醍醐寺本の紙数は、各紙の右端下部に、同紙背文書については各紙の左端下部に示した。冊子たる東大寺本については、丁数と表裏の別を示した。

一、醍醐寺本・東大寺本ともに付箋が貼られている箇所がある。付箋のために下の文字が判読できない場合は、付箋を上げた状態の画像も示した。その箇所に①などの符号を付して、付箋の部分のみを後掲した場合がある。醍醐寺本巻第一裏第二六紙は横位置で書かれているので、文字部分のみを別に縦位置で示した（ともに二二六ページ）。また、醍醐寺本は裏打ちがほどこされているため、紙背文書の文字を明瞭に示すことに心がけた。

一、醍醐寺本および東大寺本の解題は、『東大寺要録』三に収録する。

一、本書の編集は、東大寺史研究所の栄原永遠男が担当し、同坂東俊彦が補佐した。

目　次

醍醐寺本　巻第一

旧表紙

新補表紙

3 醍醐寺本　巻第一（新補表紙・旧表紙）

新補表紙見返し

旧表紙見返し

5 醍醐寺本　巻第一（新補表紙見返し・旧表紙見返し）

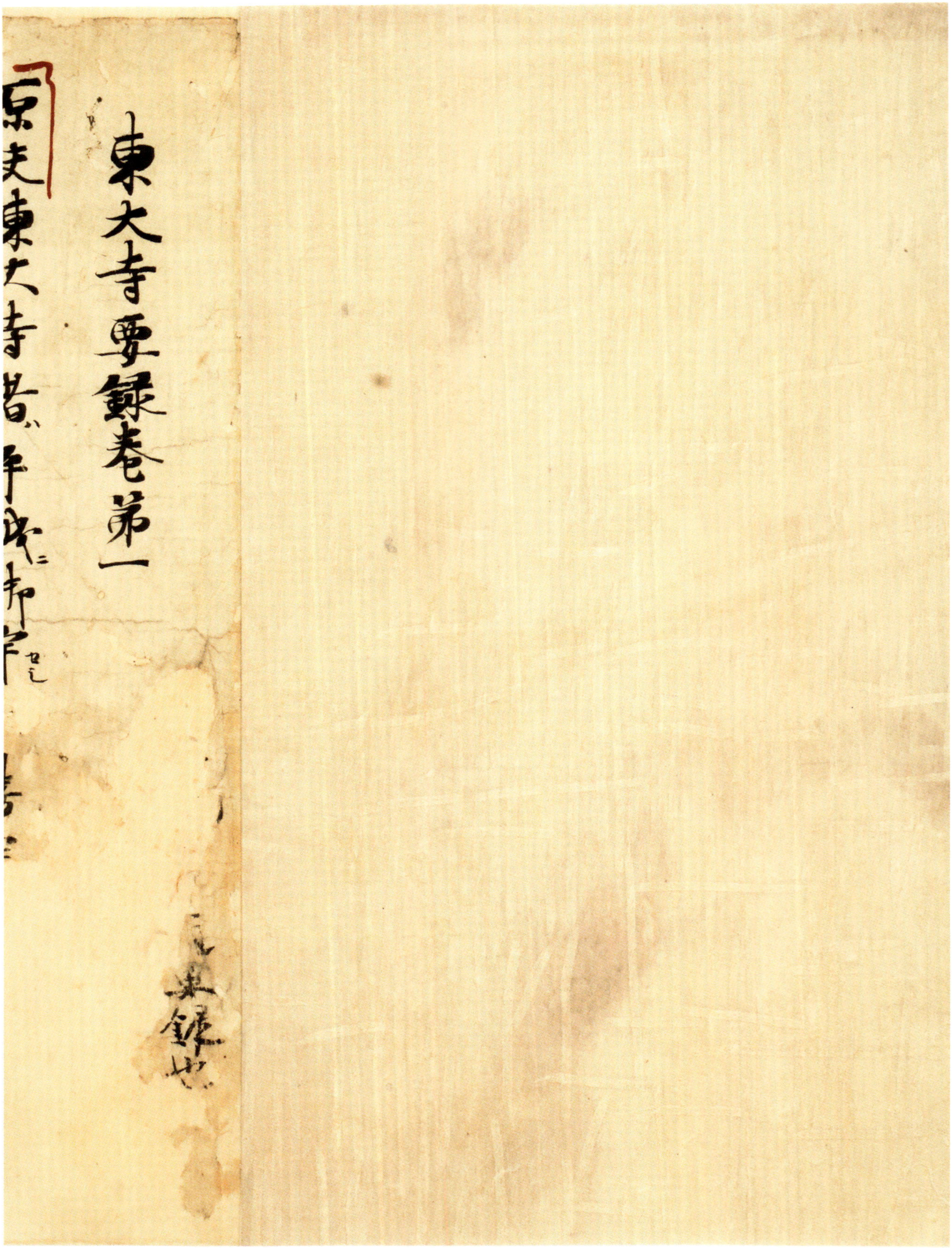

東大寺要録巻第一

第１紙

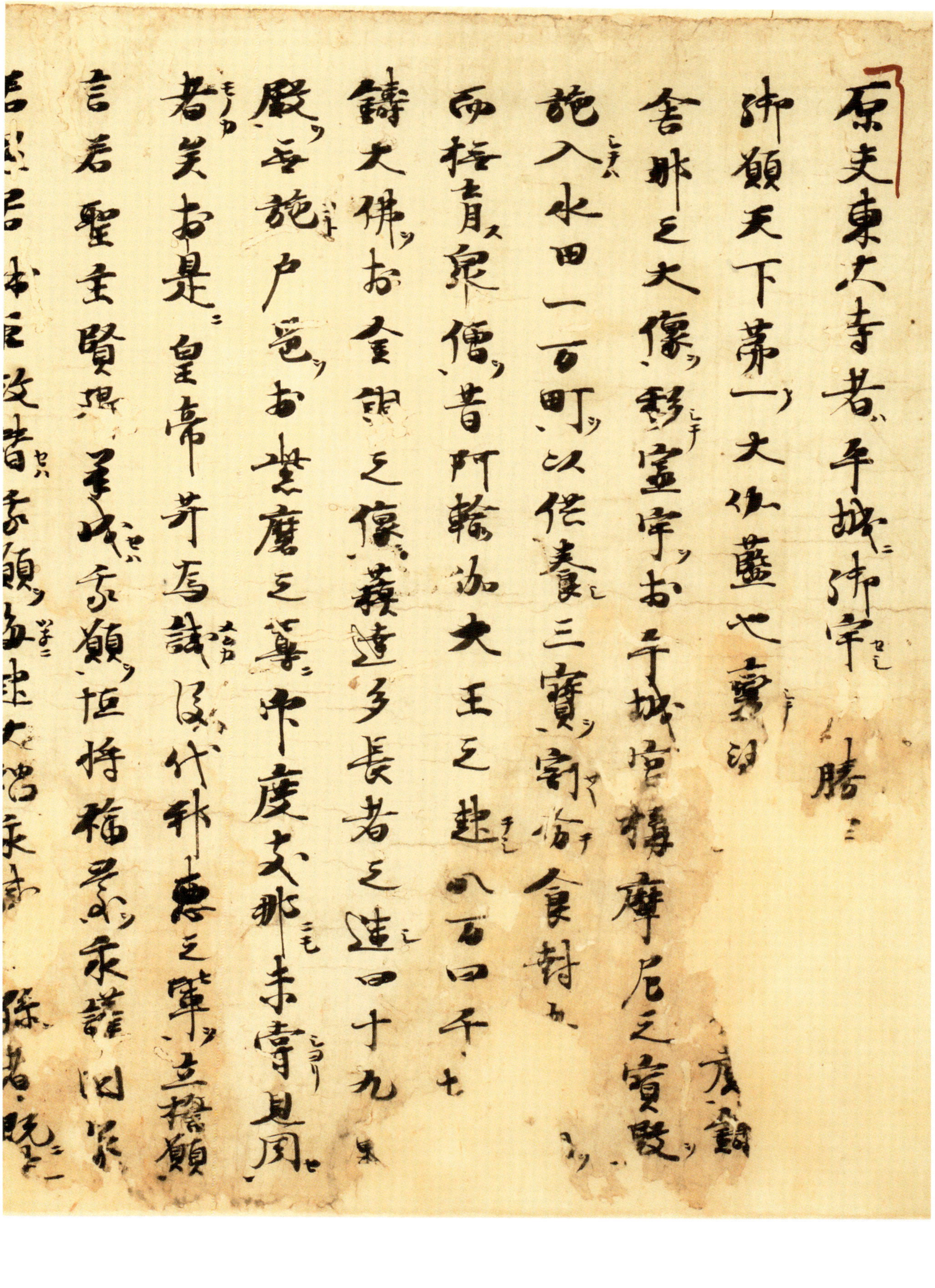

7 醍醐寺本　巻第一（旧表紙見返し・第１紙）

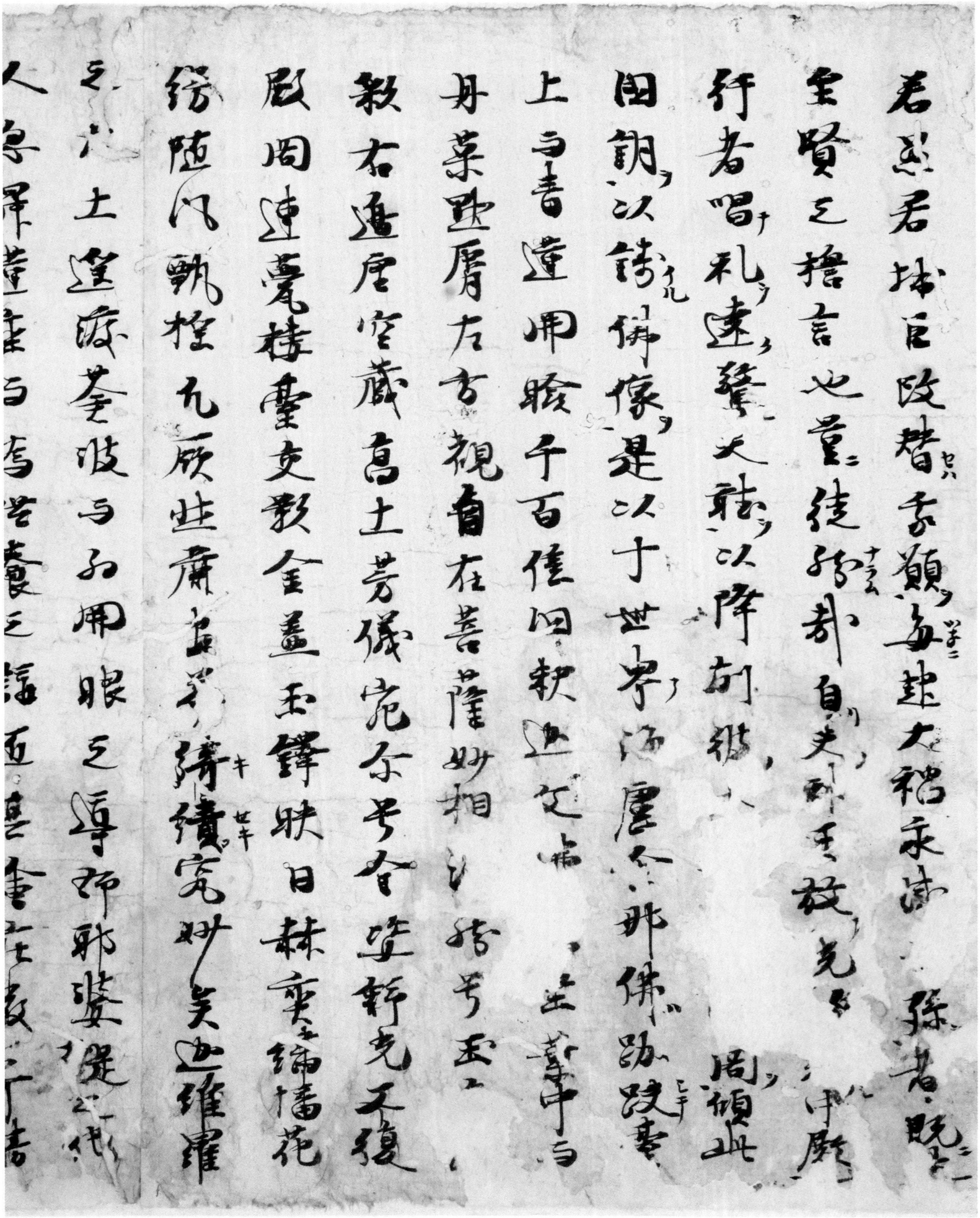

第２紙

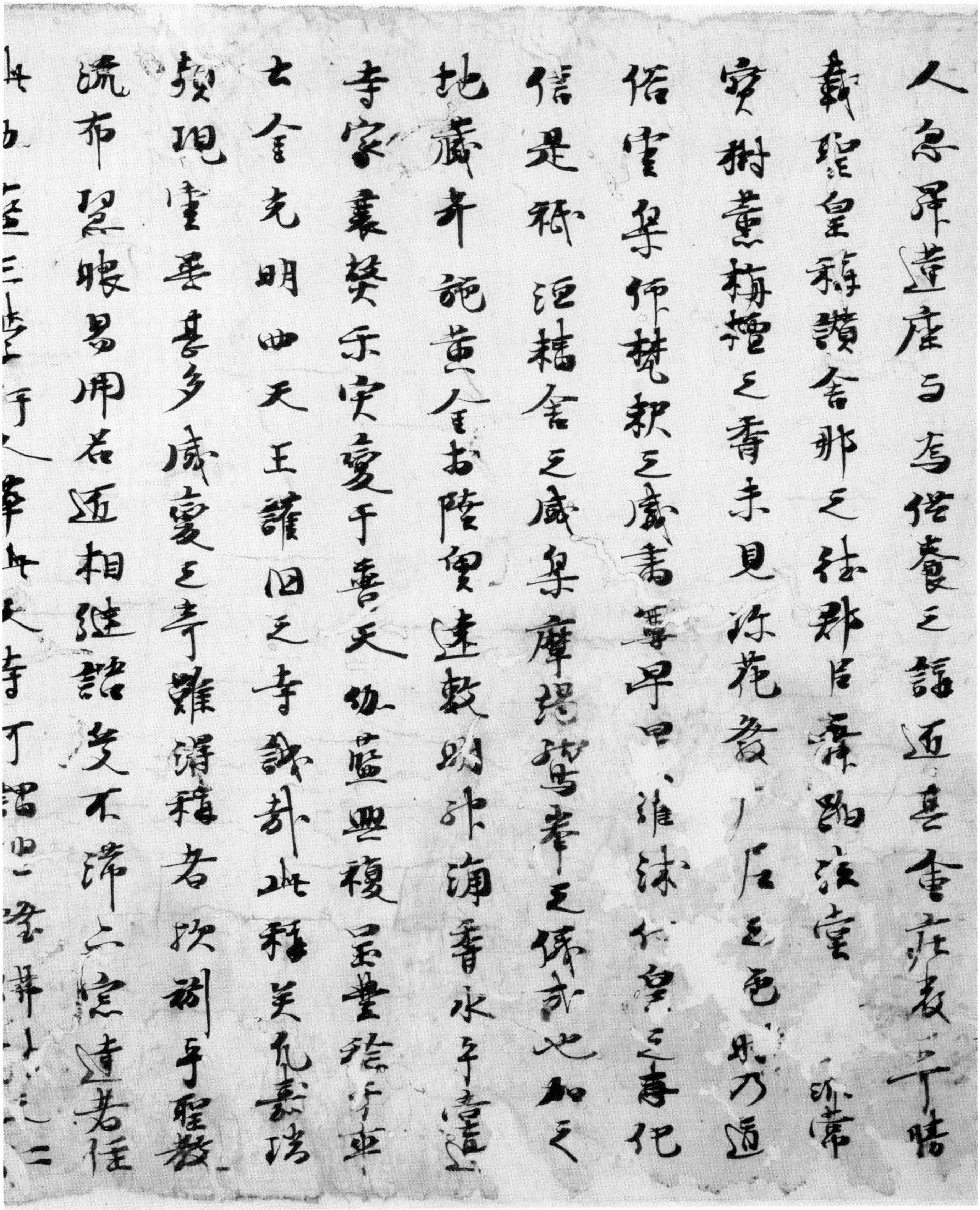

9 醍醐寺本　巻第一（第１紙・第２紙）

此伽藍三學行人華嚴大寺丁謂也隆佛法之仁
祠異住持遠境之勝跡靈場與年紀衝朔々歷暮
甚多寫推遷流記多失唯年紀佛法湖暗聖跡
將絶焉爰少僧目視伽藍有缺者捃拾舊記粗
勒寺要遂編集成十而名曰東大寺要録其有所不
載重見者補之于時嘉承元年歳次丙戌孟春記之 中右郡耳

今用要録略有十章
本願章一　縁起章二　供養章三
諸院章四 付神社　諸會章五 付相折　諸宗章六
別當章七 付和上　封庄章八　末寺章九
雜事章十

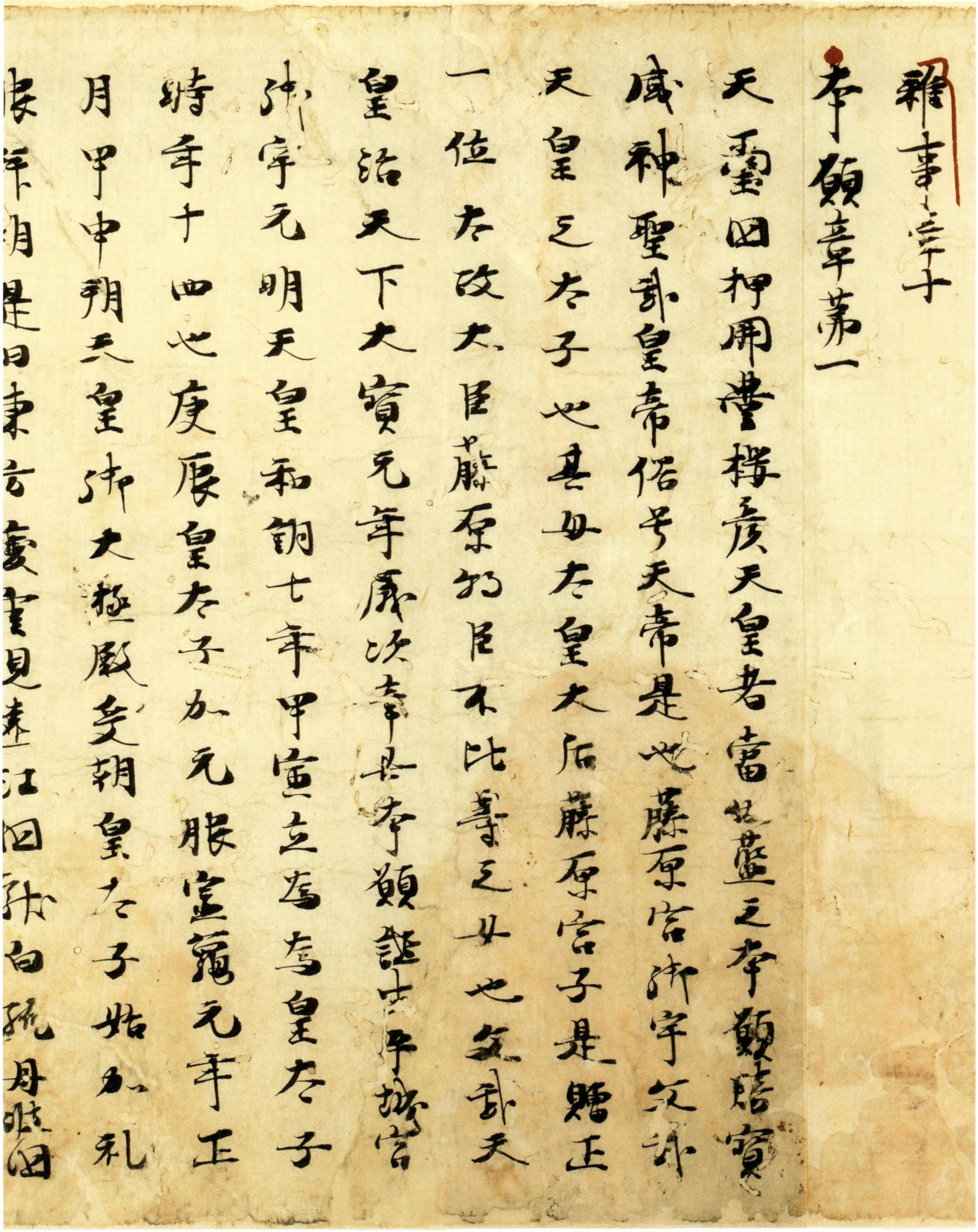

第３紙

11　醍醐寺本　巻第一（第２紙・第３紙）

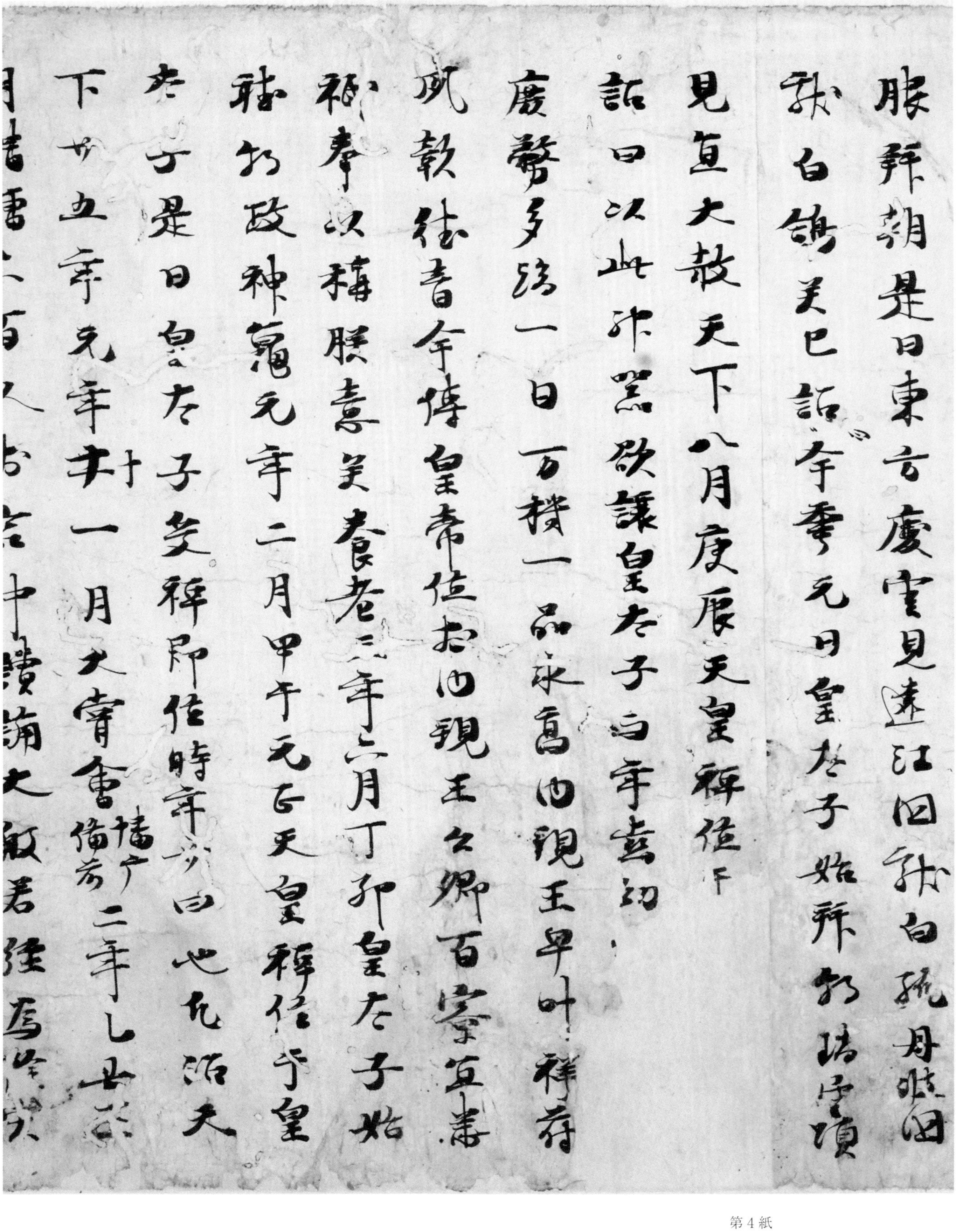
朕拜朔是日東方慶雲見遠江國獻白狐丹波國
獻白鳩矣已詔以今季元日皇太子始拜於諸寺讀
見宜大赦天下八月庚辰天皇禪位下
詔曰以此祚器欲讓皇太子而年甚幼
廣聲多路一日萬機一品永高内親王早叶祥符
夙彰徳音今傳皇帝位於内親王公卿百寮宜奉
祗奉以稱朕意矣養老二年六月丁卯皇太子始
聽於政神龜元年二月甲午元正天皇禪位于皇
太子是日皇太子受禪即位時年廿四也仍治天
下廿五年元年十一月大嘗會播磨備前二年七月廿六
月書八百人於宮中讀誦大般若經為除災

第4紙

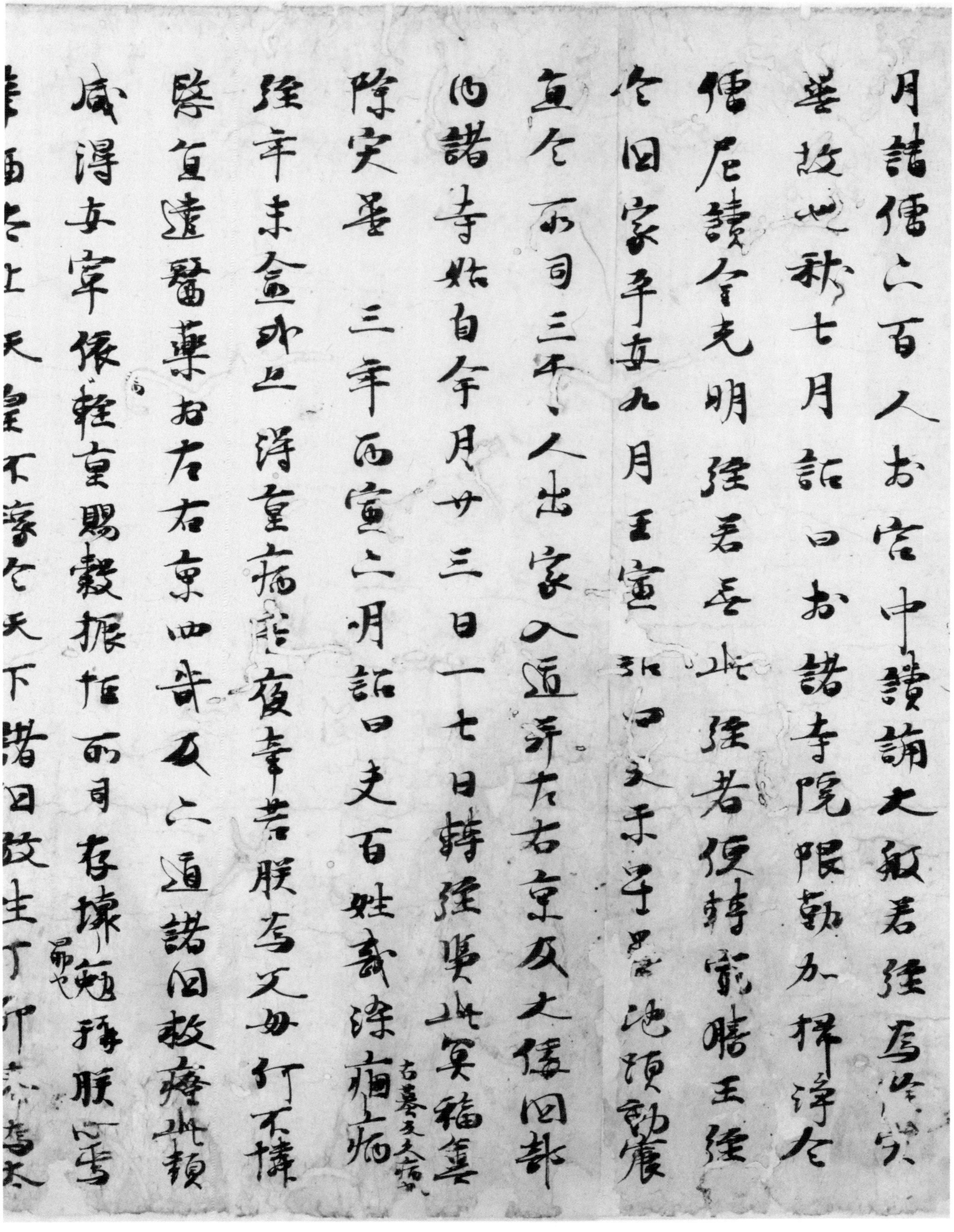

第５紙

13 醍醐寺本　巻第一（第３紙～第５紙）

辛酉太上天皇不豫令天下諸国放生丁卯為太
上天皇度僧廿八人尼二人　七月癸巳詔曰太上天
皇不豫稍經二序宜大赦天下癘疾之徒給湯藥
甲午度僧十五人尼七人又勅所司　天皇寢
膳不安致造藥師佛像挟侍并菩薩天
立東宮奉從養老八月癸卯為太
郡造像并法花經訖於藥師寺設齋會
行基并造山埼橋　四季丁卯二月辛酉諸僧
六百尼三百於中宮令轉讀大般若經銷災
是也　閏九月丁卯皇子誕生癸酉天皇御中宮
而皇子誕生赦天下大辟罪已下又賜百官人
天下与皇子同日産者布百端

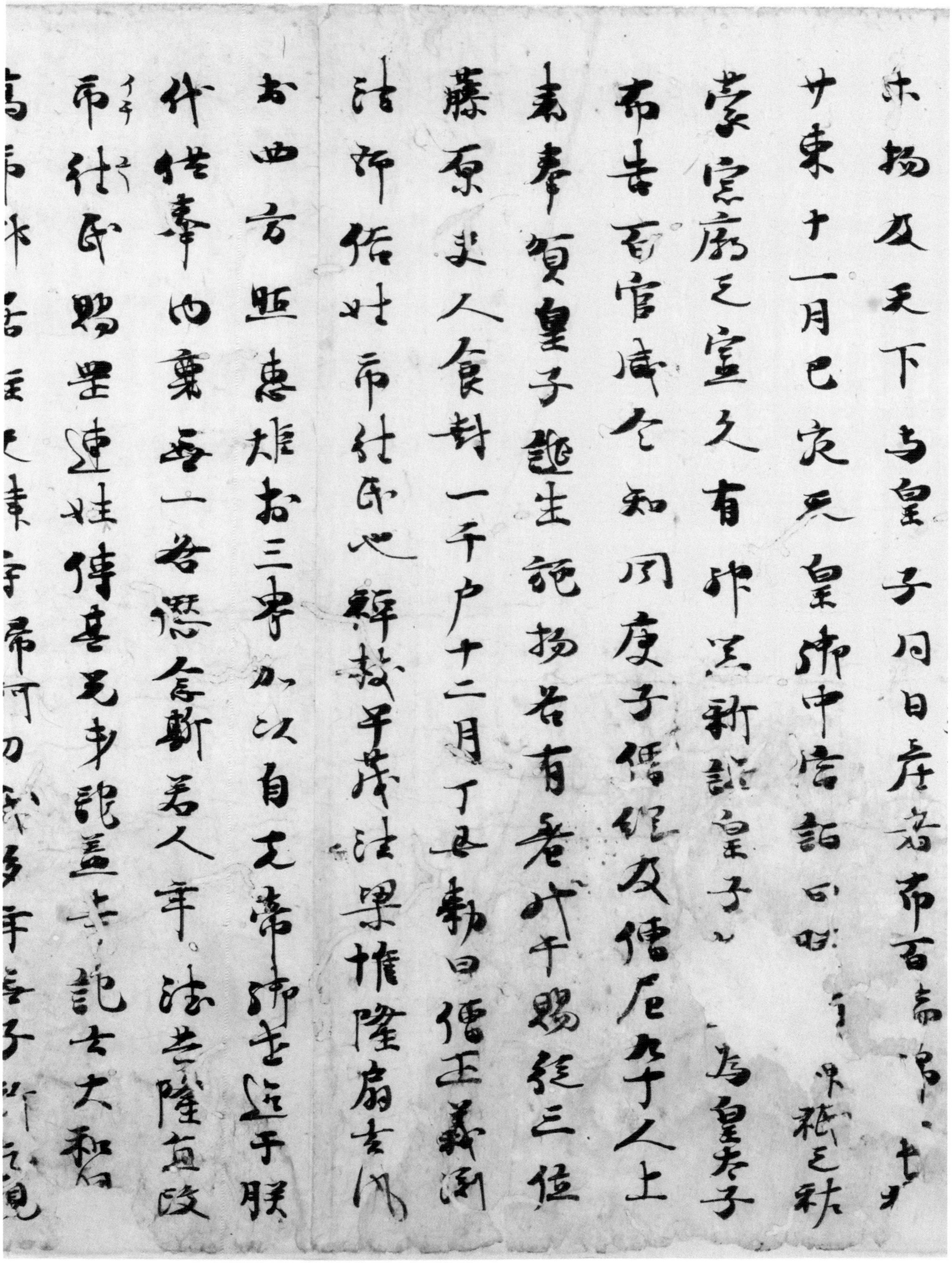

第６紙

15　醍醐寺本　巻第一（第５紙・第６紙）

高市郡居住天津守婦阿刀氏多年無子祈乞観
音菩夜聞小兒音尋出見之在柴垣上裹以白帖
也薫香満室収乳養之不日生長大為天皇聞食
之与日益智王子共之移岡宮遷以宮賜僧正為
寺号龍蓋寺矣
五年戊辰八月甲申勅皇太子寝病経日不愈自非
三寶威力何能解脱患苦因茲敬造観世音菩薩像一
百七十七躯并経一百七十七巻礼仏転経一日行
道縁此力始得平復天勅下之赦天下以救所患
九月丙午皇太子薨王子葬於那富山時年二歳
天皇甚悼惜焉為之廢朝三日為太子幼弱不具
喪礼也十月壬午雲乃王等引率遣右郎宮一工並薩

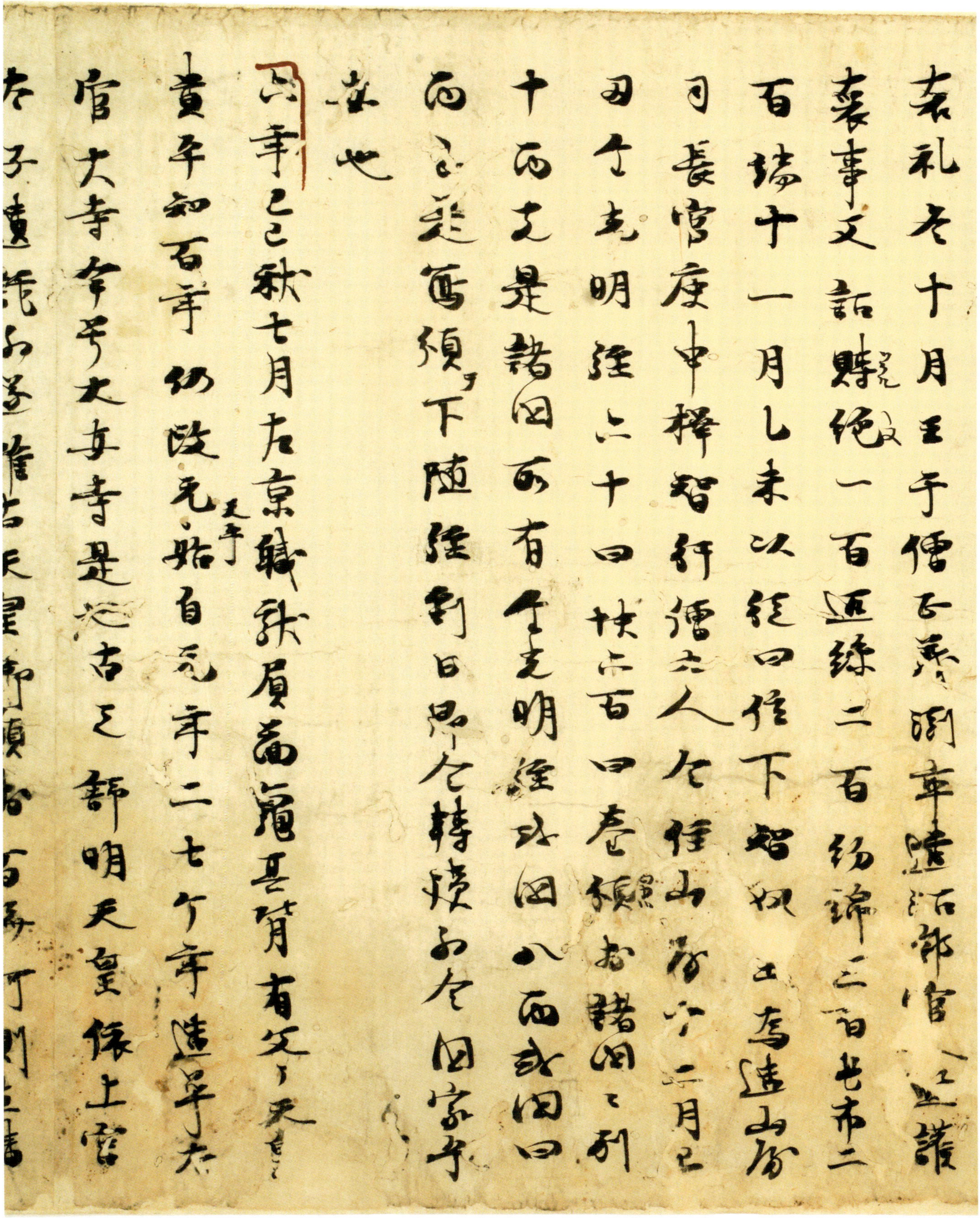
衣礼者十月壬子僧正義淵卒遣治部官人監護
喪事又詔賜絁一百疋絲二百絇綿二百屯布二
百端十一月乙未以従四位下智努王為造山房
司長官度中擇智行僧六人令住山房十二月己
丑金光明経六十四帙六百四巻頒於諸國々別
十巻先是諸國所有金光明経或國八巻或國四
巻至是寫備頒下随経到日即令轉読為令國家平
安也
元年己巳秋七月右京職獻負圖亀其背有文天王
貴平知百年仍改元始自元年二七个年迄于天
官大寺今号大安寺是也古之舒明天皇依上宮
太子遺託於[illegible]推古天皇[illegible]百済河側則立書

第7紙

17 醍醐寺本　巻第一（第6紙・第7紙）

太子遺詔而遂推古天皇御願於百濟河側立精
舎号百濟大寺以寺付属皇極天皇如是九代之
而相承若加營造天智天皇御代二年移[illegible]於
高市地改若大官大寺和銅三年又遷于平城京
聖武天皇奉遵先帝遺詔日夜紹隆此寺遍降綸
命披求良工有道慈法師者乃法門領袖抜道棟
梁也回道居凡十有七年學究三明智洞三藏[illegible]
奏天皇曰道慈回道志法自居回有聖朝但有一
宿念亡遺大寺高祀西明寺結構之様天皇聞
可大悦以為番願須也更勅法師以天下
改造此寺以道慈[illegible]律師宣賜食封一

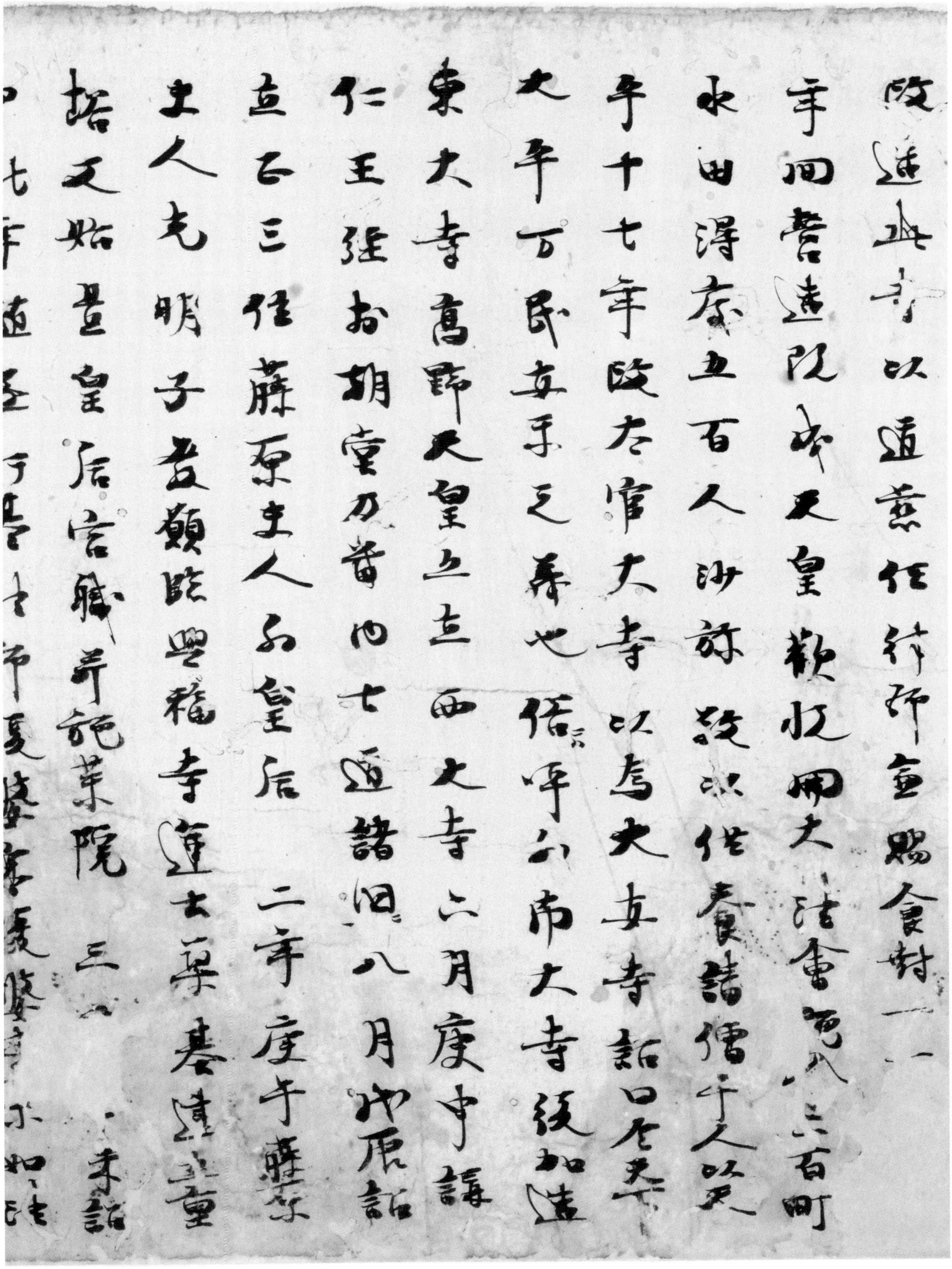

19 醍醐寺本　巻第一（第７紙）

曰比年随逐行基法師優婆塞優婆夷等如法修
行者男年六十一已上女年五十五已上咸聴入道自
余持鉢行路者仰所司厳加捕搦其有遇父母夫喪中
道往於道間困未然呼之即天皇捧飲食往
寝害把於軽童於是降恩感死屍已下升臈
衣服今去自新
五年癸酉々家良弁剏立羂索院号古金鐘寺是
也又有元興寺沙門隆尊律師者専存鴻猷深歎草
創於我國中雖有律本闕傳戒人幸遇天貞吾
我足即請舎人王子啓曰日本戒律未具
力發遣僧栄叡随使入唐請傳戒師普照聖所傳

第8紙

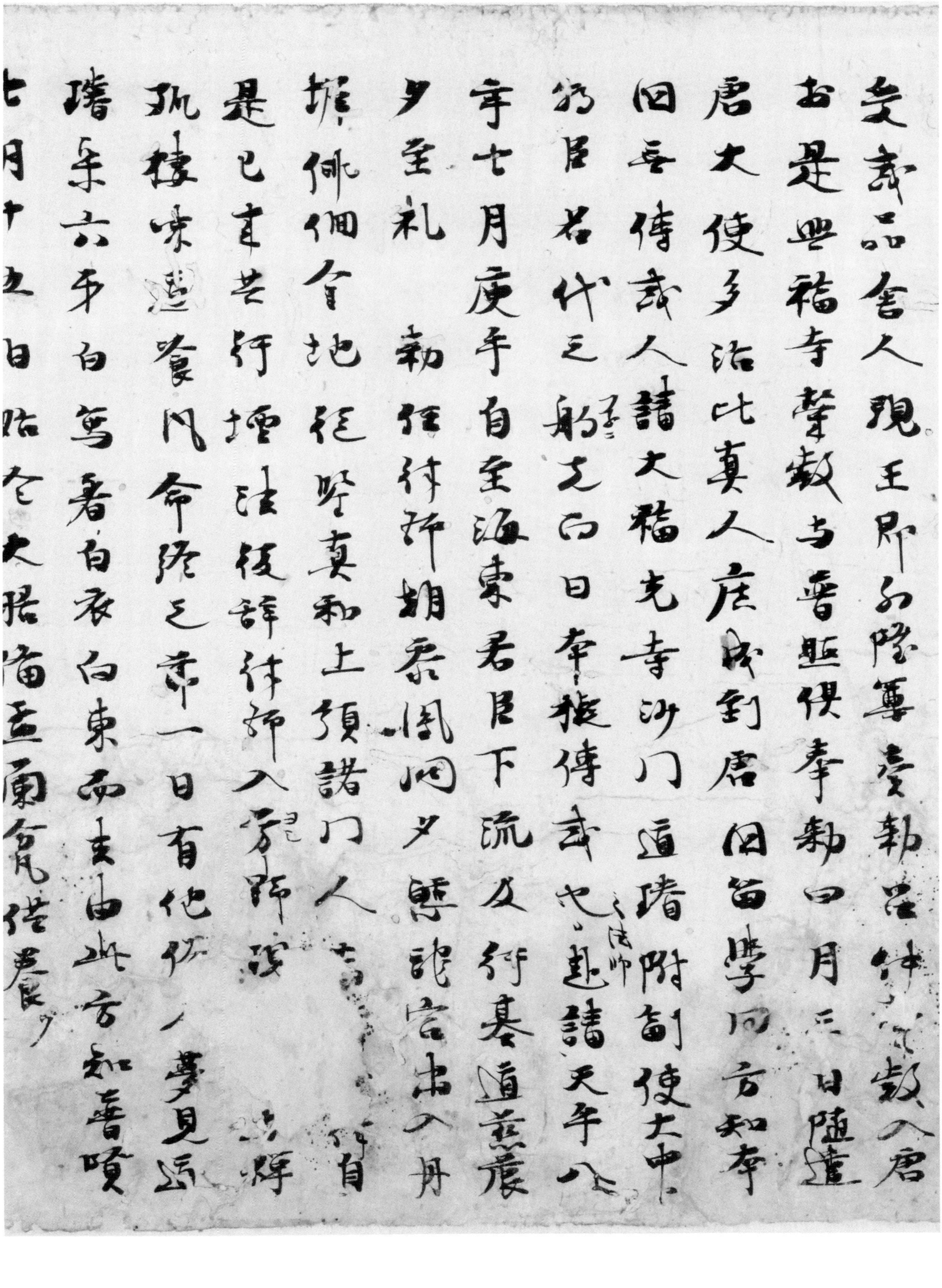
受戒品舍人親王即令隆尊奏勅栄叡入唐
於是興福寺栄叡与普照僧奉勅四月三日随遣
唐大使多治比真人広成到唐因留学問方知本
国無伝戒人請大福光寺沙門道璿附副使大中
臣名代之船先向日本擬伝戒也法師赴請天平八
年七月庚午自至海東君臣下流及行基道慈羨
夕至礼　勅任律師胡奈風問夕懸読定来入冊
擁仏個含地往賢真和上頂諸門人　行自
是已来昔行煙法後辞律師入室師浮
孤棲味道養風命終之前一日有他從人夢見山
璿乗六牙白象着白衣白東而来由此方知菩噴
七月十九日始於大安寺唐院道蘭會亮借慶
21 醍醐寺本　巻第一（第７紙・第８紙）

七月十五日始令大臣備盂蘭盆供養

六年甲戌秋治部卿従四位上門部王奉為一切経

詔曰朕以万機之暇披覧典籍全身延命安民存

業者経史之中釈教最上由是仰憑三宝帰依一

乗敬写一切経巻軸已訖読之者以至誠心上奉

国家下及生類乞索百年祈禱万福聞之者无量

劫間不墮悪趣遠離此網倶登彼岸皇后光

明子以正月十一日之忌日奉為先妣従一位橘

大夫人付十并致造釈迦丈六像此和一建西金

堂奉供養請僧四百口之列説和累業一乗如法行

道三月丙子施入四天王寺食封二百戸限以三年

并施薬未施布

第9紙

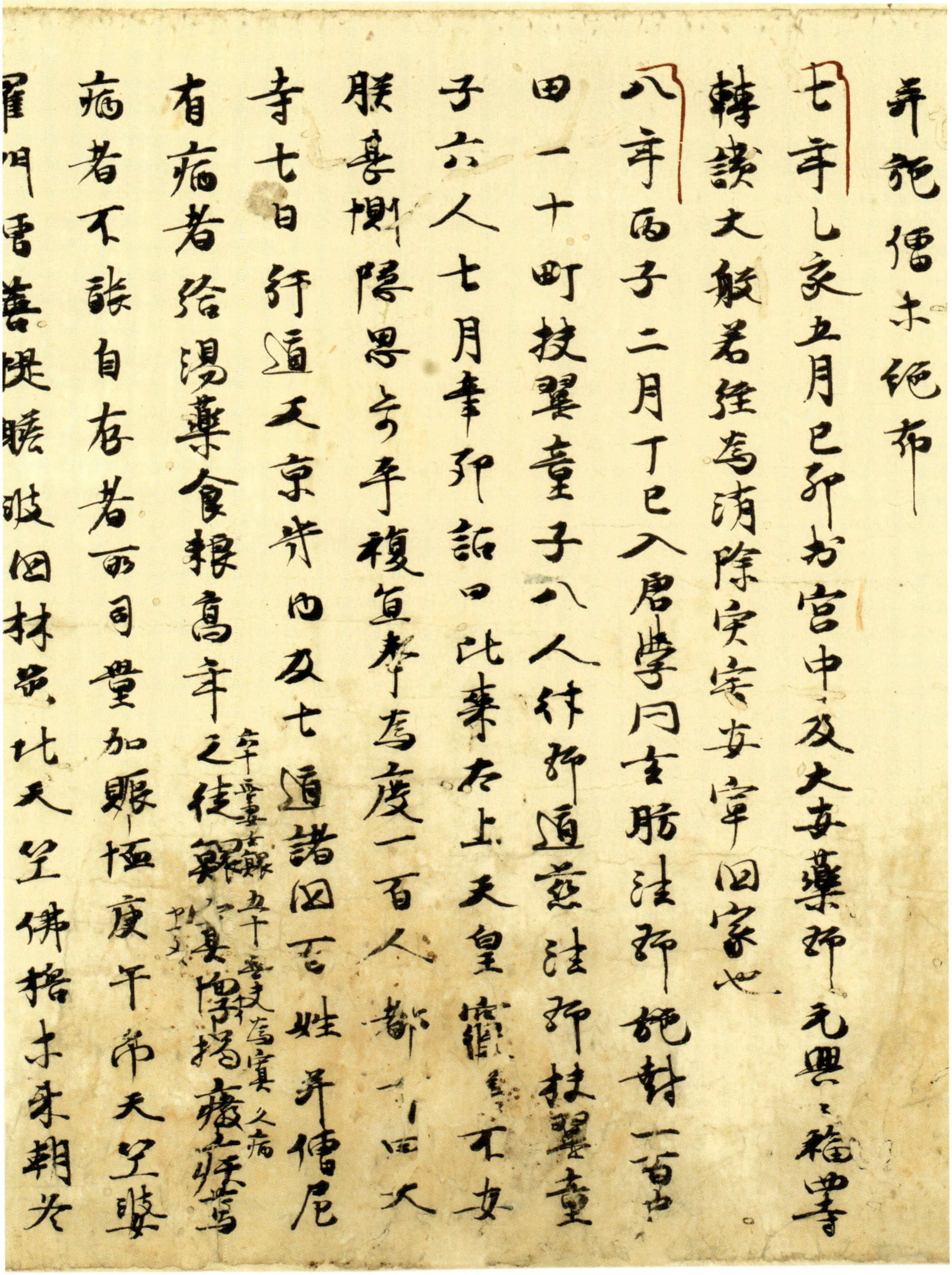

并施僧未絶布
七年乙亥五月己卯於宮中及大安藥師元興弘福寺
轉讀大般若經為消除災害安寧國家也
八年丙子二月丁巳入唐學問生明法師施封一百戸
田一十町拔翠童子八人律師道慈法師拔翠童
子六人　七月辛卯詔曰比來太上天皇寢膳不安
朕甚惻隱思欲平復宜為度一百人都下四畿内
寺七日行道天京畿内及七道諸國百姓并僧尼
有病者給湯藥食粮高年之徒鰥寡惸獨癈疾篤
病者不能自存者所司量加賑恤度千帝天竺婆
羅門僧菩提僊那林邑比天竺佛哲朱來朝矣

23 醍醐寺本　巻第一（第8紙・第9紙）

羅門僧菩提瞻波国林邑、比天竺仏哲来朝矣
十月於中施唐僧道璿婆羅门僧菩提等時服
九年丁丑三月詔曰毎国令造釈迦仏像一躯挟侍
菩薩二躯兼写大般若経一部四月壬子律師道慈
言道慈奉 天勅住此大安寺修造以来於此伽藍
恐有災事私請浄行僧等毎年令転大般若経一部
六百巻因此雖有雷声无所災害請自今以後撮
取諸国進調庸各三段物以充布施請僧百五十
人令転此経伏願護寺鎮国平安 聖朝以此功
徳永為恒例 勅許之八月癸卯令四畿内二監及
七道諸国僧尼清浄沐浴一月之内二三度令読

第10紙

七道諸国僧尼清浄沐浴一月之内二三度令読
最勝王経又月六斎日禁断殺生為天下大
平国土安寧於宮中一十五處請僧七百人令転
大般若経最勝王経四百人四畿内七道諸国五
百七十八人丁卯以玄昉法師為僧正十月御値
講金光明最勝王経于大極殿朝庭之儀一同元
日請律師道慈為講師堅蔵為読師聴衆一百沙
弥一百十二月丙寅改大倭国大養徳国是日
皇大夫人藤原氏就皇后宮見僧正玄昉法師天皇
亦幸皇后宮皇大夫人為沈幽憂久廃人事自誕
天皇未曾相見法師一看慧然開悟至
是与天皇相見天下莫不慶賀即施法師絁一

25 醍醐寺本　巻第一（第９紙・第10紙）

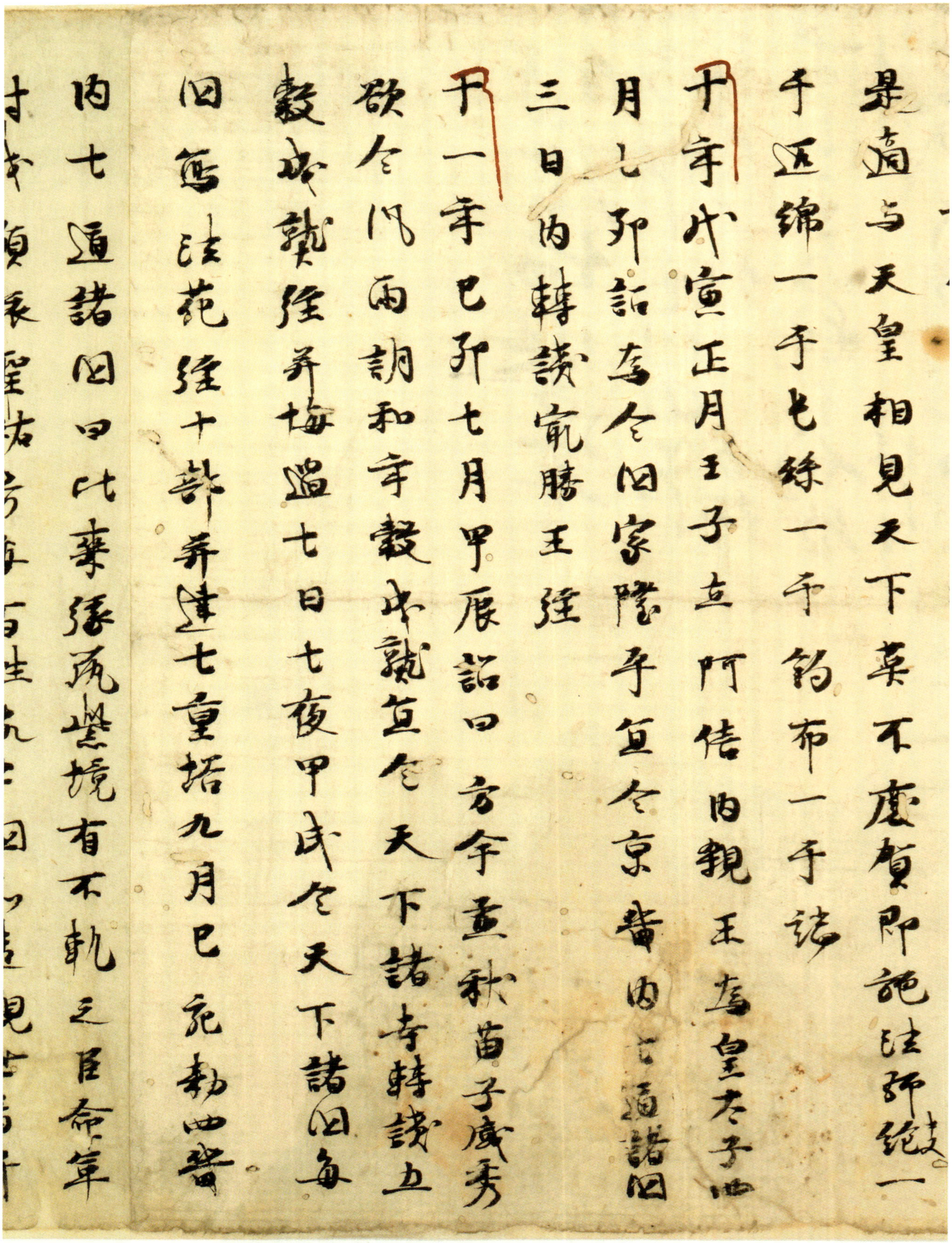
是適与天皇相見天下莫不慶賀即施法師綾一
千疋綿一千屯絲一千鈎布一千端
十年戊寅正月壬子立門侍内親王為皇太子也
月丁卯詔為令国家隆平宜令京畿内七道諸国
三日内轉読最勝王経
十一年己卯七月甲辰詔曰　方今孟秋苗子盛秀
欲令風雨調和年穀成熟宜令天下諸寺轉読五
穀成熟経并悔過七日七夜甲戌令天下諸国毎
国寫法花経十部并建七重塔九月己巳勅四畿
内七道諸国曰比来縁病愁境有不軌之臣命牟

第11紙

討伐願依聖祐方安百姓故々国別造観世音菩
像一軀高七尺并写観世音経一十巻
于二年庚辰五月一日皇后藤原光明子奉為
尊考贈正一位太政大臣府君尊妣従一位橘氏
大夫人敬写一切経論及律荘厳既了伏願憑斯
勝因奉資冥助永庇菩提之樹長遊般若之津又
願上奉　聖朝恒延福寿下及寮采共尽忠節又
光明子自発誓言弘済沈淪勤除煩障妙窮諸法
早契菩提乃至伝燈無窮流布天下聞名持巻獲福
消災一切迷方会帰覚路十月八日於金鐘山寺
良弁僧正奉為聖朝請審祥師初講花厳経

良弁僧正奉為聖朝請審祥師初講花厳経去

天皇御年四十満賀之設講初開講時當現世寳

十三年辛巳三月乙巳詔曰朕以薄徳恭承重任

未弘政化寤寐多慙古之明主皆能光業国泰人

楽災除福至修何政化能臻此道頃者年穀不豊

疫癘頻至慙懼交集唯労罪己是以広為蒼生遍

求景福故前年馳使増餝天下神宮去歳普令天

下造釈迦牟尼仏尊像高一丈二尺者各一鋪并

写大般若経各一部自今春已来至于秋稼風雨

順序五穀豊穣此乃徴誠啓願霊貺如答載惶載懼

無以自寧案経云若有国王講宣読誦恭敬供養

流通此経王者我等四王常来擁護一切災障皆

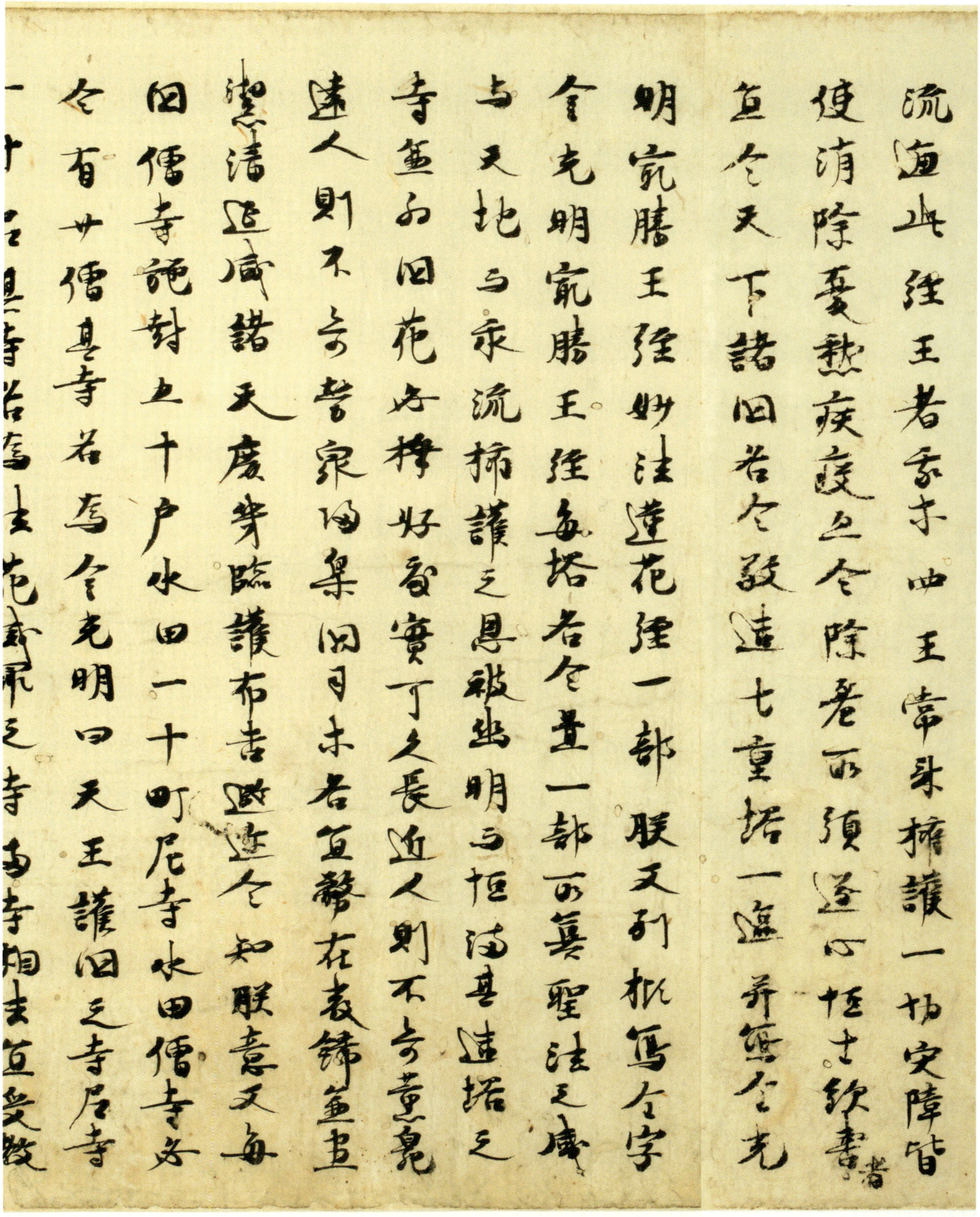
流通此経王者我等四王常来擁護一切災障皆
使消除憂愁疾疫亦令除差所願遂心恒生歓喜者
宜令天下諸国各令敬造七重塔一區并写金光
明最勝王経妙法蓮花経一部朕又別擬写金字
金光明最勝王経毎塔各令置一部所冀聖法之盛
与天地而永流擁護之恩被幽明而恒満其造塔之
寺兼為国花必擇好処実可長久近人則不欲薫臭
所及遠人則不欲労衆帰集国司等各宜務存厳飾兼尽
潔清近感諸天庶幾臨護布告遐邇令知朕意又毎
国僧寺施封五十戸水田一十町尼寺水田十町僧寺必
令有廿僧其寺名為金光明四天王護国之寺尼寺
一十尼其寺名為法花滅罪之寺両寺相去宜受教

第12紙

29 醍醐寺本　巻第一（第11紙・第12紙）

一十尼其寺名為法花滅罪之寺両寺相去宜受教
戒若有闕者即須補満其僧尼毎月八日必應轉讀
最勝王經毎至月半誦戒羯磨毎月六齋日公私不
得漁獵殺生國司宜恒加檢校令斯之寺是其一
也揭時城東改曰東大寺　甲戌奉　八幡神宮
秘錦冠一以金字最勝王經法花經各一部度者十
人封戸馬五疋又令造七重塔一區賽宿禱、七月
十五日金勝僧正發願書寫供奉千手經一千両頓
聚因史玄天平五年辛卯使右大臣正三位橘宿禰
諸兄神祇伯従四位下中臣朝臣名代右少弁従五
位下紀朝臣宇美陰陽頭外従五位下高麦太賫
神寶奉于伊勢大神宮　大神宮禰宜延平日記云

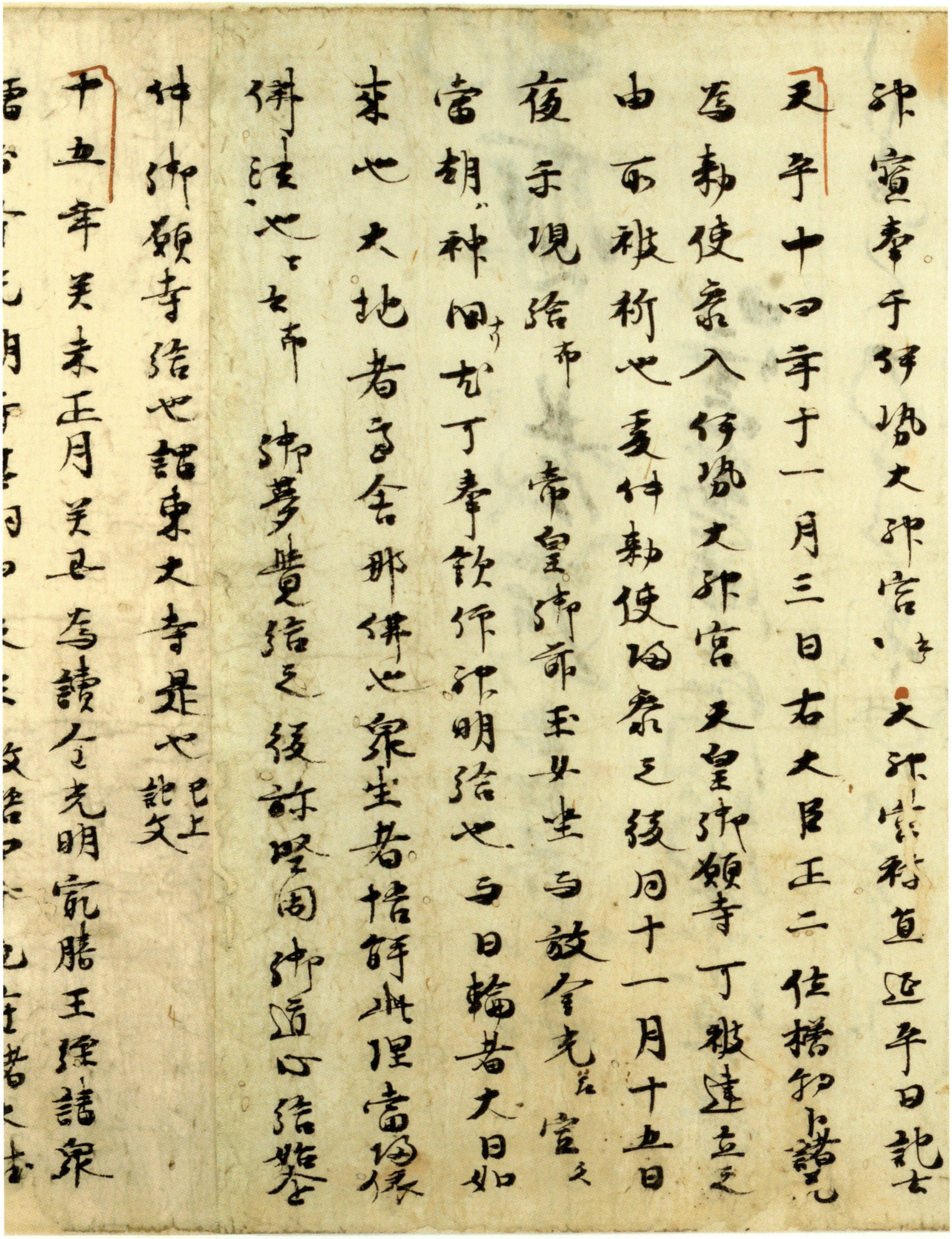
神寳奉于伊勢大神宮、之大神宮禰宜延平日記云
天平十四年十一月三日右大臣正二位橘朝臣諸兄
為勅使參入伊勢大神宮 天皇御願寺可被建立之
由所被祈也 爰件勅使歸參之後 同十一月十五日
夜示現給布 帝皇御前玉女坐而放金光宣久
當朝ハ神國ナリ 尤可奉欽仰神明給也 而日輪者大日如
來也 本地者盧舍那佛也 衆生者悟解此理當歸依
佛法也ト云布 御夢覺給之後 弥堅固御道心給天
件御願寺給也 謂東大寺是也 已上記文
十五年癸未正月癸丑 為讀金光明最勝王經請衆
[illegible]

第13紙

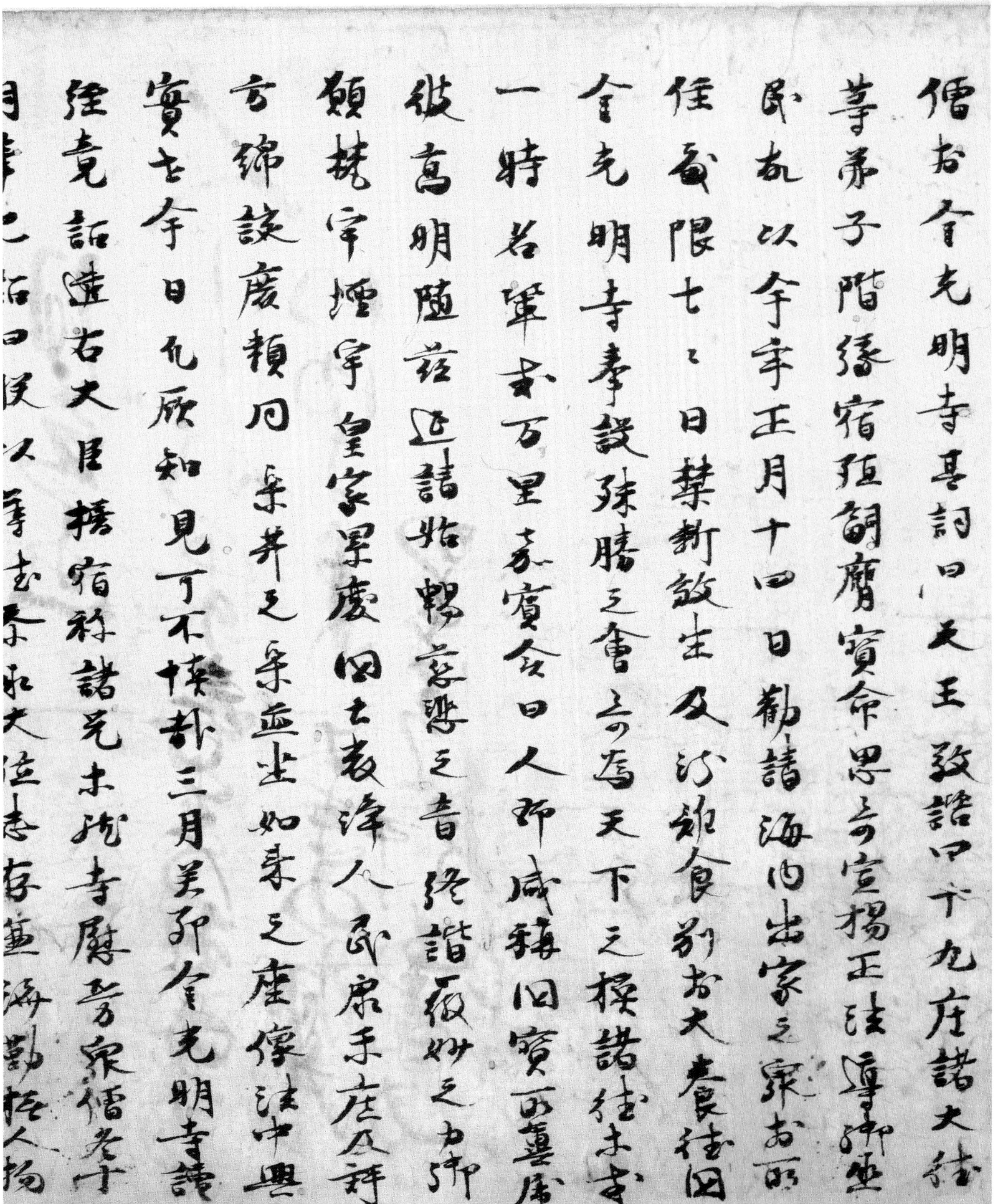
僧於金光明寺其詞曰天皇敬諮四十九座諸大徳
等弟子階縁宿殖嗣膺寶命思欲宣揚正法導御黎
民故以今年正月十四日勧請海内出家之衆於所
住處限七々日禁斷殺生及斷雜食別於大養徳國
金光明寺奉設殊勝之會欲爲天下之摸諸徳等
一時名輩万里嘉賓僉曰人師咸稱國寶所冀屈
彼高明随茲延請始暢慈悲之音終諧微妙之力仰
願梵宇增威皇家累慶國土嚴淨人民康樂廣及羣
方綿該廣類同乘菩提之乘並坐如來之座像法中興
實在今日凡厥知見可不思哉三月癸卯金光明寺讀
經竟詔遣右大臣橘宿祢諸兄來就寺廳勞衆僧各十

月辛巳詔曰朕以薄徳恭承大位志存兼済勤撫人物
雖率土之濱已霑仁恕而普天之下未浴法恩誠欲
頼三寶之威靈乾坤相泰修萬代之福業動植咸榮
粤以天平十五年歳次癸未十月十五日發菩薩大願
奉造盧舎那佛金銅像一躯盡國銅而鎔象削大山
以構堂廣及法界為朕知識遂使同蒙利益共致菩
提夫有天下之富者朕也有天下之勢者朕也以此富勢
造此尊像事也易成心也難至但恐徒有勞人無能感聖
或生誹謗反墮罪辜是故預知識者懇發至誠各
令招福宜毎日三拜盧舎那佛自當存念各造盧舎那
佛也如更有人情願持一枝草一把土助造像者恣
聴之國郡等司莫因此事侵擾百姓強令收斂布告遐

聴之国郡等司莫因此事侵損百姓枉令收斂布遐
迩知朕意焉　皇帝御紫香楽宮為奉造盧
舎那佛像始開寺地於是行基法師率弟子勧誘衆庶
十六年甲申三月丁丑運金光明寺大般若経致紫
香楽宮比至朱雀門雑楽迎奏官人迎礼引導入宮
奉置安殿請僧二百転読一日代宣難波宮東西楼
殿請僧三百人令読大般若経冬十月道慈律師卒
年七十有余又勅降百寮始建知識花厳前佛十一月
壬申甲賀寺始建盧舎那佛像体骨柱天皇親臨手
引其縄于時種々楽共奏四大寺衆僧僉集襯施各有
差　十二月壬辰令天下諸国薬師悔過七日丙申度
一百人此夜於金鐘寺及朱雀路燃灯一万坏

第14紙

一百人此夜於金鍾寺及朱雀路燃灯一万杯
十七年乙酉正月詔以行基法師為大僧正并施四百
人出家　八月庚子設無遮大會於大安殿廿三日
天皇自信楽宮車駕迴平城宮於大倭国添上郡山金
里更移彼寺創同盧舎那仏像天皇以御袖入土持運
加御座土　主文人命婦采女文武官人土運土築堅御
座　九月癸酉天皇不豫令京師畿内諸寺及諸名山浄
處行薬師悔過之法奉幣祈禱賀茂松尾未郡社令諸
国所有鷹鵜並以放去度三千八百人出家甲戌令門
佐伯卜島磨奉幣帛於八幡神社令京師　諸国寫大
般若経合一百部又造薬師仏像七軀高六尺三寸并
六百人令讀大般若経

篤往七酉丁巳平城中宮請僧六百人令讀大般若經
十一月乙卯遣玄昉法師造筑紫觀世音寺庚午收僧玄昉封物
十八年丙戌三月丁卯勅曰興隆三寶國家福田撫育
万民先王之茂典是以為令皇基永固寶胤長承天下
安寧宜令黎元利益仍講仁王般若經於是依周甚殺
以慕為先情感寬仁事緣隱惻宜大赦天下三月十六日
良弁僧正於羂索院奉為大雄大聖天皇孝謙皇帝仁
聖皇后奉國之家諸寺聽衆相共集會始行法花會六
月己亥僧正玄昉忽於登壇敕文落地死已更無骨血
僧正俗姓阿刀氏靈龜二年入唐學問唐天子尊昉准
三品令着紫袈裟天平七年隨大使多治比真人廣

第15紙

三品令着紫袈裟天平七年随大使多治比真人広成
還同齎経論五千余巻及諸仏像来施紫袈裟着之
尊為僧正安置内道場栄寵精盛九月戊寅奉仁宮大極
殿施入国分寺冬十月甲寅天皇太上天皇々后行幸
金鐘寺燃燈供養盧舎那仏之前後燈一万五千七百
餘坏夜至一更使数千僧令擎指燭賛歎供養繞
仏三匝至三更還宮
十九年丁亥三月仁聖皇后縁天皇不豫立新薬師
寺并造七仏薬師像九月廿九日始奉鋳大仏又大
仏殿造事始自今年焉　行幸大郡宮移宜還年
日記云天平十九年丁亥九月廿九日始造東大寺

大仏盧舎那仏被奉鋳鎔来成畢給与依無可塗付
大仏之金、天皇御心不静歎念御之間、蒙夢現御頭
告於近江国栗太郡水海岸頂山脚有勝地、件地建
立伽藍与修行如意輪法者、各金宝者可出来也者
即御夢覚之後、件栗太郡勢多村下一勝地建立
伽藍安置如意輪観世音菩薩令対御像者良辨僧正是也
修行件如意輪法給之程、以同年十二月従下野国
奏聞金出来之由也、于天平勝宝元年大神宮祢宜外
従八位上神主首名被叙外従五位下、是依黄金出来也 已上能文

卅年戊子改高去上天皇崩年六十九天平十三年降

第16紙

綸旨於七道諸國建金光明護國法花滅罪二伽藍八
箇年國基事時畢即至天平廿年秋八月更發深重願
降勅於諸國夏安居令講最勝王經是令使佛法之妙
驗普被率土天下之寧祐及此所之有也於是佛日重
暎照無暗與詞明法流播洞流唐書白不竭者也
廿一年四月自陸奥國始獻黄金由之改元天平勝寶
七月二日甲子禪位年四十九冬十月廿四日奉請大
佛畢三箇年八ヶ度也右号東嗜蘇芳部為勅使奉
勅請八幡大神以為鎮守由之大佛鎔鑄之功畢于
八年丙申五月二日天皇崩於平城宮年五十六佐保
山南陵在大和國添上郡北城東四限西七町南北七

山南陵在大和国添上郡兆域東四段西七町南北七
町守戸五烟国忌者於大佛殿修之号御斎会是也
天平宝字二年勅追上尊諡号天璽国押開豊桜
彦天皇焉

或日記云天平廿年戊子正月八日天皇并后御出家
四月八日受菩薩戒名勝満以行基并為戒師云々

后

太皇太后宮藤原宮子 聖武天皇之母也神亀元年二月天皇即位為大夫人三月為皇太夫人贈正一位太政大臣不比等之女也勝宝七年七月十九日壬子崩于旅宮葬佐保山西陵兆域東西十二町守戸五烟国忌者於興福院修之梵網会是也

皇后藤原光明子 諱安宿又号仁政皇后 贈太政大臣不比等之

[illegible]

皇后藤原光明子 諱安宿文武仁政皇后　贈太政大臣不比等三女也　母贈一位縣犬養宿禰三千代也　天平元年為皇太子為后天皇即位　神亀元年為一位大夫人藤原宮子之妹　孝謙天皇之母也　天平宝字四年六月七日乙丑崩　年六十　佐保山東陵在大和国添上郡北城東三町西四町南北七町守戸五烟

夫人贈正二位石河大蕤賓 神護元年七月薨

縣犬養広刀自 讃岐守従五位上唐女　宝字六年十月薨

藤原氏 贈太政大臣武智麿女

藤原氏 贈太政大臣房前之女　天平廿年六月薨　號大臣者不比等之長男也　[illegible]

皇子

皇太子 母光明大夫人也　神亀四年丁卯閏九月生　為皇太子　五年戊辰薨　壬午葬那富山　年二歳

阿倍内親王 母同上

皇子安積親王 母夫人広刀自　天平十六年正月丁丑薨　年十七

第17紙

皇子安積親王　母夫人広刀自　天平十六年正月丁丑薨　年十七

皇女井上内親王　母同上　延暦十九年七月詔追称皇后　陵在大和国宇智郡　北域東西十町南北七町守戸一烟

不破内親王　母同　称穢削籍後復本位　後又依男因幡守氷上河継謀反移配淡路　同十四年十二月移配和泉国

延暦僧録文

勝宝感神聖武皇帝菩薩伝　以御願文　十二月二日

法名勝満在奈良朝延御宇上應天命下順人心以
万機府臨地広受仏遺嘱弘法理民披経士自古帝
皇皆是諸仏自古諸仏寄作帝聖武皇帝菩薩真諦
俗諦雙行皇輪仏輪暦轉恭致三宝欽若保命挫角
暨昔事同赤子因仏棗玄法名勝満尊師寺以天平
十三年歳次辛巳春二月十四日菩薩戒弟子沙弥許誓

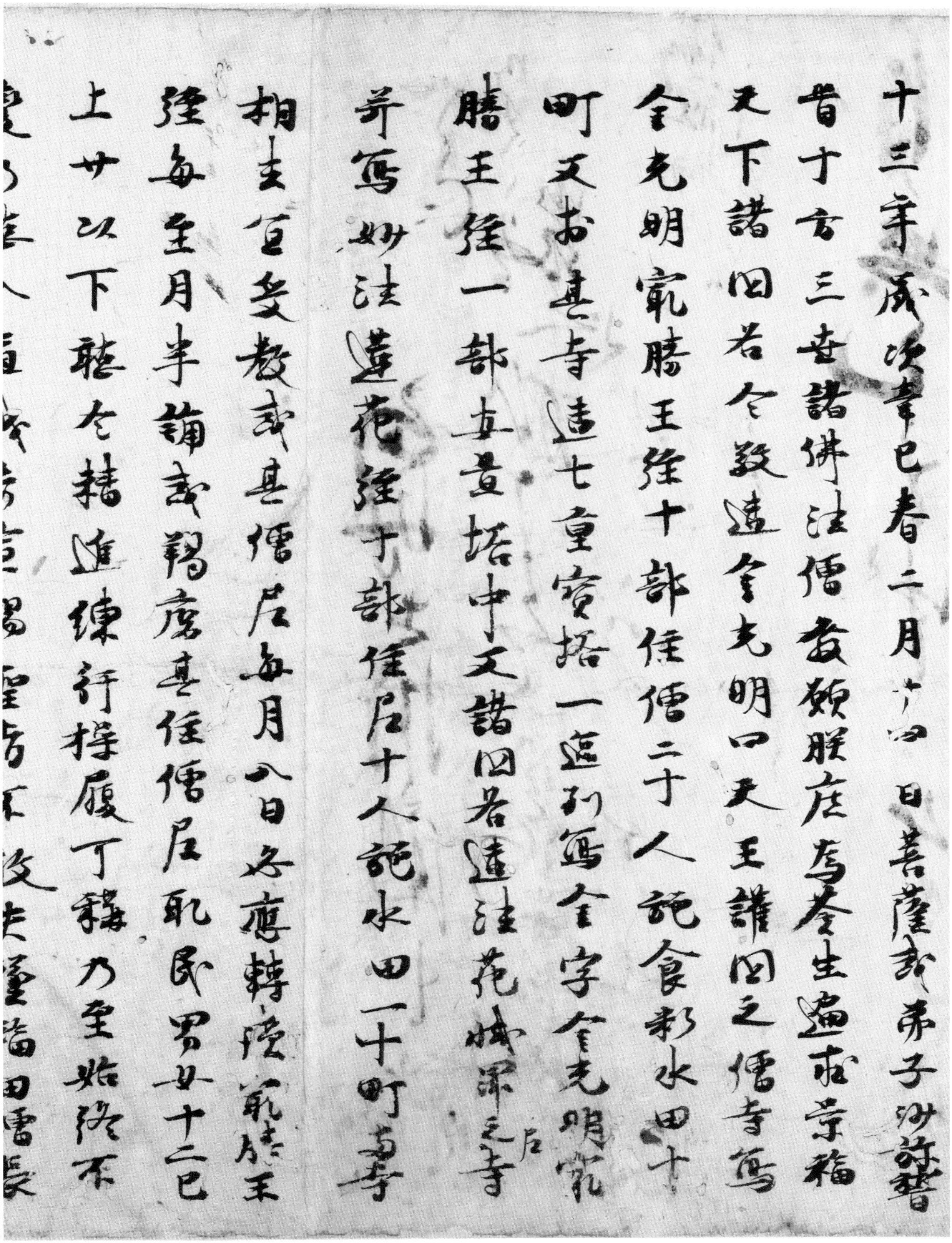

十三年歳次辛巳春二月廿四日菩薩戒弟子沙弥誓
昔十方三世諸佛法僧敬願朕庶爲蒼生遍求景福
天下諸國各令敬造金光明四天王護國之僧寺爲
金光明最勝王經十部住僧二十人施食封水田十
町又於其寺造七重寶塔一區別寫金字金光明最
勝王經一部安置塔中又諸國各造法花滅罪之尼寺
并寫妙法蓮花經十部住尼十人施水田一十町當寺
相去宜受教戒其僧尼每月八日必應轉讀最勝王
經每至月半誦戒羯磨其住僧尼取民男女十二已
上廿以下聽令精進練行操履可稱乃至始終不
[illegible]

第18紙

燮乃能入道識言宣揚聖旨不敢失墜福田増長
法門興隆又毎寺浄人男女三人充僧学習而
蔓聖法之盛与天地而永流擁護之恩被幽明而
恒満天地神祇共相和順恒将福慶永護國家
開闢已降先帝尊靈長幸珠林同遊寶刹又
願太上皇太上皇后皇后藤原皇帝子以下親
王大臣等同資此福倶到彼岸藤原氏先後太
政大臣及皇后先妣從一位橘大夫人之靈識
恒奉先帝而陪遊淨土長顧後代而常衛聖朝
乃至自古已來至於今日身為大臣竭忠奉國
者及見在子孫倶因此福各継前範堅守君臣

者及見在子孫倶因此福者継前範堅守君臣
之礼長紹父祖之名広治群生通該庶品同辞
愛網共出塵籠若有後代聖主賢卿承成此願
乾坤致福此即僧尼寺合一百卌四所六十二
遠度僧一千二百卌人度尼六百六百卅人又
遠金字金光明六十二部摺別安一部
金光明六百卅部法花経六百卅部天皇奉造
願所遠並已訖又於古今餝寺遠東大寺并
遠花蔵世界盧舎那佛又遠盧舎那佛像結跏
趺坐高五丈二尺四寸宝髻高三尺自髻際至
象至頂七尺自眉上至髪際一尺九寸三分印

第19紙

際至頂七尺自眉上至髪際一尺六寸三分御
眉間一尺一寸御目長三尺九寸御目間一尺二
寸自目至眉一尺八寸自鼻端至眉間四尺六寸
長八寸五分御面径九尺五寸御頭長一尺六寸
御耳長八尺五寸御頸長二尺六寸五分御肩
径二丈八尺七寸一分御肩長五尺四寸五分
御胸長一丈八尺御臂長一丈九尺肘至腕長
一丈五尺御腰一丈五尺掌長一丈六尺中指
長五尺中脛長二丈三尺八寸五分膝前径二丈
九寸足心長一丈二尺厚七尺
合都率長寛五千七百四十尺

合御料黄金五千七百四十尺

奉鑄用銅卌万一千九百十一斤両熟鑄卌九万一千
卌八両白鑞一万七百廿二斤一両八箇度所用合四
十万二千九百斤両（始天平十九年九月廿九日迄勝寶元年／十月廿日合八ヶ度所用）二万三
千七百十八斤十一両（自勝寶二年正月迄七年／正月奉鑄加所用也）

右奉鑄尊像御料所用鑄銅并白鑞如前

御螺髪九百六十六箇（長一尺二寸／径六寸）用生銅九千三百十六
両（箇九斤／別十両）

右始勝寶元年十二月迄三年六月奉鑄御螺髪

如件

塗練金四千百八十七両一分四銖為滅金二万五千百

塗練金四千百八十七両一分四銖和帳金二万五千百
卅四両二分銖
右具奉塗佛鋳物仕
佛座高一丈之中（立花卅八枚）葉七百十七枚及花卅八之
卅六丸之座上丈八尺上周廿二枚四尺中周十九丈
寸基周廿三丈九尺一重白石高八尺下階金花上鋳
周卅四丈七尺数花下周廿九丈五尺
合佛座表裏五千五百六十九尺且充銅卅二万四
千九百卅九斤九両白銅一百八十四斤十三両
以前八歳七月以往行事且勘注如前佛殿一宇
十一間高十五丈殿隔東西石数（佳卅二丈六尺）南北（佳卅丈五尺金）
明等条宇高五十二尺五寸高一丈

第20紙

銅鑄成坐身高五十二尺五寸座高一丈八尺迊
千花上菩薩百億四天下左右挾侍并及四天王像
所住佛殿高十五丈周廊屋劉門樓門屋講堂食
堂厨坊式院僧房静室山居禅室客房院堂閤
佛像事々周市流渠走水池沼荷花香一切種
栽鈔鑄鐘身四八丈轄重万鈞三下竟搥十丈用
肚金却建振鐸輪長息文搭二遍若七級度雲
造無垢衣万領飲僧万口造錫杖千具食邑水田供
僧造寺並六宮講井存本取刹及諸国吉祥悔過
天下安居又造僧歎無金地蔵并施黄金於陸奥山
野星巻谷々出金此四浮提外四万若有一宝山与四
浮提高如須東方流留山出海上高二十由旬西方

浮提為四鎮東方琉璃山出海上高二十五由旬南方
碼碯山出海上高廿五由旬西方白銀山出海上高廿五
由旬北方黄金山出海上高廿五由旬與四方總従
金剛地水輪際出上十六万八千由旬地蔵并化北方
金山神施金遂陸奥國從聖武并金鑄盧舎那佛
用仍番州僧都良弁及佐伯宿祢今毛人命造寺別
當又造等身銀像一軀又發使入唐使至長安拜朝
不拝唐君至開元天地大寶聖武應道皇帝去彼
國有賢至君觀其使臣趍揖有異即加号日本為有
義禮儀君子之國後元日拜朝賀王勅命日本使
可於新羅使之上又勅命衛須日本使於府庫一切
處遍宵至波般三教殿初礼君至殿殿加蔵知帝

第21紙

每過宮至彼披三教殿初禮君至教殿御座如常
庄飾九經三史架列積載厨龕次至御披老君之教
堂周廿高頭御座荘表廿膳厨列龕盃盞諸日子太
古後至御披釋曲殿宇頭校叢麗殊絶龕盃皆雜
寶廁瑱煙沈香荘校御座高庄倍勝於前以雜寶
而為橘臺々下有巨鼇載以蓬莱山上列仙宮室
宇載寶樹地琴々紅頗梨寶荘飾樹葉一々於中若
有一寶珠地皆砌以文玉其殿諸雜木盡鈷沈香御座
及案經架寶荘飾盡諸工巧皇帝又勅摸取有義
禮儀君子使臣大使副使敬於蓄藏中以記遣唐大使
藤原清河拜特進副使大伴宿禰胡萬拜銀青光禄
大夫光禄卿副使吉備朝臣真備拜銀青光禄大夫秘

大夫光禄卿副使吉備朝臣真備銀青光禄大夫祕
書監及衛尉卿ゝ朝衡本號設也開元皇帝御製詩送
日本使五言　日下非殊俗天中嘉會朝念余懷義遠
矜尔畏途遥漲海寬秋月歸帆駛夕飆因驚彼君子
王化遠昭ゝ特差鴻臚大卿蔣挑捥送至揚州看取發
別條淮南勅處置使魏方進如法供給送遣其大使
私詣揚州龍興寺鑒真和上求渡海將傳戒付自勝
寶六年十二月廿日至聖朝勅安置東大寺即其年ゝ月
勝寶感神聖武皇帝於盧舍那佛前天皇并請鑒
真和上登壇受菩薩戒皇太后皇太子並隨天皇受菩薩戒
後為沙彌澄修等受戒此及傳戒事因至其年五月大
和上患書郎貢如来舍利二千粒西國瑠璃瓶盛識武添味

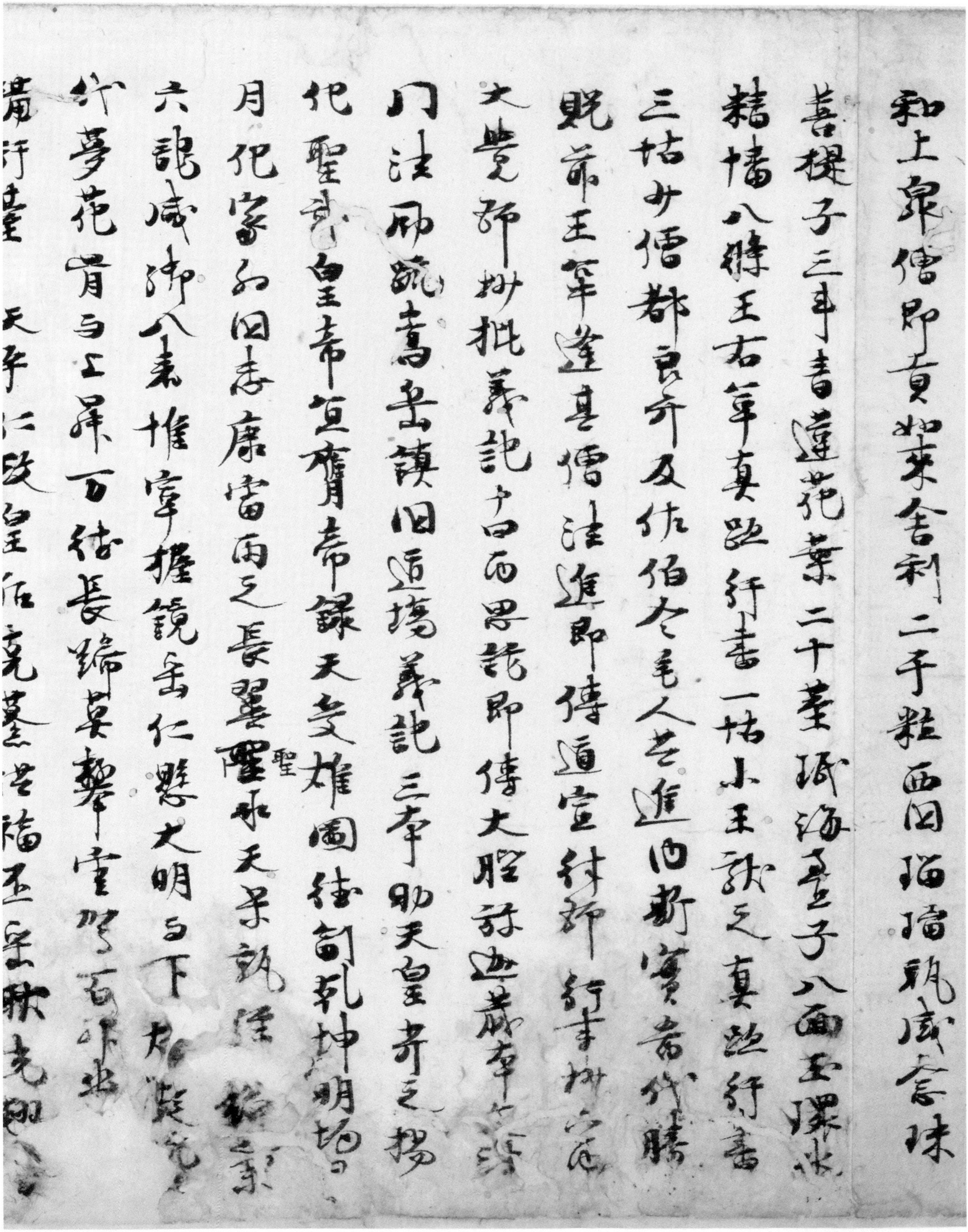
和上泉僧即貢如来舎利三千粒西国瑠璃瓶盛舎珠
菩提子三斗青蓮花葉二十茎玳瑁八面玉環水
精手八牒王右軍真跡行書一帖小王真跡行書
三帖少僧都良弁及佐伯今毛人迎伯新實忠代勝
既前王羣臣集僧法進即傳道宣律師行事抄在
大覚師掛批義記十四両巻記即傳大照禅師蔵本之済
門法励疏意忘讃旧道場義記三本助天皇奇之揚
化聖武皇帝亘真帝録天文雄図律制乾坤明境
月化家知田寺康當兩之長翌聖永天朵鏡
六龍咸御八表推穿握鏡垂仁懸大明与下太
行尊花胃与上昇下往長縮莫鞏霊瑞百非北
讃行墓　天平仁政皇后亮基世福成至歌先翔

第22紙

隋軒臺　天平仁政皇后亮基德福至榮耿光翔□

心於佛乘中崇福於仙鶴劍蘇金地与未畢功竟日□□

壽辰趣慶莫京至聖歸新正日如果增暉周化遺於

浄國玄珠契道獲大寶於春池稻不盡之□

無壇之福祐勝寶八歳〻次丙申五月二日□子

宮美　已上僧録文

孝謙天皇　諱阿倍　高野姫天皇

平城宮御宇　聖宇稱徳孝謙皇帝者則聖武

天皇之女光明皇后之子也坂高天皇治天下養老

年戊午誕生次年十年正月壬午爲皇太子寺

也天平勝寶元年己丑七月二日甲午受禪即位

二十五月丈壽書日借治天下十年天平廿一年八月自

二十月大寺會日請菩作治天下十年天平廿一年　月日
聖因奉欲黄金由之勅為天平感寶同年　月二日
天皇即位改感寶為天平勝寶元年二月二日天皇
行基於生馬山入滅生年八十弟子三千一百九人出家
云者
百濟智鳳之弟子也是文殊之化身也
婆羅門僧正為礼文殊自天竺到來並臺山教者[illegible]
道者曰文殊為利生託生日本國行基是也　二月
廿二日太上天皇行幸東大寺四月八日始奉造大佛殿
授大觀音虚空藏二菩像又諸國並講讀師定[illegible]
九日朝廢於八代達立安居法會講法花最勝両部
廿[illegible]東大寺國家之惣寺[illegible]　十二月丁亥大神朝臣[illegible]

第23紙

妙典乗為鎮護国家之法基　十二月丁亥大神祢宜
尼大神朝臣社女 其輿紫色一同乗輿 拝東大寺 天皇太上天皇大后
同亦行幸 是日施東大寺封四千烟奴百人婢百人 二年二月
壬午 充大和国金光明寺封三千五百戸 四月廿二日宣[illegible]
并法師任僧正 三年造大仏殿畢 四月廿二日[illegible]
隆尊律師自勝宝元年造三年六月奉鋳大仏了
螺髪畢 四年三月十四日大仏始奉塗金未畢之間四月九
日儲大会奉開眼 五月一日以僧都良弁始補東大寺別
当 八月二日請律師隆尊令講花厳経於上宮 三ケ日内
巻[illegible]厳以輪達弘明 玄智正基 承堅 教智 孝俊等 為
龍象也 五年九月四日請東大寺大釜 廿八石納年用[illegible]
三千[illegible] 以去大唐天宝元年栄叡普照二人受勅命

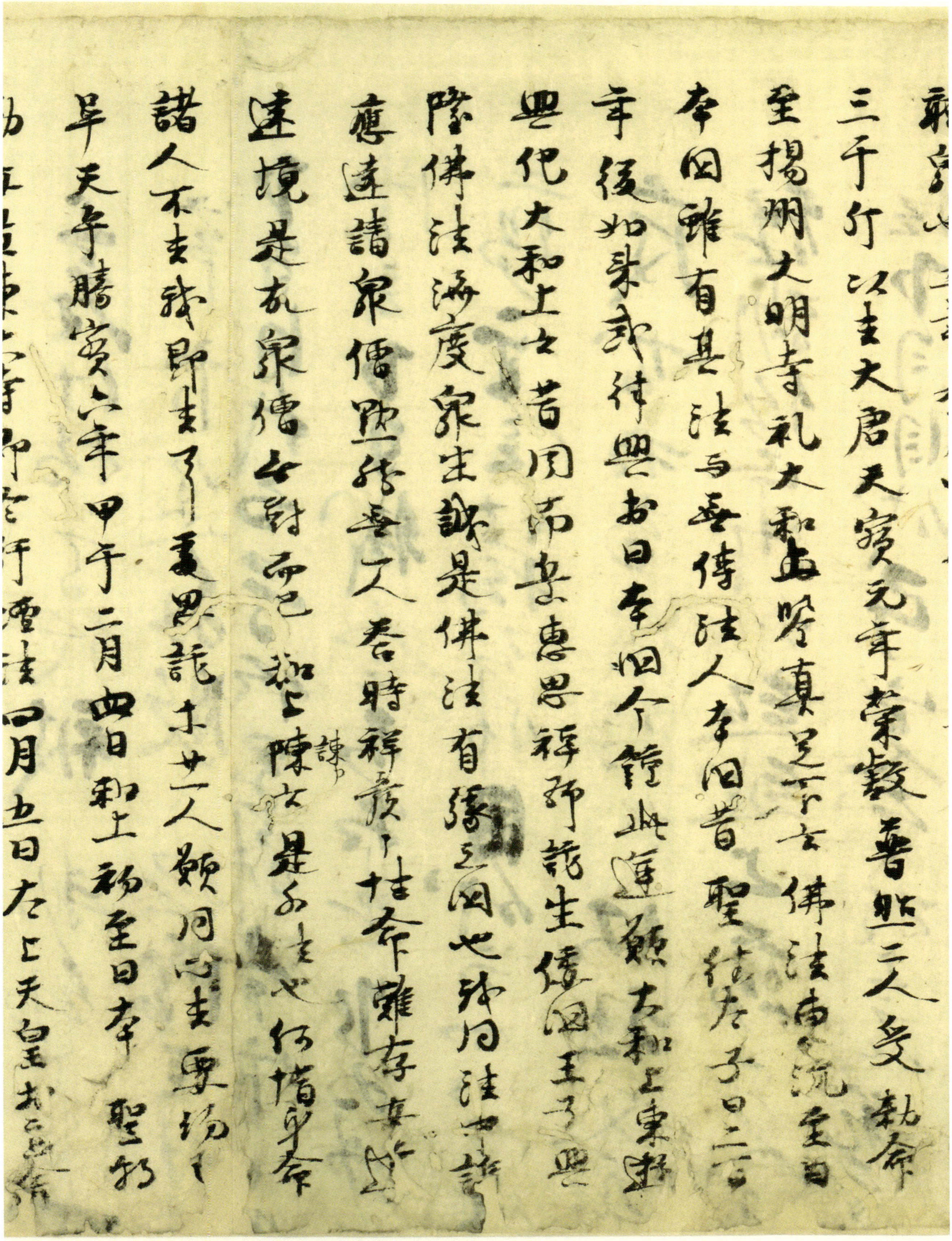
三千行以去天寶元年榮叡普照二人受勅命
至揚州大明寺礼大和上足下具述佛法東流至日
本國雖有其法無傳法人本國昔聖徳太子曰二百
年後如来戒律興於日本國今鍾此運願大和上東遊
興化大和上答昔聞南岳恵思禅師託生倭國王子興
隆佛法済度衆生誠是佛法有縁之國也時同法衆許
應遠請衆僧默然無一人答時祥彦才進命雖存去也
遠境是故衆僧無對而已和上陳云是為法也何惜身命
諸人不去我即去耳又思託等廿一人願同心去要場
早天平勝寶六年甲午二月四日和上初至日本 聖朝

第24紙

勅安置東大寺即令行壇法 四月五日太上天皇於盧舎
那佛前請鑒真和上登壇受菩薩戒即任少僧都
皇太后皇太子同受菩薩戒次沙弥證脩四百四十餘人授戒
五月一日被下勅壇院造立 宣旨 七年乙未於盧舎
那佛前行授戒九月勅壇院造了 十月儲膺奮從春
同廿五日始行授戒鑒真任大僧都 八年丙申四月
於舎那殿前太上天皇十八種物令唐僧作羯磨廣 上
月二日于時後太上天皇崩 六月廿一日今帝陛下於太
上天皇七々忌辰以國家珍々珍寶奉供養々
那佛 六月章卯太政官奏奉太上天皇供御米塩
之類宜充唐和上鑒真福壽法華二人永々供奉九
年七月駿河國益頭郡人金刺丸献蠶成字仍改元

年七月駿河国益頭郡人金刺丸献蚕成字仍改元
天平宝字元年十二月廿三日勅施賢真和上新田部
親王旧宮以為戒院今招提寺是也并施備前国
水田一百町二年戊戌八月一日庚子禅位年四十一五
月廿七日奉造大仏殿四天王像　三年八月三日賢真
和上奉為太上天皇建招提寺　四年庚子二月廿五日
菩提僧正入滅同四月十八日隆尊律師遷化年五十五
同日大安寺道璿律師春秋五十有九六月七日乙丑
天平仁政皇后崩七月癸丑詔皇太后七々日斎於
東大寺并京師諸小寺其天下諸国毎国奉造阿弥
陀浄土像各於国分金光明寺礼拝供養又於諸寺僧
治受斎立　五年正月廿一日下勅於下降京師等為崩

始授満位　五年正月廿一日下勅於下野薬師寺為戒壇
観世音寺始建戒壇行授戒　六年詔良弁僧正永加
封戸五十烟以安居會料　七年五月六日[illegible]入滅
八年九月十一日大發願造七尺金銅四天王像並立仏殿
西大寺是也　實忠和尚立西隆寺別院又縁起草事
乃發誓願令造三重小塔一百万基高各四寸五分径
三寸五分　露盤之下各置根本慈心相輪六度等陀
羅尼是即畢分置十大寺　賜供事　官人已下仕丁
已上一百五十七人爵各有差　禪位後六年天平神護
元年乙巳正月重即位時年四十八　在位五年寶龜元
年庚戌八月四日辛巳崩西宮年五十三陵高野在
大和国添下郡[illegible]東西五町南北三町守戸五烟矣

第25紙

大和国添下郡佐比域東西五町南北三町宇戸五畑矣

東寺古

東大寺鑒真和上戒壇建立之後及七十年 弘仁十二

年壬寅 天台伝教大師可立戒壇之由奏聞 七宗々和上

鑒真徒弟七大寺奏 七宗律書而了 六月四日伝教入

滅五十六 其間鑒真律師入滅之後 天台座主義真有

事々重奏 二家并戒壇始行

恵運僧都記録文

貞観三年四月廿五日 皇太后并北御息所剃頭出家

真道和上出家和上長禄師為教授阿闍梨七 十月廿五日

[illegible]

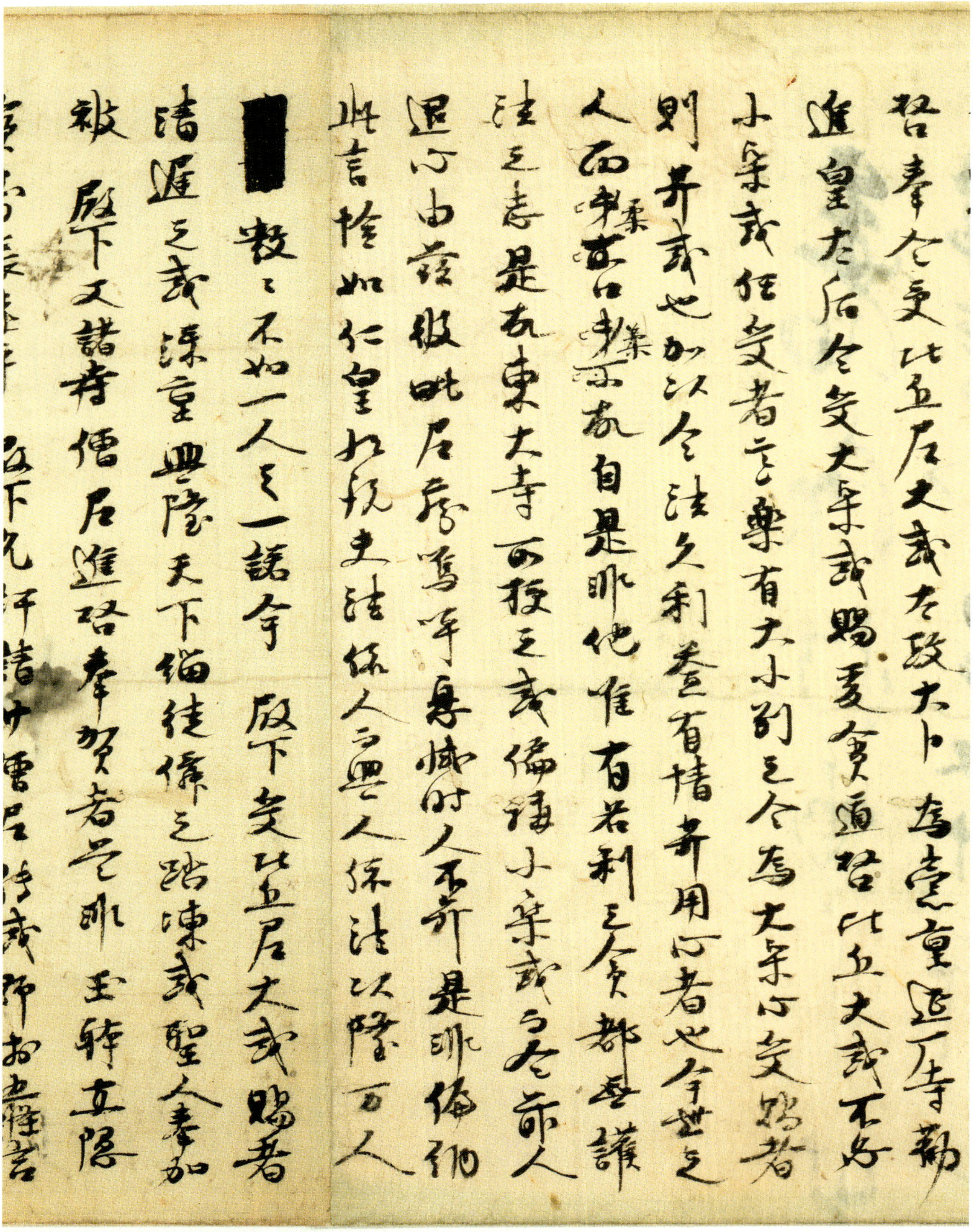

第26紙

宝寿長遠乎　殿下允許諸廿僧居住武蔵郡尓経営
以受比丘尼大戒賜右大臣女之人大使御名御夫屋人
菅原町尓首立千年人皇太后諸講寺覚比御息所
勅法諱法忍受戒之日改尓室姓云々

業書ノ
天智天皇八年十月内大臣中臣連鎌子（古記、鎌足）改姓尓藤原
氏即兒屋命第廿三代之孫也云々
鹿能之内大臣改姓之日同年廿尓藤原氏文武天皇二年
秋八月詔曰藤原朝臣之姓宜令其子不比等承之（内大臣二子也云々）
天下ノ指揆
後生ノ須ノ袖

追后傳録文

仁政皇后菩薩　諱安宿　媛尊号天下應真天皇

出家居名光明子沙弥

皇后俗姓藤原招卜氏父贈一位太政大臣藤原朝臣

史氏之女即膳實威仰聖武皇帝之后也皇后在

室諸父入帝後諸高人用於稱尺于時日本未行稱

尺新從大唐得稱尺而以皇后入帝後人用稱尺父曰

當助因宣門權衡稱尺非久若流天下後帝納之册

爲后乎天平仁政皇后諱始明順虛標基祥雷吞

赤玉之瑞則有黄雲之瑞祐法海元后室德秋因

生于崇岩而百陽如心明法鏡出針龍珠妙全

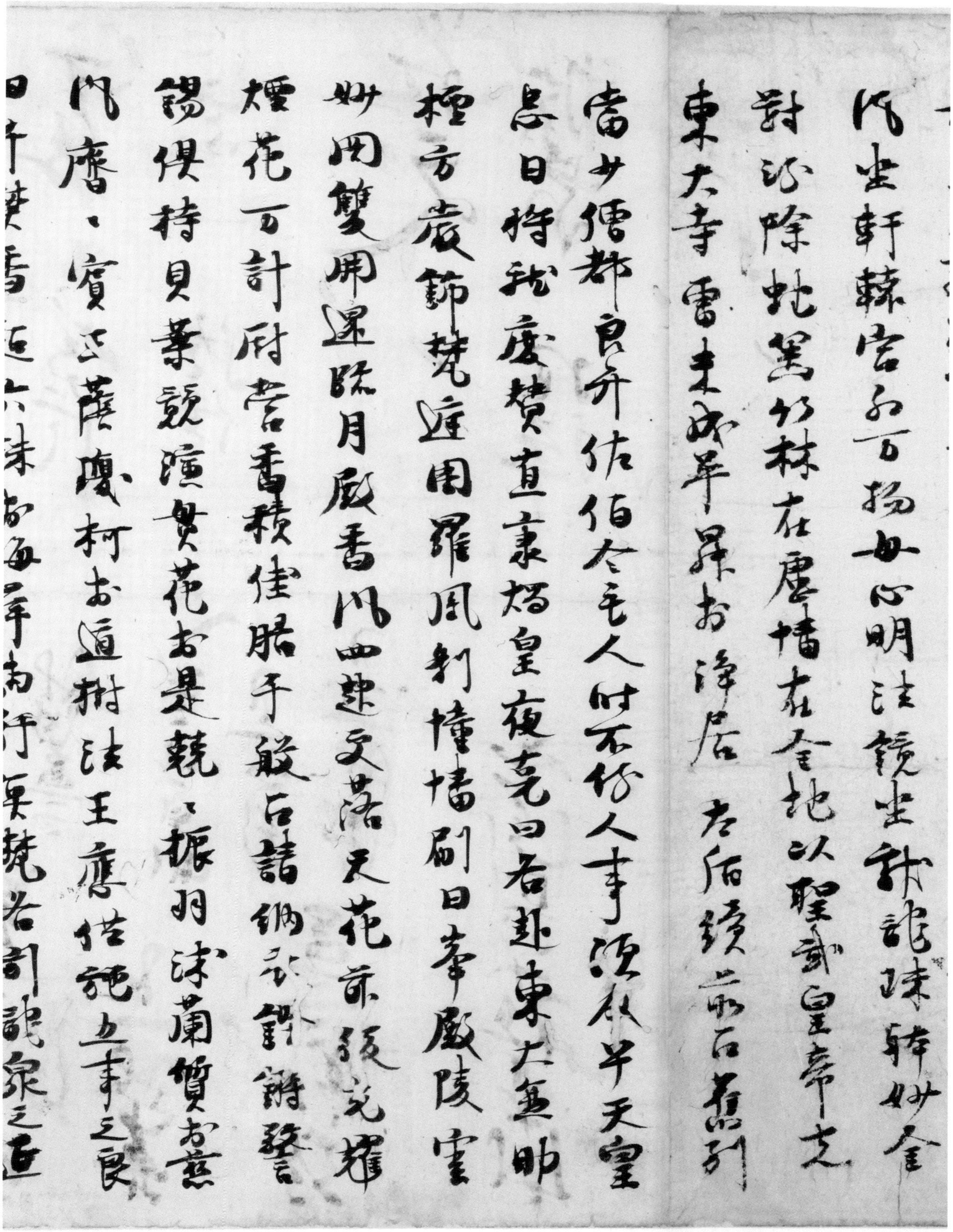

第27紙

田并焚香起六銖於海岸南行百梵若有龍泉之邊
廊布四廂用梅菩提之泉䔍膳以加唐惟拓塩之所
韻狀類膳滴并邊涛淨居毀仙宮於危梵宮竟稲
吾會無上道即天平仁政皇后之詠寺也皇后天邊
香山寺金堂佛事荘嚴具足東西樓技抜帯左右
危鏡屋啟雅灑雜若皇后天邊香薬寺九間佛殿邊
七佛淨土七軀諸在殿中邊拓二邊東西相對鑄一鐘
口佳價百余束價皆田園倉新皇后天立薬院諸病
苦皇后又捨新借每年受戒十師経々諸菜重来劫
特不遣疫病劫施食不遣飢饉劫皇后令興致二田
興建三寶興四不使情能生分法身財致借奏也行

無違三寶是四不壊信能生分法身財致供養已行
供養三輪清淨無希求唯爲利他不專自己皇后以
勝寶六年於東大寺大佛前從膺和上鑒真受菩
薩戒并行願善不自貪且未來助行并行有情
中宮宮職乃依化致皇后天保六宮存寧取利諸上
若信敬三乘義即張大哉他在生死流滌人天冥道
涅槃岸
大哉解脫服　無相福田衣　被奉如戒行　廣利諸天人
天平仁政皇后稟天寶洪靜履此用月聖善仁威聽
中之龍電識發成實數晃碣山之豐寔是乃萬讃樂
王功乘撥乱德超文母道綏克門量仟翟有障游謹谷
陵舊聖流鋟擇本朝芳而亏卦　自天平寶字甚年

第28紙

度萬里流誤櫻木寺芳西古郡自天平寶字甚年
六月七日依其篤上表同官長奉請辭自達量而金叔尊
年不奉寺矣　已上僧綱文
根本僧正　講良弁
僧正者相模國人漆部氏持統天皇治三年己丑誕生義
淵僧正弟子金鷲菩是也天平五年建金鐘寺
天平勝寶三年任少僧都　年六十三　同六年十月十三日
蓋法務　年六十六　兼知佳春寳
同八年任大僧都　年六十八
寶龜四年補僧正　年八十五　同年閏十一月十六日入滅
同十九日指遠丈月送宇多郡坂墻山寺
古老相傳云根本僧正昔嬰兒之時於坂東而鷲鳥被
乳来而于若祇之父母大歎愁恨諸国与神祝祇落之處

取未知行方 依之父母大歎流涙 諸国々伺究秘落山城
国多賀邊狩野人取之養育漸以成長 即根本僧正
是也 御寺建立之時 於聖朝師歳待親々住東大寺
其時彼父母尋来陳此由之日 手路腰下有黠于所陳
有實之上 非取諸事々符合 何况知哭父母及子歓喜満
自肩啼涙潸然也

又相伝云 良弁僧正弥勒菩薩之化身也 見八嶋寺記也

法花会縁起見観音化身之由

桜

法花会縁起云 毅惟僧正陛下佛法棟梁 釈門棚楹 幼離
九属観愛練行禅林 長交六和尊泉 研尋恵果法郛
奏當時於任伽藍別當奇法讓前後專於寺家總領

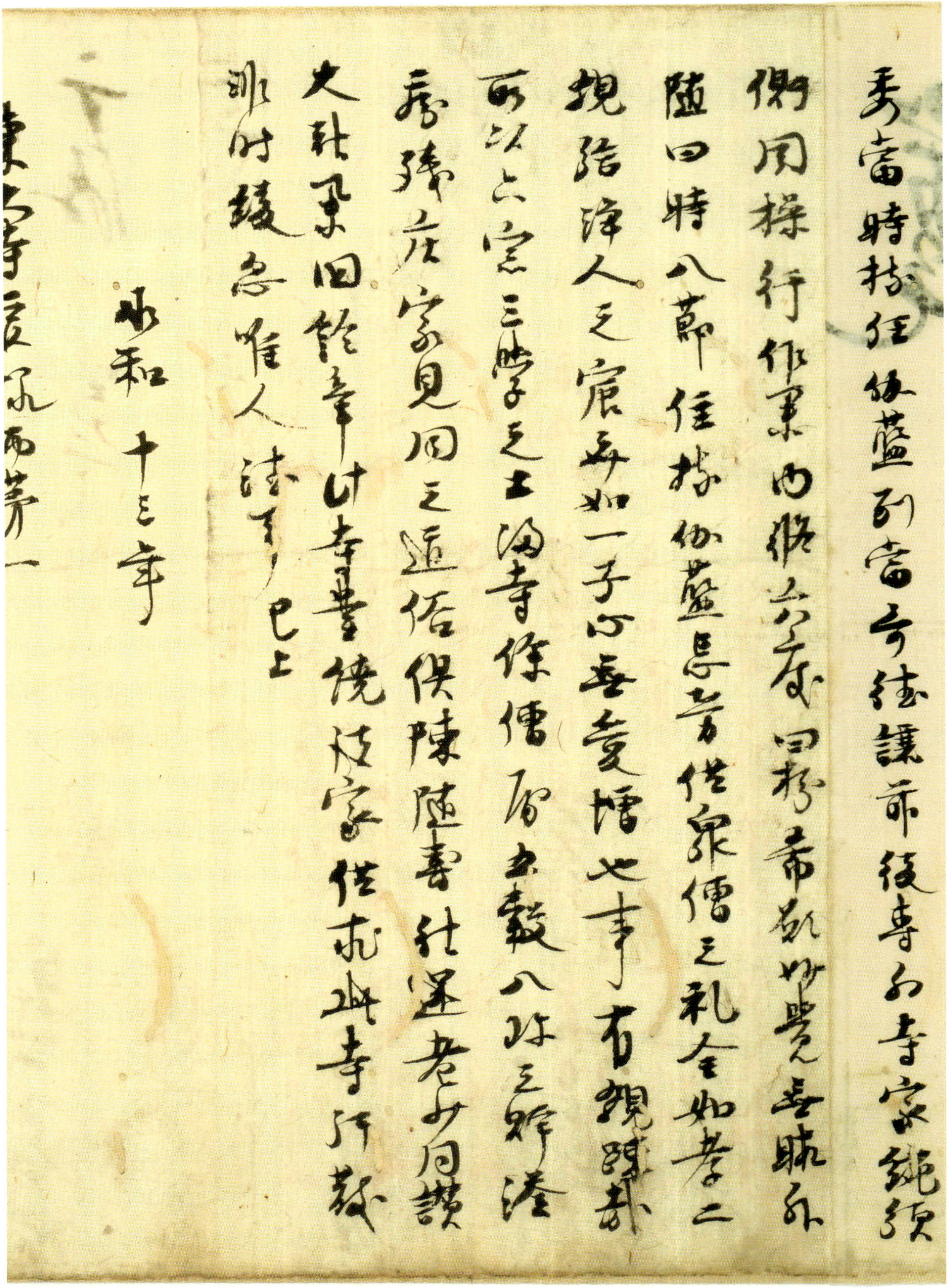

第29紙

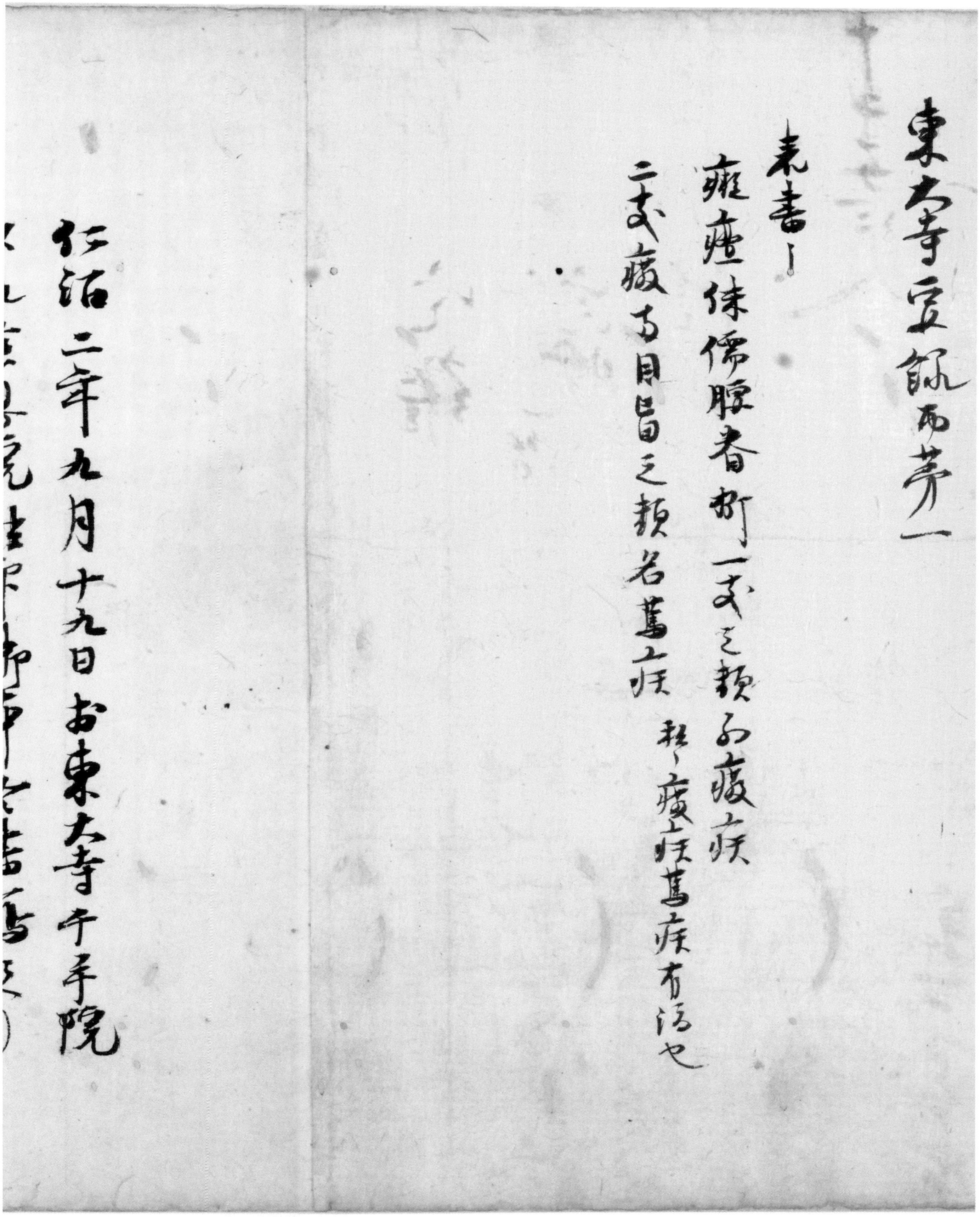
東大寺要録巻第一
裏書了
雍熙佛像腹書析一丈之類不癈矣
二丈癈而目冒之類名萬矣　梵ゝ癈矣萬矣有語也
仁治二年九月十九日於東大寺千手院

第30紙

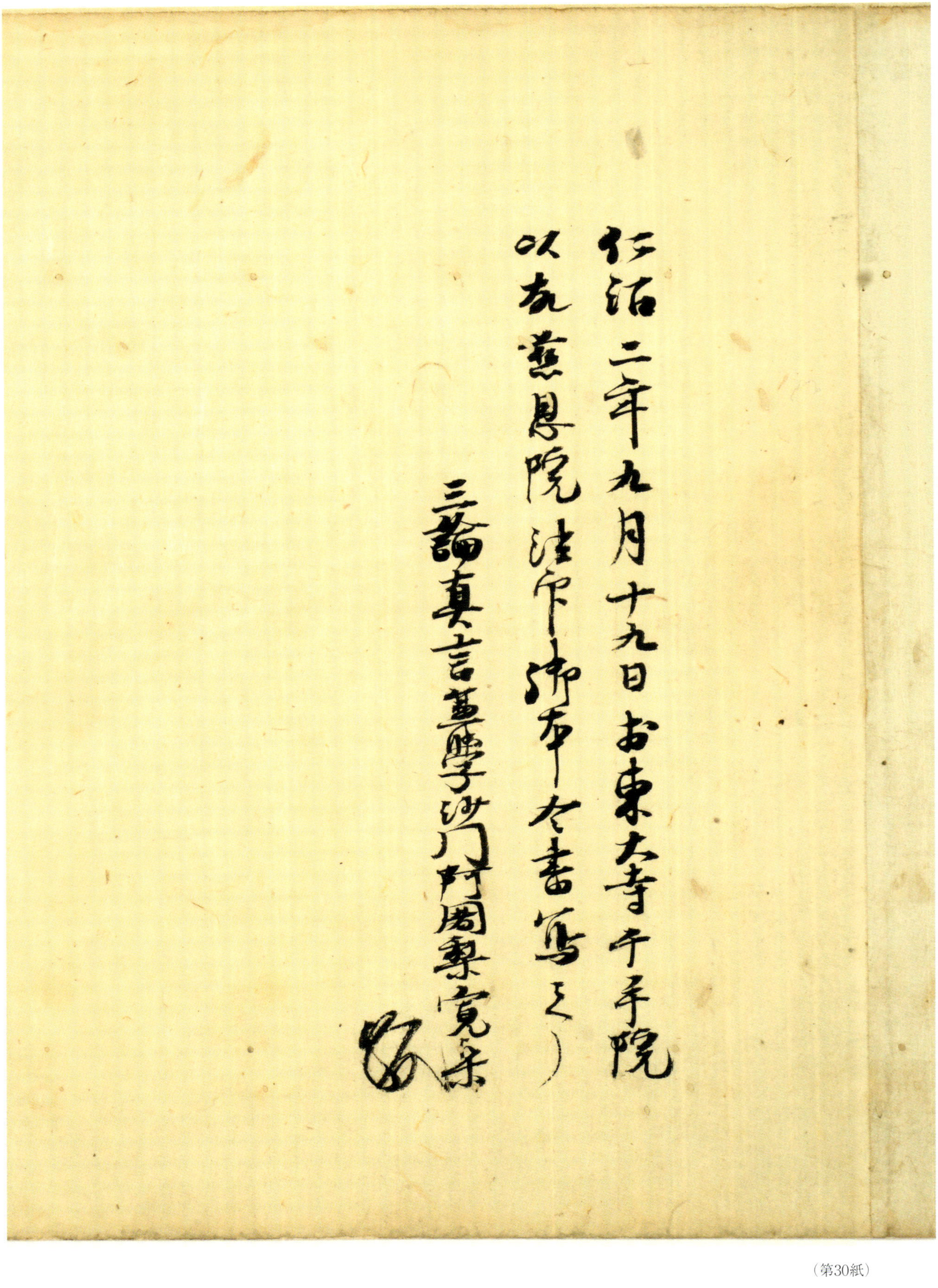
仁治二年九月十九日於東大寺千手院
以故慈恩院法印御本令書寫之
三論真言兼學沙門阿闍梨覚宗

（第30紙）

73 醍醐寺本　巻第一（第30紙）

軸付紙

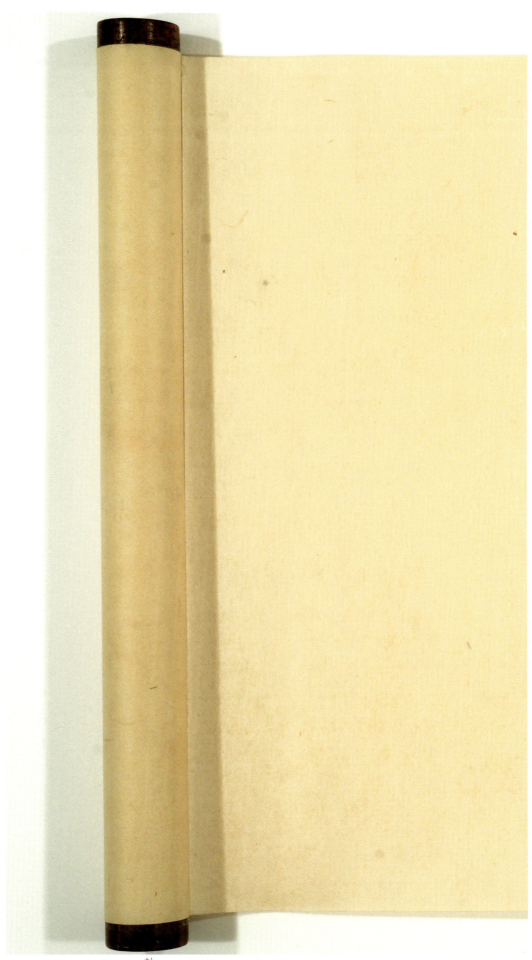

軸

75 醍醐寺本　巻第一（軸付紙・軸）

醍醐寺本　巻第二

旧表紙

新補表紙

新補表紙見返し

旧表紙見返し

81 醍醐寺本　巻第二（新補表紙見返し・旧表紙見返し）

第 1 紙

縁起章第二

大佛殿碑文　陛下銘文也

勅朕以薄徳恭承大位志存兼濟勤撫人物雖率土之濱已霑仁恕而普天之下未浴法恩誠欲頼三寶之威靈乾坤相泰脩万代之福業動植咸榮粤以天平十五年歳次癸未十月十五日發菩薩大願奉造盧舎那佛金銅像一軀盡國銅而鎔像削大山以構堂廣及法界為朕知識遂使同蒙利益共致菩提夫有天下之富者朕也有天下之勢者朕也以此富勢造此尊像事也易成心也難至但恐徒有勞人須無能感諸知識者發至誠心各招介福宜毎日三拜盧舎那佛自

知識若發至誠心各人招福宜毎日三拜盧舍那佛自
當存念各造盧舍那佛像如更有人願持一枝草一合
土造像者勿禁勿障用進百姓傍令加進太政官奉
勅普告天下普知識以天平十五年歳次癸未十月十五日於
近江國信樂京奉鑄佛像其發已止更以天平十七年
歳次乙酉八月廿三日於大和國添上郡奉鑄同像天皇專御
袖入土持運加於御座然後召集氏々人等築堅御座
以天平十九年歳次丁亥九月廿九日始奉鑄館以勝寶元年歳次己丑
十月廿四日奉鑄已了三箇年八ヶ度奉鑄御體以天平
勝寶四年歳次壬辰三月十四日始奉塗金未畢之間以同年四
月九日於大會奉開眼也同日奉入大小灌頂廿六流

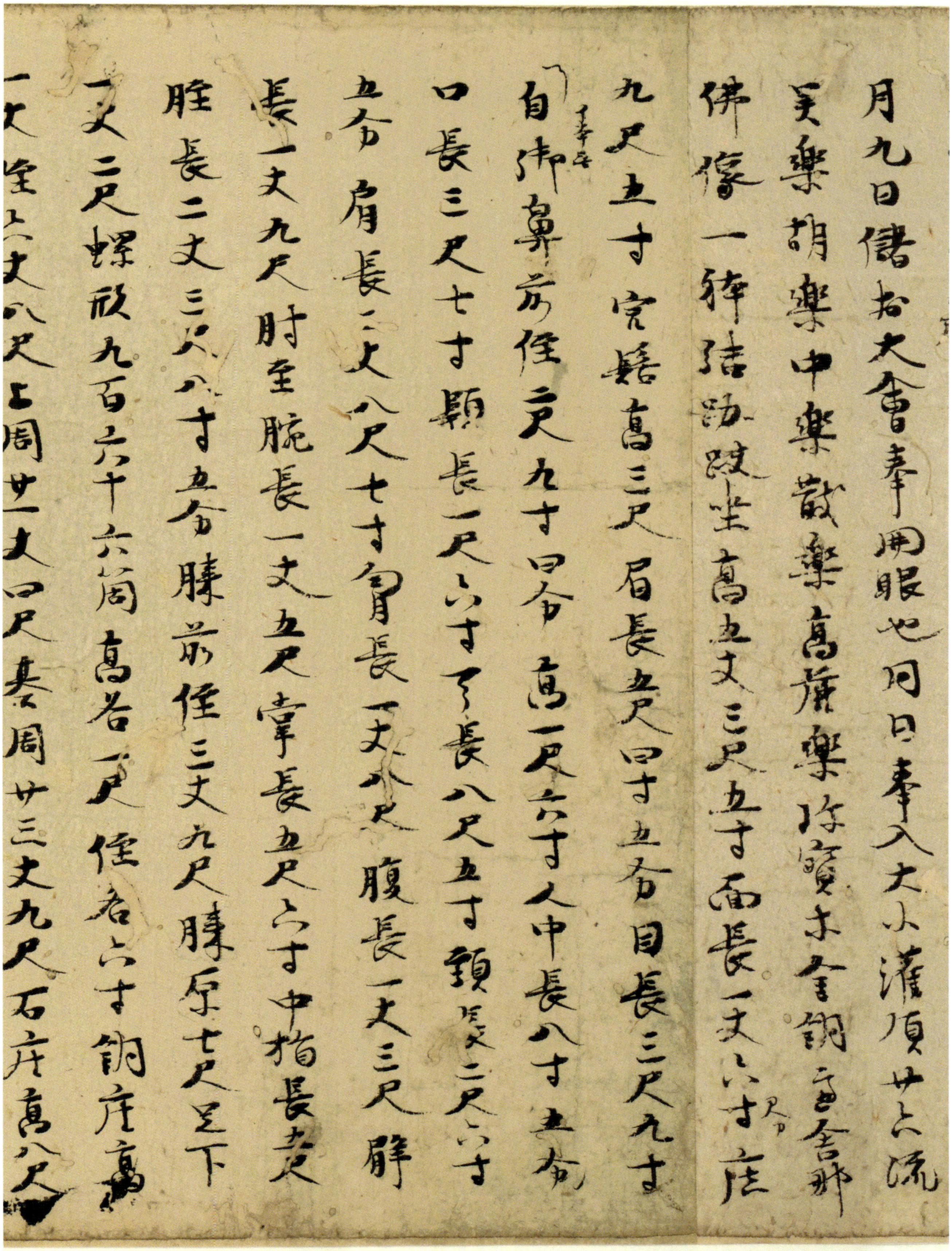

月九日儲右大會奉用服也同日奉入大小灌頂廿六流
呉樂胡樂中樂散樂高麗樂度羅金銅盧舎那
佛像一躰結跏趺坐高五丈三尺五寸面長一丈六寸広
九尺五寸　宍髻高三尺　眉長五尺四寸五分　目長三尺九寸
自御鼻広径尺九寸四分　高一尺六寸人中長八寸五分
口長三尺七寸顆長一尺六寸耳長八尺五寸頸長二尺六寸
五分　肩長二丈八尺七寸胸長一丈八尺　腹長一丈三尺　臂
長一丈九尺肘至腕長一丈五尺掌長五尺六寸中指長五尺
脛長二丈三尺八寸五分膝前径三丈九尺膝厚七尺足下
一丈二尺螺髪九百六十六箇　高各一尺　径各六寸銅座高
一丈坐上六丈八尺上周廿一丈四尺基周廿三丈九尺石座高八尺

第2紙

一丈径六丈八尺上周廿一丈四尺基周廿三丈九尺石座高八尺
上周卅四丈七尺基周卅九丈五尺用熟銅七十三万九千五
百六十斤白鑞一万二千六百十八斤錬金一万四百卅六両水
銀五万八千六百廿両炭一万六千六百五十六斛同光一基
高十丈四尺座九丈六尺挟侍菩像二躰並壊高各三丈
面長六尺座五尺口長一尺一寸耳長五尺九寸眉長五尺九
寸目長二尺二寸鼻下径一尺八寸銅観自在菩像二躰銅高
各五丈四尺座各三丈八尺四寸四天王像四桂高各四丈各
下在兜欣一躰各外長二丈八尺高三尺捨　大佛殿一宇二重十一間高十
二丈六尺東西長廿九丈座十七丈基砌高七尺東西砌長
廿二丈七尺南北砌長廿丈六尺桂八十四枚殿戸十六間天蓋

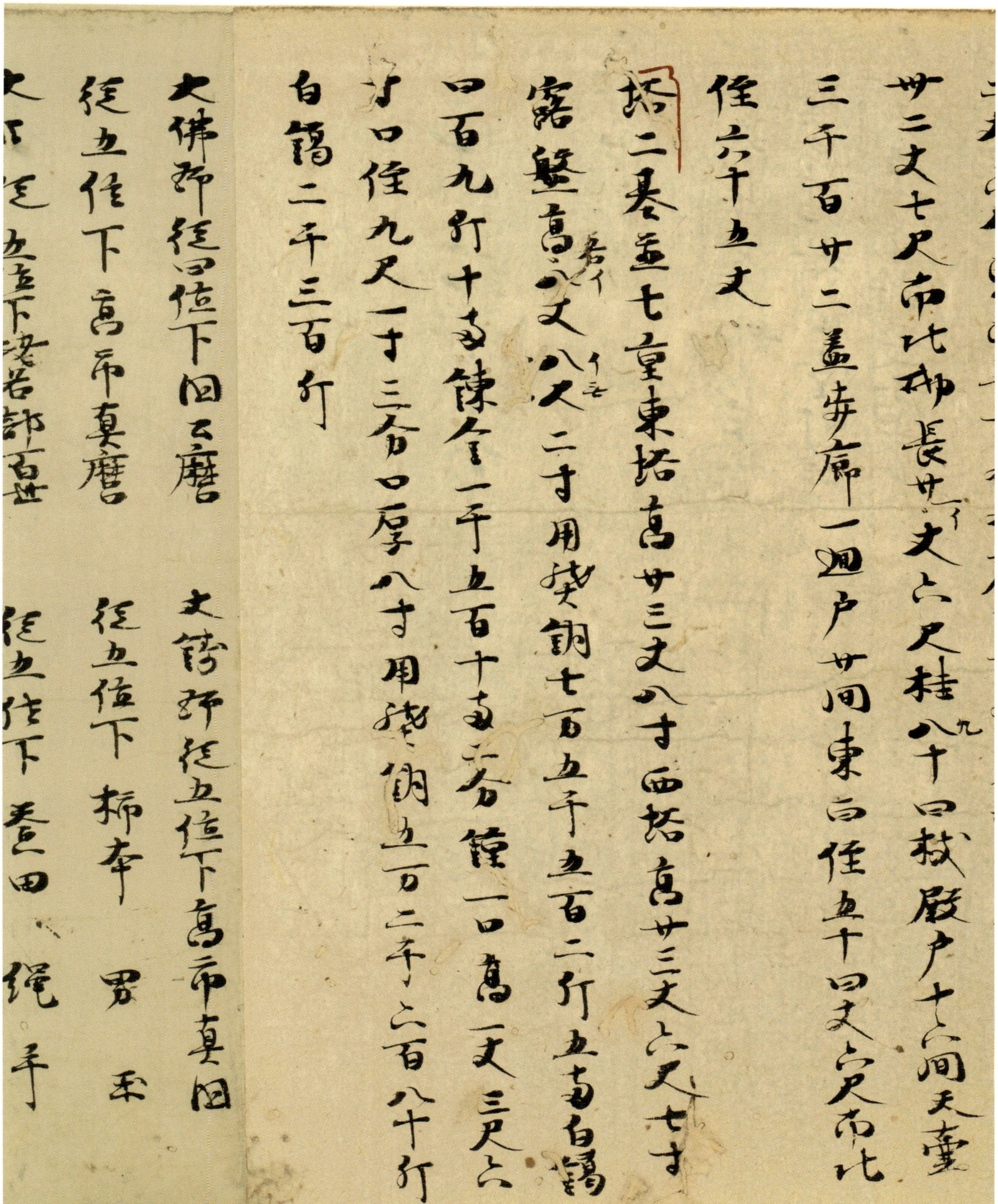
廿二丈七尺南北砌長廿六丈六尺柱八十四枚殿戸十六間天蓋
三千百廿二蓋歩廊一廻戸廿間東西径五十四丈六尺南北
径六十五丈
塔二基並七重東塔高廿三丈八寸西塔高廿三丈六尺七寸
露盤高八丈八尺二寸用熟銅七万五千五百二斤五両白鑞
四百九斤十両錬金一千五百十両二分鐘一口高一丈三尺六
寸口径九尺一寸三分口厚八寸用熟銅五万二千六百八十斤
白鑞二千三百斤
大仏師従四位下国公麻呂　大鋳師従五位下高市真国
従五位下高市真麿　従五位下柿本男玉
大工従五位下猪名部百世　従五位下益田縄手

第３紙

大工従五位下猪名部百世　従五位下益田縄手

右日記云大佛師従四位下国中公麻呂者元百済国人

東大寺次官兼但馬守　大鋳師従五位下高市真

国者元大和国人任東大寺須掌兼河内守　大工従五位

下猪名部百世者元伊賀国人任伊勢守兼東大寺

須掌使小工従五位下益田縄手者元和泉国人任能

登権守　云々

鋳銘文　在下蔵

菩薩戒弟子皇帝沙弥勝満敬白十方三世諸仏法僧

者天平十三年歳次辛巳春二月十四日朕発願称広為

[illegible]

衆生追求景福天下諸国各令敬造金光明四天王護国之
僧寺并写金光明最勝王経十部住僧廿人施封五十戸
水田十町又於其寺造七重塔一区別写金字金光明最
勝王経一部安置塔中又造法花滅罪之寺（尼）并写妙法
花経一部住尼十人水田十町冀聖法之盛与天地而永
流擁護之恩被幽明而恒満天地神祇共相和順恒将福慶
永護国家開闢已降先帝尊霊長幸珠林同遊宝刹
又願太上天皇后藤原氏皇太子已下親王及大臣等同資
此福倶到彼岸藤原氏先後太政大臣及皇后先妣従一位
橘氏大夫人之霊識恒奉先帝而陪遊浄土長顧後代而

橘氏大夫人之靈識恒奉先帝而陪遊淨土長顧後代而
常衛聖朝乃至自古已來至於今日身為大臣竭忠奉國者
及見在子孫俱因此福各繼前範堅守君臣之礼長紹父
祖之名廣治天下遍該廣品同辞愛網共出塵籠者今
以天平勝寶五年正月十五日莊嚴已了仍置塔中伏願
前日之誓皆此發若有後代聖主賢卿承成此願乾
坤致福愚君拙臣改替此願者神明剋罰已上
縁起文云東大寺是平城御宇勝寶感神聖武皇帝
諡稱天地國押開豊櫻彦命而建立矣　天皇叡指由
聖欽明外照廣深如天厚養似地遠願四生遂造三寶
以天平十三年歳次辛巳二月十四日　勅命那國毎置二

第4紙

以天平十三年歳次辛巳二月十四日勅命郡国毎置二
寺尓謂金光明四天王護国之寺法花滅罪之寺今斯
之寺是其一也揚時城東者曰東大寺天平十五年歳次
癸未十月十五日天皇御信楽宮発大願造盧舎
那仏像便謀妙工剣図尊像以十七年歳次乙酉八
月廿三日車駕回而平城宮更移彼事於于茲寺
東山之下積西海之銅始自天平十九年歳次丁亥九月廿
九日至于天平勝宝元年歳次己丑十月廿四日惣三箇年
鋳以八度座身五十三尺天皇諱帝佐西落騰般結服
之趣真勝宝二年歳次庚寅二月廿一日太上天皇之
帝太后共契厳盛観睹協盡於是別五千戸ゝ封之奴
界二百口ゝ入乃定其額以為金光明四天王護国之寺 寺見 年文一

91 醍醐寺本　巻第二（第３紙・第４紙）

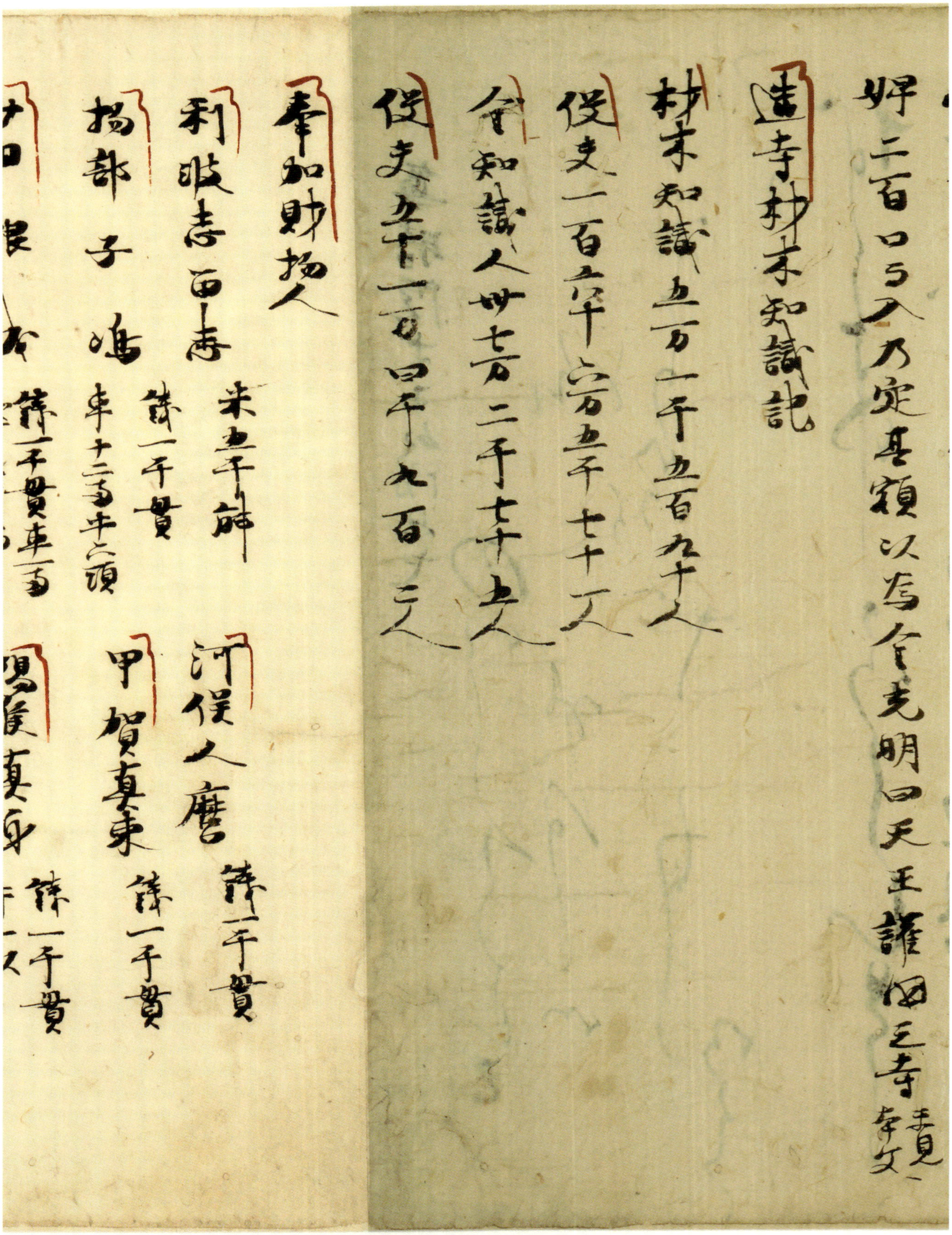
[illegible]二百口[illegible]入乃定其額以為金光明四天王護国之寺
造寺材木知識記
材木知識五万一千五百九十人
役夫一百六十六万五千七十一人
金知識人卅七万二千七十五人
役夫五十一万四千九百二人
奉加財物人
利波志留志　米五千斛
物部子嶋　銭一千貫　車十二両牛六頭
[illegible]口[illegible]　銭一千貫車一両
河俣人麻呂　銭一千貫
甲賀真束　銭一千貫
[illegible]侯真身　銭一千貫

第5紙

廿田根成　銭一千貫　車一両　墾二百栢
河辺庄濱　銭一千貫
漆部伊波　商布二万段

自余廿財不録之

陽侯真身　銭一千貫　牛一頭
板持真釣　銭一千貫
佐伯麻呂　稲十万束　屋舎五十三間　栗林二町　家地三町

東大居士傳　大学師

居士佐伯宿祢今毛人平城後太上天皇造東大寺長
為別當造寺官常持寿我天皇若為東大居士毎年受
天皇御命壹鑒大養郡以平山銭浮授王剤香水海
中世界種蓮花蔵世界香舎那橋千葉上毎別百億国天下
以明四十五万七十町三百武丈二百五千百廿四町二丈三百二

以銅四十五万七十斤三両熟金二万千百廿四斤二両二分二
銖錫一百廿三斤十五両鋳成身高五丈三尺五寸座高六
丈八尺上周十九丈四尺中周廿丈五尺基周廿三丈九尺鍍金了
天皇御手迎精又造華樓高十五丈周廊九間閑羅風打
佛廊講堂厨坊食屋政院官舎引渠穿流画鋳一百身
同八丈餅百餌飯僧万口受勅捨授以申處積於是注鐘
叶清建揚花表塔於千程龍寫階千十地檀擂廻彩為賊
霊鷲之山方未壽擬以為海龍之藏矣 已上
霊異記中巻云諾楽京東山有一寺号曰金鷲金鷲優婆
塞住斯山寺故以為字今成東大寺未造大寺時聖武天皇
御世金鷲行者常住修道其山寺居一執金剛神攝像

第6紙

御世金鷲行者常住從道甚山寺居一執金剛神像矣
行者神王蹲繫繩引之願晝夜不憩時從蹲放光至于
皇殿天皇驚怪遣使者看之勅信尋光至寺看有一優
婆塞引於堅彼神蹲之繩禮佛悔過信視還狀
奏之召行者詔言欲求何事答曰願出家修學佛法勅
許得度金鷲爲名譽彼行供畢矣時世之人美讚
其行稱金鷲菩薩矣彼放光之執金剛神像今在東大寺
於羂索院北戸而立也贊言善哉金鷲行者熾燧鑽
春[illegible]火炬西秋時光技感大人皇信驗誠知願無不得
者斯謂之也云
照ゝ同諸蓄人ゝ根本曹王和臺行者和大德下佳草菴

95 醍醐寺本　巻第二（第５紙・第６紙）

私々同諸善人々根本僧正与童行者於大樹下結草菴
安置執金剛神像於其前行礼拝口唱聖朝安隠増長
寶壽其聲々幽達天聴即差勅使東山尋之至大杉下
有一童行者従此行法回向由諸行者排女此地是殊
勝霊處也欲立伽藍興隆佛法不及私力特在帝徳因
新被総合勤此寺也勅使遂奏皇帝感心給下綸
言立大伽藍也雖不見本文是又道相傳了　件大杉木天

承四年九月作了

又古老傳云　聖武天皇眺望東山紫雲從々雲條宝殿
上天皇異之遣勅使尋山之處有童行者如執金對計

上天皇異之遣勅使尋山之處有童行者押挑令對計
前誦花嚴經勅使歸奏曰其由緒行者陳之付處分遣
伽藍中之天皇立東大寺也
又古人讀云金鐘行者顯靈驗附於野壹數有造大佛
殿之儀与大佛殿西面以東金鐘行者之所領也西面以
西者辛国行者之所也爰辛国行者奏云因依傳寺可
随靈驗打偏内依金鐘行者被取者地平須石人金鐘行
者与辛国驗随其勝負可取内依可造寺者於庭石破
爲人令痛驗者誦呪時從辛国行者之方大蜂數百出來
可聲敎金鐘行者[redacted]又從金鐘行者之方大鉢飛來打
[illegible]行者[illegible]之爰辛国之

第7紙

蜂岡寺蜂近歟寺修寺寺院行者軒誠之處寺院大
嘆哉寺之離散庭々破佛法寺
化此事不見本文化佛寺縁起下亂比明非不異有章
旧室寺二見在其礎是不崖歟

延暦僧録云聖徳太子又記言從今延二百年當有持戒
付大安付儀式婦是^聖^人起事委在也

聖徳傳云推古天皇十二年秋八月甚夕宿泉河北頭語大
右曰吾死之後壹道建寺此地此狀郎非他是吾後身一
寺也推古天皇卅五年秋九月太子令寫出巡諸臣之戒指
東山之下留古古寺延曰吾死二百五十年後有一帝皇

東山之下謂右古侍從者死二百五十年後有一帝皇
崇貴佛法於彼右前此星上並建伽藍興隆妙典又指
西原下曰於彼平原之興塔廟迄聖后言曰挑此帝都氣迫
於今在一百年來一百年竟京遷比方在三百年之後云
私云 彼聖徳太子者救世觀音變身 思禪師 念比丘之後身
也 聖武天皇者 聖徳太子之後身 救世觀音之垂跡也
霊異記上云 推古天皇卅三年乙酉冬十二月連公居住難
破而忽卒之屍有異香而馥 天皇勅之七日使留詠彼
忠 逕之三日乃蘇甦矣語妻子言有五色雲如霓
度北自其往道芳如雜名香觀之道頭有黄金

第8紙

度比自其与往其堂道菩如雑若香観之道以有黄金
山即到焼面麦麗聖徳皇太子待立共登山頂居也
丘太子致礼而白是東宮童矣自今已後遅之八日退
遊諸鉢領服仙薬比丘環乎辭奉一王授之今吞服可作
是言而無妙法并今三遍誦礼自彼罷下皇太子言
速遅家除作佛之為我至早還宮作佛從之道還
即見鷺蘇也時人若曰還活連遅也孝徳天皇世六年
庚戌秋九月賜大丹上位也春秋九十有餘而卒矣賛曰善
哉大部氏貴佛懐法澄情郭忠命福寿存遅壽安哉
脹石寿孝速子孫諒委三宝験法吾神加護也今推

振万様孝継子孫諱季三寶験法吾神加護也命惟
推之逢之八日逢諮諍者宗家入廟之乱也八日者八
年也卅徒并者文殊師利并也今服一玉者今死難之尊
也黄金山者五臺山也東宮者日本国也逐宮作佛者
勝寶感神聖武天皇生于日本国作寺佛也今時亦依
行基大徒者文殊師利化也是年是之事也已上
又曽舊云聖徳太子遊行之時立佐保河以北楢山地云我没
後当此處是建立精舎興隆佛法云後身也發三度誕生
日本国其若諱号有聖字即聖徳太子聖武天皇聖
寶僧王也云々

天地院縁起云行基并和尚之比從養天地院之日山麓
帝皇建立大寺住持佛法蓮在迹也云々
又古老相傳云良弁僧正移錫奉願聖皇奏云此地佛
法住持之勝地也既是觀音文殊弥勒三大士卜胡々地也
是據佛法住持逢及千歲縁之伽藍建立以二本佛寺
建之所有二義所佰河帀河比也時僉議云若然之所比也
住僧二三千人住持佛法一百歲也若建河帀者住僧或
十二万人乃至二三百人佛法八百年也依之改河比之儀建
于河帀云

于河市也
寳墨記云敏達皇后燒寺流佛像推古皇后建寺弘佛法之
中崇寶意真聖武太上天皇尤造大佛長紹法種剃頭
懸著袈裟受戒修善以正治民慈及動植徳秀千古
澤一掩運上三君由此福徳表空之聲作芝草讃寺
主地之擬搭合砂建搭法幢高曜与播是厭日方恵般
輕浮以帆致扇九天塔意之華鼓与扇因光善惡之報現
与手吉為故予勝寶意真聖武太上天皇云已上
寺僧相傳云　東大寺造立之時有大力牛自然来行象
未津撫車運大物有人係車便荷揭引運是以號之東
大寺東大寺即寺竪亘数年而如此法役不知其数大佛殿

味於東大寺即時還運救年而如此付文不知其哉大佛殿
造畢之後其牛斃死之彼賢真和上修造大君寺福
寺大殿時往以河津岸險難上令對變爲牛挽木登上
寺其牛即死大王還夜夢見令對語了我相助造殿工夫
已畢僧乃知牛是令對作了今聖武皇之又東大寺
大殿造立而有變現牛司材木助人令擔化而爲其夜釋
同決
又口傳云良弁僧正奏聖武天皇女皇帝者前生之時
流沙渡子也良弁其時爲飛行僧ヨ飛行僧將渡流
沙寶舎衛国無其功錢空經年月徒數集笑渡子云不
得功錢運可度只此善根可祈後生語了度舎衛国

第10紙

浮印讃達丁深已發善根丁祈後生諸丁深舎侍因
由之石報恩是丁本人王之由所祈請也所以天皇受生
於此因良弁又依本縁因七日本君王達且後丁拓延地
生受天皇勅僧正云若令後生持何如良弁奏云從因
所往丁先富者因之建立東大寺奉鑄大佛与此因云令
歎不捨諸天皇夢見高僧来告云水邊勝地左方寺勝法
自然出來即由夢告立寺勝往面從陸奥国貢黄金云々
即寺者石山也勅遣行基良弁所創建也云々
或日記云東大寺者聖武天皇之建立也行施正力立伽藍
者丁頃也或由之勅太政大臣下知識官首於五畿七道諸
国建雖一木一見持來丁令奉助者并因如草廉乃應

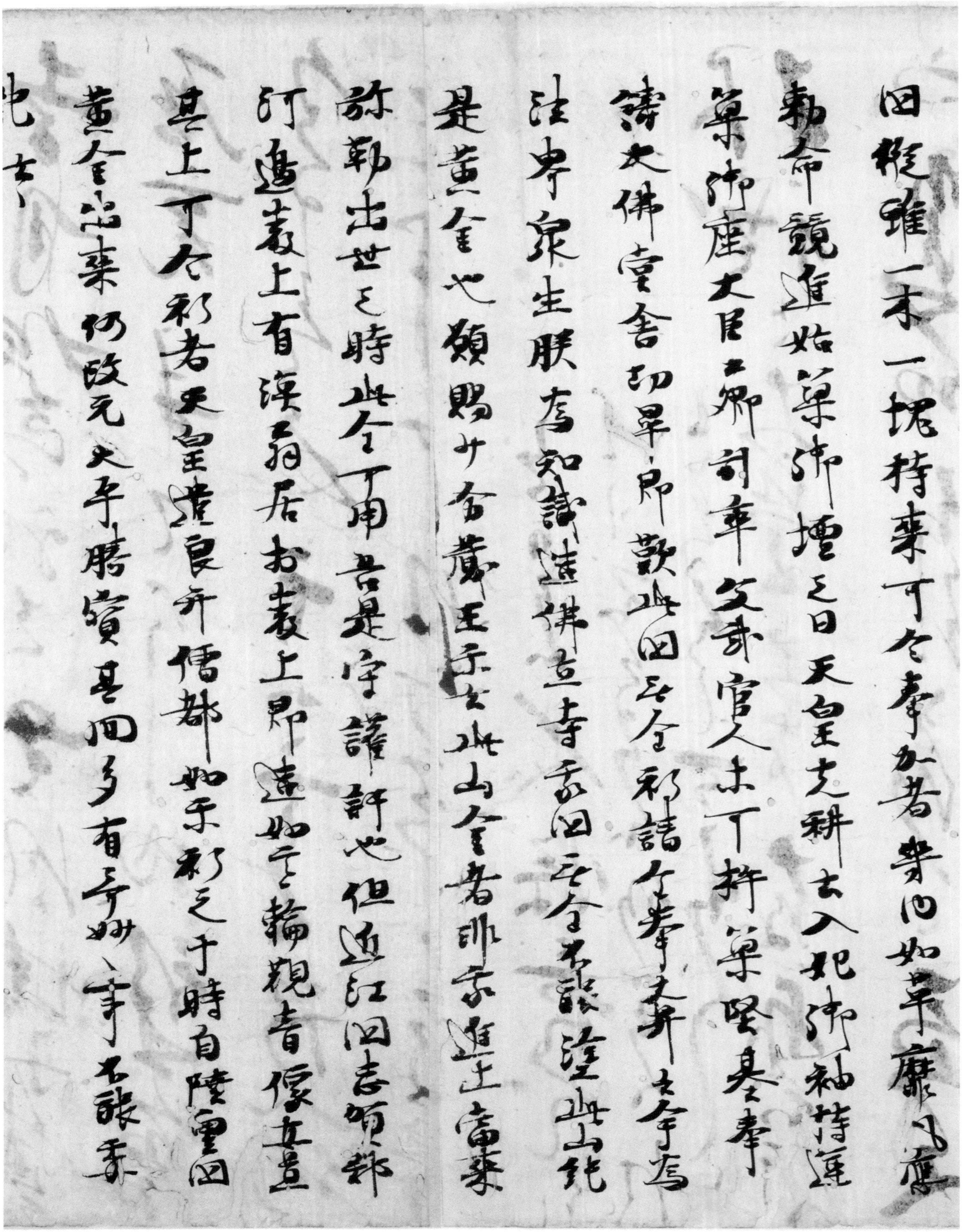
因縱雖一木一把持來可令奉加者尋因如華嚴廉及應
勅命鏡進始築御壇之日天皇先耕土入袍御袖持運
築御座大臣公卿司率文武官人以下擔築堅奉
請大佛盧舍那即鼻即歎此因之令祈請令奉加尋之令為
法界衆生朕為知識造佛立寺於因之令出言從此山能
是黄金也願賜廿分藏王之處此山金者那之逢當來
彌勒出世之時此令丁南吾是守護許也但近江國志賀郡
河邊表上有溪石居於表上即速如之輪觀音像安置
其上可令祈者天皇遣良弁僧都如示祈之于時自陸奧國
黄金出來仍改元天平勝寶其四多有奇妙々事不能委
地士

第11紙

記云
裏書云
寶龜四年十一月良弁僧入滅云　僧綱補任云　天平勝寶八年
五月廿四日任大僧都　天平寶字七年九月四日　任僧正云
少僧都良弁任東大寺別當　治九年　天平十七年正月廿日
任花嚴宗　東大寺
義渕僧正弟子云
供養章第三　此有二　一開眼供養會　二御頂供養會
一開眼供養會
皇帝敬請
菩提僧正

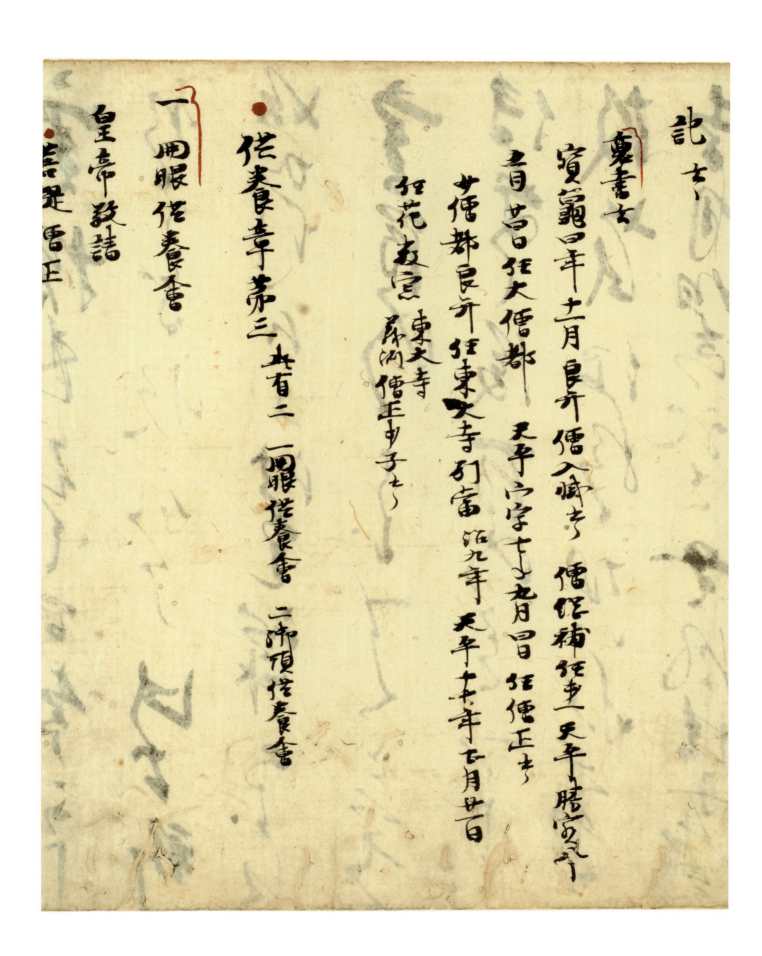

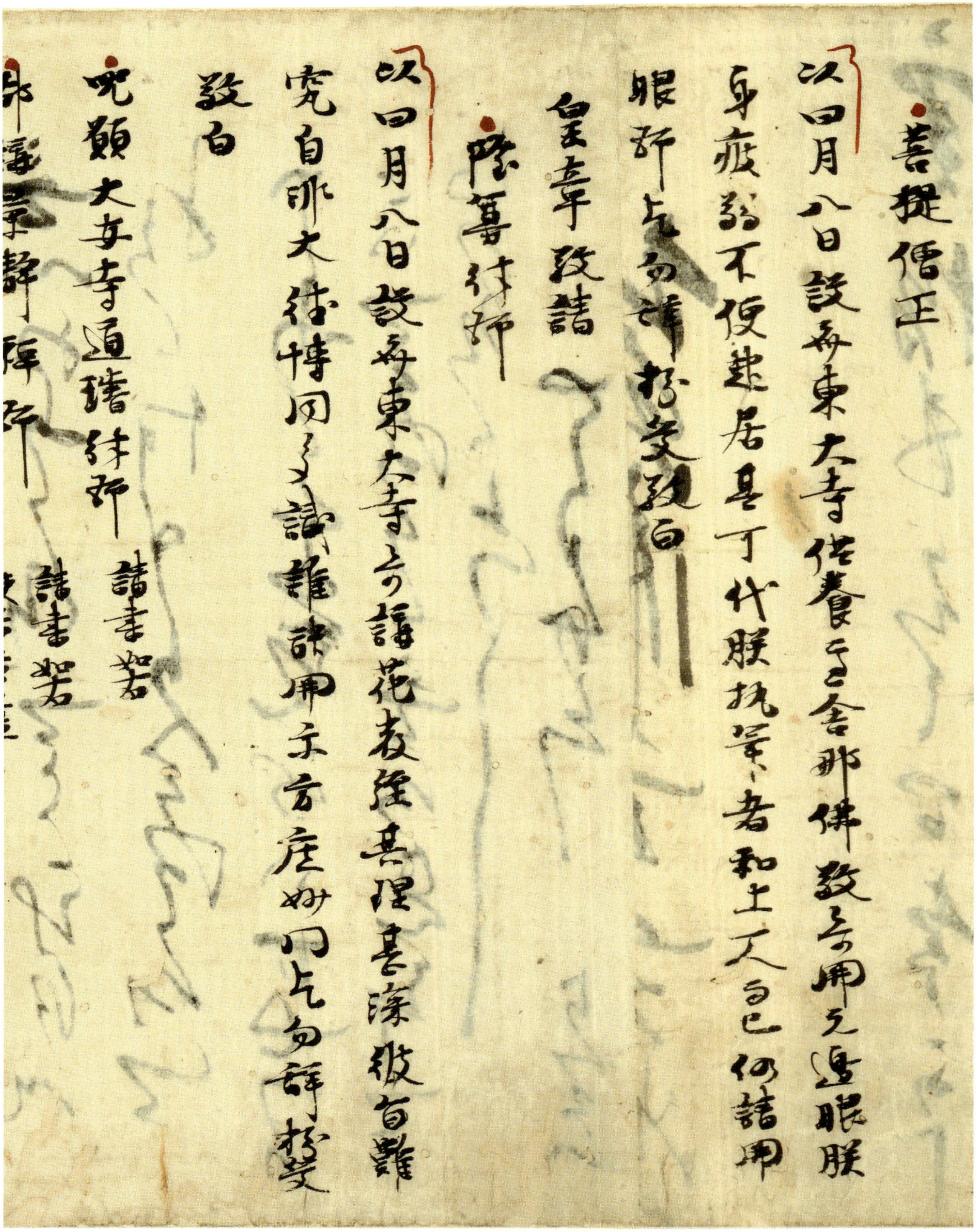
菩提僧正
以四月八日設斎東大寺供養盧舎那佛敬欲開无辺眼朕
身疲弱不便起居其可代朕執筆者和上一人而已仍請開
眼師乞勿辞摂受敬白
皇帝敬請
隆尊律師
以四月八日設斎東大寺欲講花厳経其理甚深彼旨難
究自非大徳博聞多識誰能用之方今庭如聞乞勿辞摂受
敬白
呪願大安寺道璿律師　請書如右
都講景静禅師　請書如右

第12紙

都講景静禅師　　諸書若
　　　　　　　　使若老五位

天平勝宝四年三月廿一日　勅書

以四月九日太上天皇太皇太后幸行東大寺

宣旨鎮裏京使　左従四位下百済王孝忠　従五位上中臣丸連清麿
　　　　　　　右正五位下大伴宿祢稲君　従五位下建部君豊足

色吉百人　若二百人

七日諸家献種々造花

八日留守官　東宮大納言巨勢卿　中納言多治比広足
　　　　　　西宮中納言紀朝臣麿

九日太上天皇太后天皇座東大堂布板殿以備服具儀式

並同元日但王臣等悉立堂裏荘厳種々造花奇妙繡描字

109 醍醐寺本　巻第二（第11紙・第12紙）

並同元日但各侍従五位上裏荘表程々赤花各妙繡描守
上款程々花東西懸繡濯頂八方懸赤色濯頂
赤光請複位巳上僧自市門直泰入司道
左當以外従五位下秦忌寸首麿
右中弁従五位上縣犬養宿禰古麿
次服部信正善提洗部宅豊持白蓋自東入進
正五位下賀茂朝臣昂足
従五位上安倍朝臣嶋麿
次讃部陰導持部宅典巻白蓋自西入進
従四位上橘朝臣奈良麿
従四位上大伴宿禰古慈悲

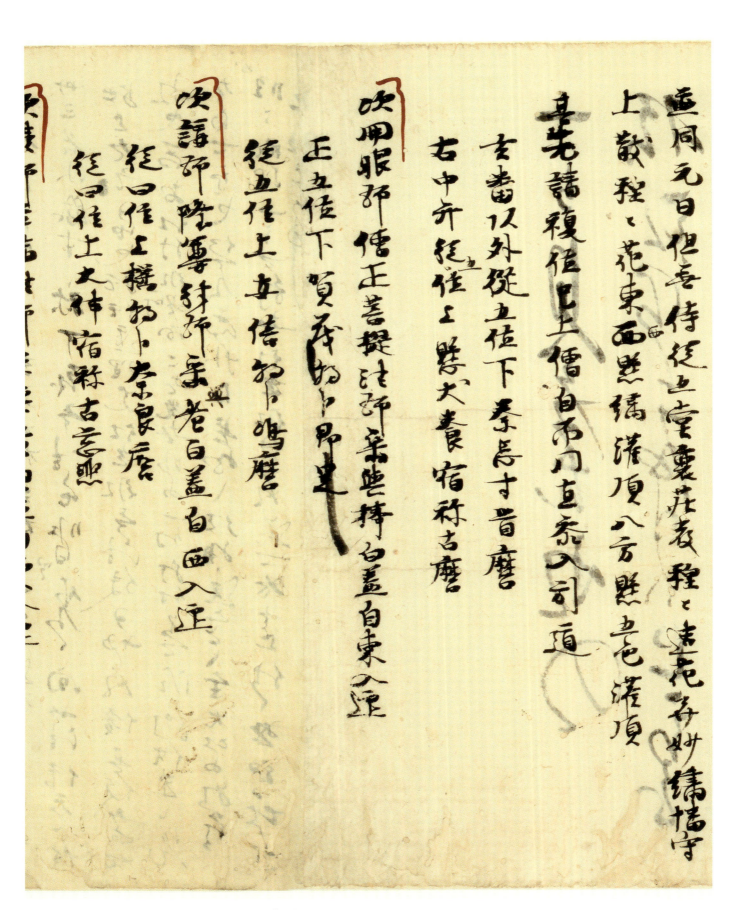

第13紙

次讀師延福法師乗輿着白蓋自東入之
従四位下清原八束
従四位下石作麿
並著座訖即開眼師進佛前取筆開眼畢着縄令参集
人等開眼了即講讀師共登高座講說花嚴經請衆僧沙弥
等自南門左右頒以参入引導 左大舎人助正六位上路大養宿禰吉男 右兵衛従六位上榎井部馬養
著東西北幄即大安薬師元興ヽ福寺四寺衆僧ヽ等分着
従自南門柱東立五種ヽ楽参入
雜
次歌久米以ヽ舞 従五位下大伴宿禰伯麿

大歌久米以下儛　従五位下大伴宿祢伯麿
従五位　佐伯宿祢文成

楯伏儛頭　外従五位上文忌寸麿
従五位下土師宿祢弟勝

右大臣已下舞数十六人

妓女数竪六十人　手舞師中臣人本也

頭　治部卿従四位上船王　四道以従四位上大市王
雅楽助正六位上林連久万　少丞正六位上真信ヒ如志

唐散楽頭　近江少掾正六位上食部乙真人
治部少丞従六位上高田部家主

唐中楽頭　治部少輔従五位下下毛野稲麿
雅楽大允正六位上津史真麿

唐古楽　治部少録正六位上土師宿祢山麿
正七位下葛井連大養

高麗楽頭　治部少録正七位下狛連[illegible]広庭

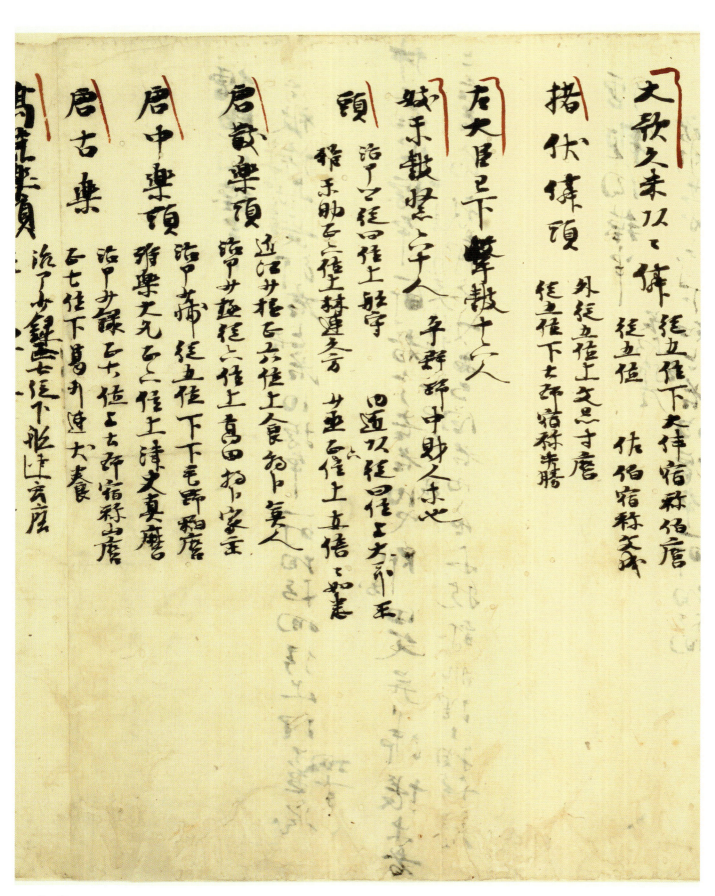

第14紙

高麗樂頭　治部少録正七位下狛連広足
　　　　　雅楽允正六位下狛宿祢広浜

度羅樂四寺行道二度迴并左右分立三、弁菩薩　左大臣以下　唱歎者廿

次第舞　大歌女　大御儛卅人　久米儛　大伴廿人　佐伯廿人

楯伏儛廿人　檜前忌寸廿人　土師宿祢廿人　女漢躍歌百二十人　立天平　大平

跳子名百人　唐古樂一舞　唐散樂一舞　林邑樂三舞

高麗樂一儛　唐中樂一舞　唐女儛一儛　施袴廿人　高麗樂三儛

高麗女樂

同日夕入庄東宮

三寶施絁一千疋　使人藁着

誦經施絁三百疋　綿三百屯　布三百端　使治部大輔従五位上[illegible]朝臣祠麿

開眼師施絁十疋　綿十屯　布十端　使治部少丞正六位上高向朝臣家主

讀師并咒願師施物同開眼師　使治部少丞正六位上安倍朝臣　已上如是

法用　梵音二百人　維那二人　已上二百人　各絁一疋　綿一屯　布二反

錫杖二百人　布施梵音同

唄[illegible]　散花十人　[illegible]

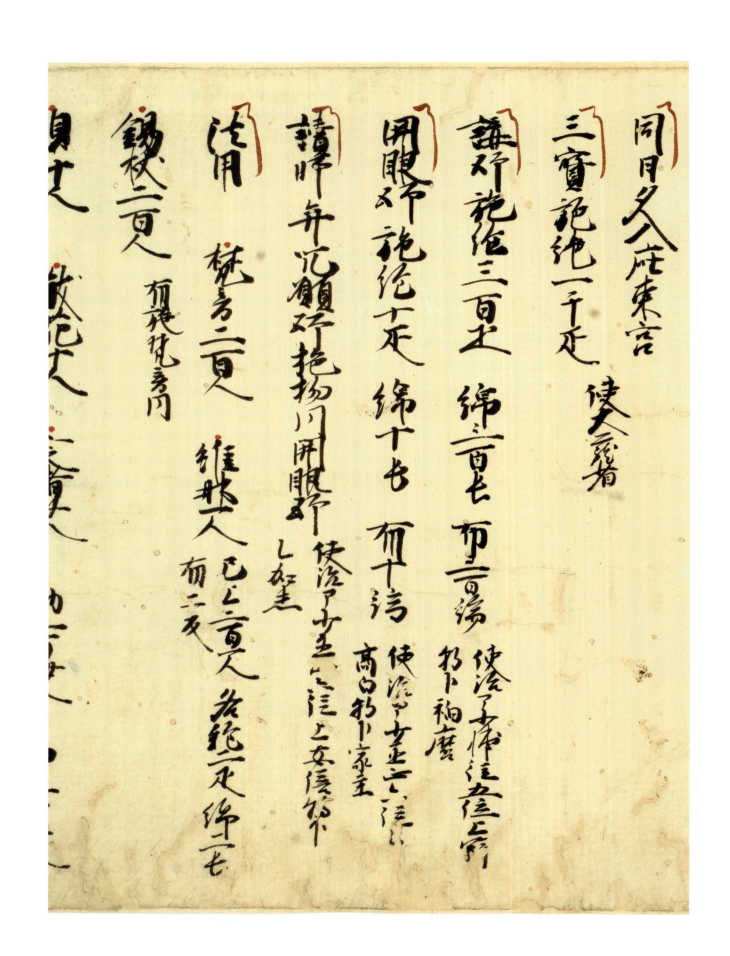

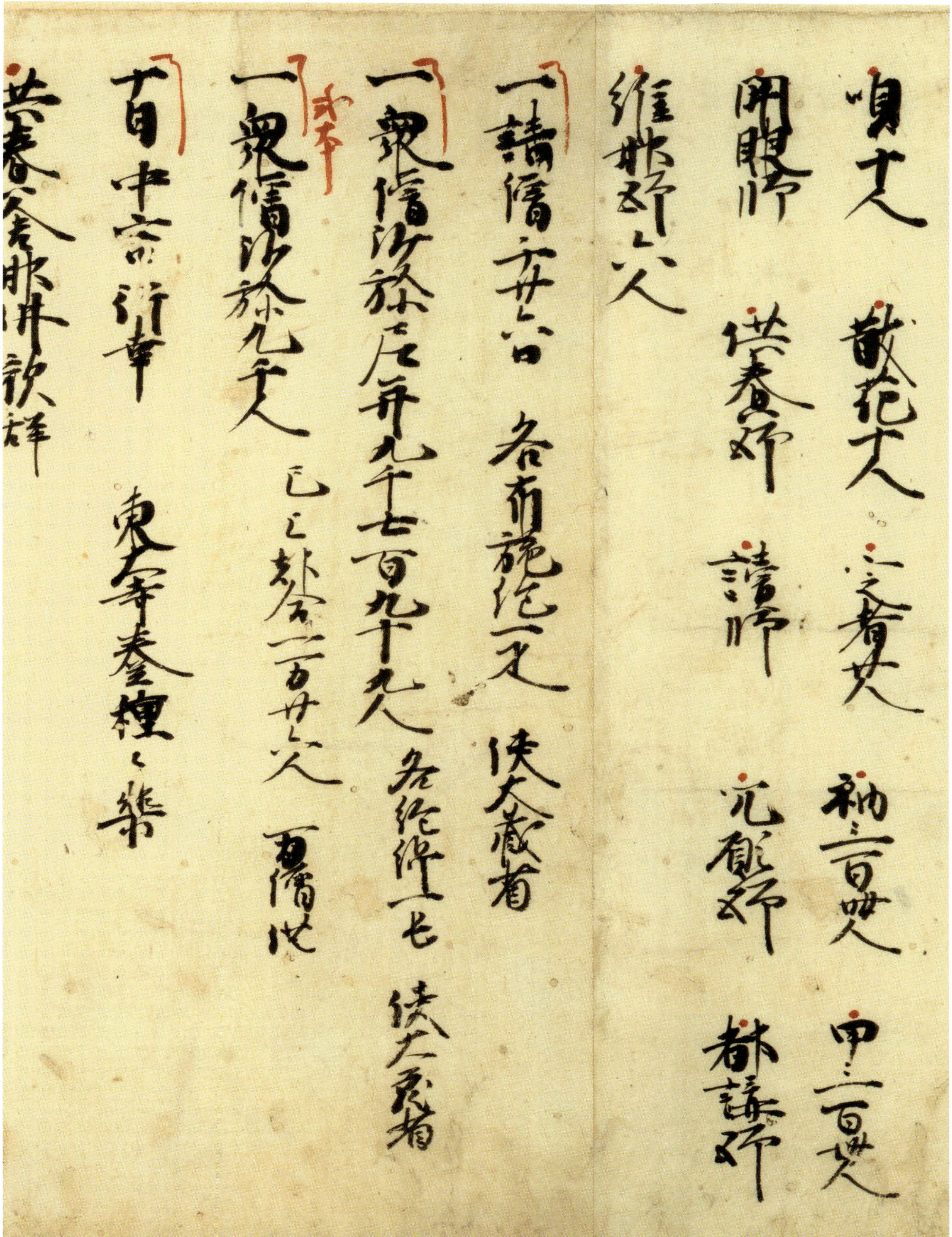

唄十人　散花十人　〻之者女人　梵〻二百卌人　甲〻二百卌人
開眼師　供養師　講師　呪願師　都講師
維那師六人

一請僧一千廿六口　各布施絁一疋　使大蔵省
一衆僧沙弥尼并九千七百九十九人　各絁綿一屯　使大蔵省
或本
一衆僧沙弥九千人　已上都合一万廿六人　百僧供
一百中宮行幸　東大寺奉種〻楽
供養会非常次第

第15紙

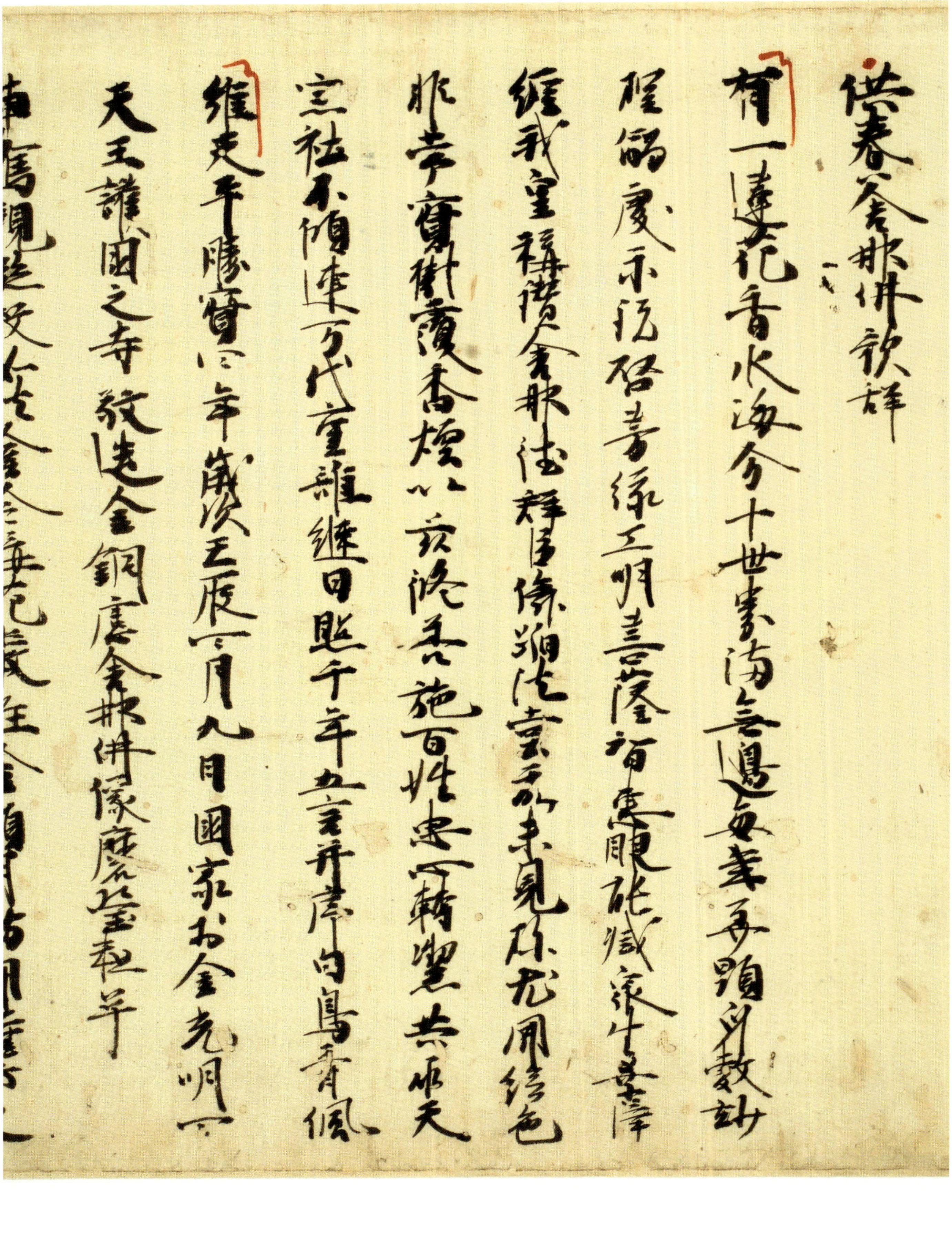
供養舍那佛歌辞
有一蓮花香水海含十世界海無邊無量[illegible]數刹
[illegible]處示現[illegible]
維我皇帝陛下舍那法[illegible]像[illegible]未見殊光[illegible]色
非帝寶樹蔭香煙以[illegible]施百姓[illegible]共永天
宗社不隋連万代重離継日照千年[illegible]
維天平勝寶四年歳次壬辰四月九日國家於金光明四
天王護國之寺　敬造金銅盧舍那佛像[illegible]
[illegible]

東寄覲謁設況於今海花蔵住金剛法界種智之
真容偈珠連瑩色空之寘義介其摩尼殿除花樹白
宝香火海中青蓮千葉久扬香天作梵音之感音通
俗感集卒去沐仁皇之恵化是後儀陳文武千巻義
華山煖連袖之歌共瑩二貫之鷹福杖栴錫之曲自都
邪嫁之被祥文有大安寺水大寺谷宝使之勸花
衣帝鼓振之響天作桂逃之油泥抱言行啟誰赫龍錬
子無錫情奈老風翼異歌諸説之詠旺月鴛心門類
豆華之旁建精舎下東上以千木亨

第16紙

宣華之旁達精聡了東上二千未裔由新於武成祥
宥奇勝哉矣信是天下之壮観周國二光未来之百七十年
香風弱化簇奏華[華]之東斯芳[花]而虚空豊覺禅林之万邃
叙宣香珮章層明時須歎化不任嘆息之至粗述短懐

古人亦

恵日亡千秦　青基傷一達　錦花育紀洛　秋月独道天
化似龍宣金　人簇麻丹塔　方知聖皇寄　却石以為年

七言　笠言麿

聖皇法令開八日　無二化一宣千切冬

聖皇法会用今日　無上妙容手切終
決壊饒単奉除行　奉天和應詞両風
丹青可愛忽砕盲　課湯七互尊言駭
隆庭禾枝観非肯　討諫知寛内執文

他人讒邪事　或云変化香臍仏参日讒邪也云々

同者旧伝云法寺達立之始有買鏡者表本願聖皇召
面之烏大会讒邪所買鏡並往甚豈変成八十花麦往即
讒説之間多轉梵語法会中間於高座忽然失了　云々

今案云件事未尋之人也又用良志会請用之

今案云件事未得文記文開眼法會目之

花嚴會目事歟　有二説　一云開眼法會目事也件目説

所隆尊師或傳繼補佳他人當鑄師　二云　被始花嚴會

目事也　被花嚴會請定之事云　議所者名前轉讀所　名

後轉者音鑄師於高座上吐梵音人不知之似集轉讀

時人名前轉後轉後代又模之名前轉後轉也　又件會請

請所法會中間於下高座出從後云者模他人於高座也

鑄處注尚作校老釋見但近代不知何任矣歟就始上宮

行寺生或定筆在於記之次

第17紙

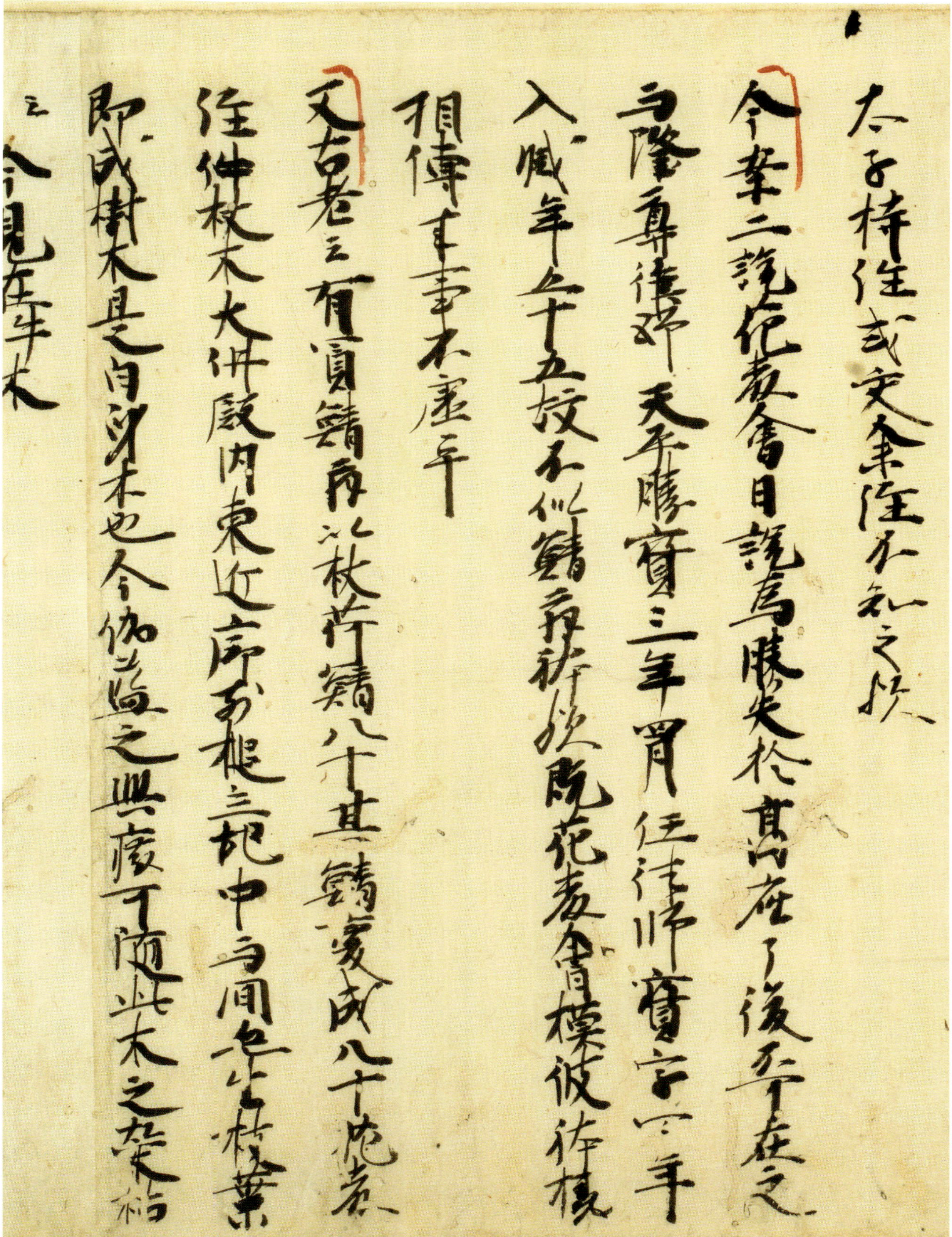

太子持往或定今往不知之於
今案二說花嚴會日說爲勝失於其所在了後亦不在之
与隆尊律師　天平勝寶三年四月任律師寶字二年
入滅年五十五歳不似鏡面於既花嚴會様彼行様
相傳事未審乎
又古老云有員鏡以杖打鏡八十其鏡變成八十面鏡
注仲枝木大佛殿内東近南柱根立地中与間色々枝葉
即成樹木是之白河木也今俗之無處可随此木之枯栄
云
今見在年木

第18紙

云ゝ今見在伴大

開眼師傳來事

元興寺小塔院師資相承記

婆羅門僧正者南天竺國聖人也爲同詳文殊行基并
以天平十九年弟来卅月本國摂津國難波津須与解纜
爰津邊人ゝ見異船異人裁多乗小船五艘多船十
余人行向問其詞更不聞知仍告云ゝ 奪行問之乞
不聞知敢可中國之解進言奏聞即遣勅使以天文書
問其人答ゝ從南天竺國来法師也勅使上問船主誰ゝ
有可之度大唐波来即云彼國婆羅門比丘同大唐國来云ゝ

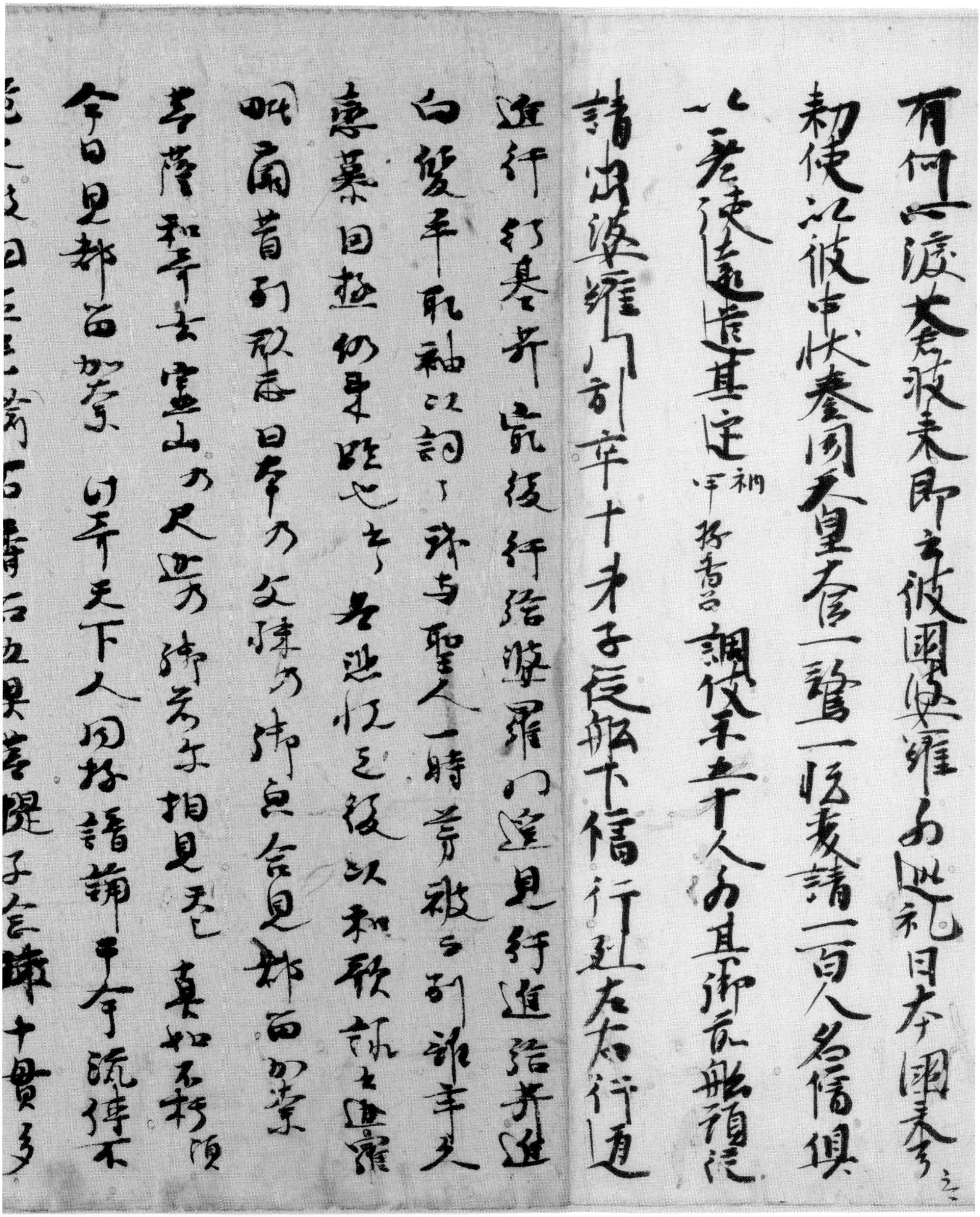
有何人渡大倉被来即乍彼國婆羅門迎礼日本國参之
勅使以彼中状奏聞天皇令[illegible]一證一[illegible]麦請一百人名僧俱
以老使遣其定 神 中務香呂 調伎楽五十人於且御前船頭迎
請此婆羅門引率十才子侯船下信行廷左右行道
迎行行基并衆僧後行陪従婆羅門迎見行道陪并迎
白髪平取袖以詞ヽ接与聖人一時菩薩等引
恵菓回趣物畢既也之ヽ 各迎収之後以和歌詠士婆羅
門聞昔別敢日本乃文殊乃御貌合見都那留可奈
菩薩和云 霊山乃尺迦乃御前ニ契天之 真如不朽須
今日見都留加奈 時天下人同稱讃于今流傳不
[illegible]

第19紙

絶又假回土毛齎石香石五具菩提子念珠十貫多
羅葉梵字百枚佛舍利二千粒種々雑物多以奉献
給并件以献上 天皇分給諸寺多分奉置元興寺小
塔院而優婆羅門中子春分土摩給粮食 天皇殊以
尊重已上

大安寺菩提傳來記云
去天平五年歳次癸酉四月三日遣唐大使丹治比真人広成
副使大中卜朝卜名代未并留學僧玄昉経歴唐国三
箇歳也即同八年歳次丙子七月廿日還向聖庭各乘舟舩
而天竺婆羅門僧菩提大唐僧道璿瞻婆国僧[illegible]士
等是也七更召日并當才也但菩提者[illegible]羅衛國人姓[illegible]在

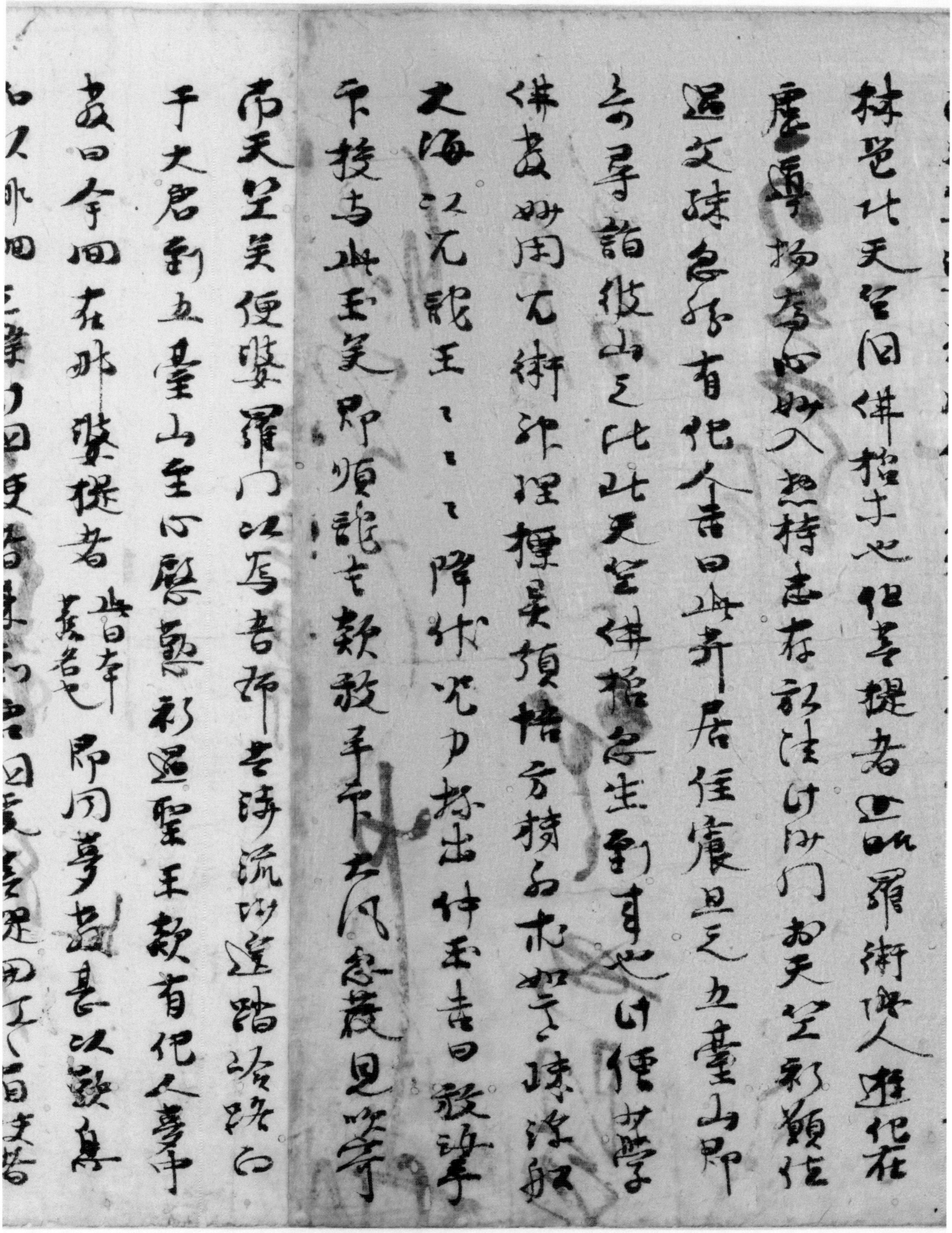

第20紙

和以佛佛ニ降リ回使者来到居回麦菩提因忙々眉使若
随順其相同乗無般倶共到其居所乃道場嘉達三寶
偏精付ア如ぬ博通尊人不倦者有趣化度寺当聖徳
笑即菩提本寄観リ回山河清潔其以鈴奴夢行其菩
同乳客迴各暮移付回達香下世口威花以浮雖波海
無香下圍遶彼般自然逢来是時在表那波付刹寺
百衆僧以名遅付客笑王昇下各自無下及首行其菩
者下為預建立掛賀衆中自然携来即稱々毗羅
衛ま同發来て日本の文殊の御顔今見賜并春云
霊山の釈迦の御前生結て真如不移相見賜稱々偈言
居人[illegible]

諸人未知其入都之次令至菅原寺于時有老若異僧
同音此婆羅門之往昔皇子也是来生因縁熟及寺邊
諸々時人若曰座者廿人同念得新客道向菅原寺向弁士
逢客語菩薩若有何所令耶弁答曰住物精具但無音
於同音中々已爲同分奉仕此人与南天竺僧清貧衣食令
其何以下仕許時弁中子来以献新當于所期草已来
到已前草妻子之文是則十歳以下俄徴人已畢出入善
相机欲讒假婆羅門所作之和歌更小児未趣以講献也
則弁与婆羅門弁同音済度衆生攝尚矣但臬會通
俗各生嚴矣未知ま由或令矣或桐渡皆々聖与賢矣
般若行等思議即経一首次令住大安寺中賞美時

第21紙

彼樹所在思議即往一宿以答住大安寺中院是時
皇帝持黄樹所擢所人僧正是天平十七年歳次乙酉始鑄
遣東大寺大佛像勝寶四年壬辰四月九日開眼大會詔師陪善
付於朕躬追稽首拜以昇僧正不開明師 即仰諸大寺令學漢字是時從佛
指不雅世之師於彼聽吐因習得并佛并部佑授頭示
佛前令傳習 并佛有九条并菩薩多諦胜部佑有三条呂藉庫那部佑 重思惟甚佛之教
是其行道之西也与此寺大長見人不材權西斗吹出甚曲
神僧多能收須令習什樂矣即於東大寺奉納開大
會于時聖帝并皇太后行[redacted]幸會場叟弄梁
貴賤莫致并是至不歡悦階下致希有之舍爰隨喜
之言更散 遂百種計言即者意學彼寺容販是

之々便被　宣旨傳此旨者達浮彼寺康頗登是
悦猶微天漢焉也師工之所作聖者入救識救喜相忌大
類年不讃嘆〃但大安寺探行策寺莫行百千以降
代々天皇同傳君臣同時治殺海容斯手由遍如此歟已上

日本往生記云　聖武天皇造東大寺了命菩薩曰宜供養
此寺菩薩為講師奏曰行基不堪為大會講師従異国
一聖者可来及于會朝奏曰異国聖者今可相迎即有
勅菩薩率九十九僧及治部玄蕃雅楽三司于難波津
於濱以調音楽相待之行基加百僧末以閼伽一具
焼香盛花泛之海上香花自浮指西而去俄頃遥見

焼香散花泛於海上香花自然指西而去俄頃遙望
西方小舟白西而見之々舟来因似乃異乱々乗小舡着
岸有梵僧上陸并執手相見微咲菩薩唱伝歌曰
霊山䜣尸迦乃祢尸部二知波利天子
真如久知世須阿比弥都留賀奈　婆羅聖者即答和曰
迦毘羅恵迩木毛迩知岐里之加比阿利天
文殊乃弥賀保阿比弥都留可奈　行基菩薩諸偈喜之
是因聖者是南天竺婆羅門者菩提也年今人不知行
基是文殊化身也

東大寺大會時元興寺献歌二首
比弁加之乃夜万比遠波与弁遠并々主流吉作那任存今
生波那多天万部那面

遊波那々天可部由

乃利乃宇奈波那佐波遊多利計布与利波伎奈介

乃呂乃利佐加江多留波奈

美那毛奈乃ゝ利乃於古利之奈布衣奈利阿須加乃

天良我宇奈ゝ天可部由

天平勝宝四年四月十日

御作

宇由波之奈和加毛布波奈波古礼奈利天美加奈加与

波世奈石津与万天遊也

已上和歌者元興寺[illegible]之

軸付紙

133 醍醐寺本　巻第二（第22紙・軸付紙）

軸

醍醐寺本　巻第一裏

第30紙裏

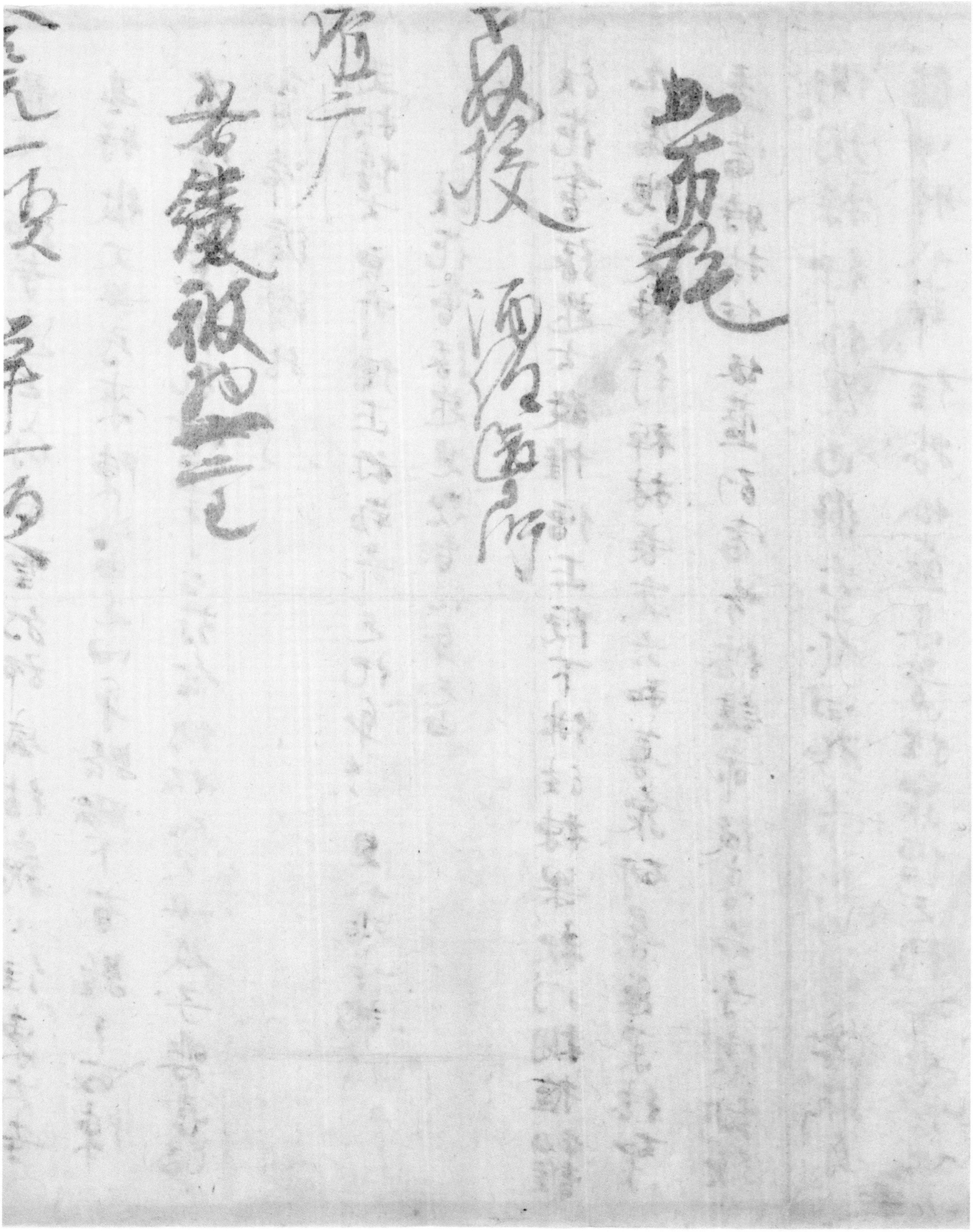

第29紙裏

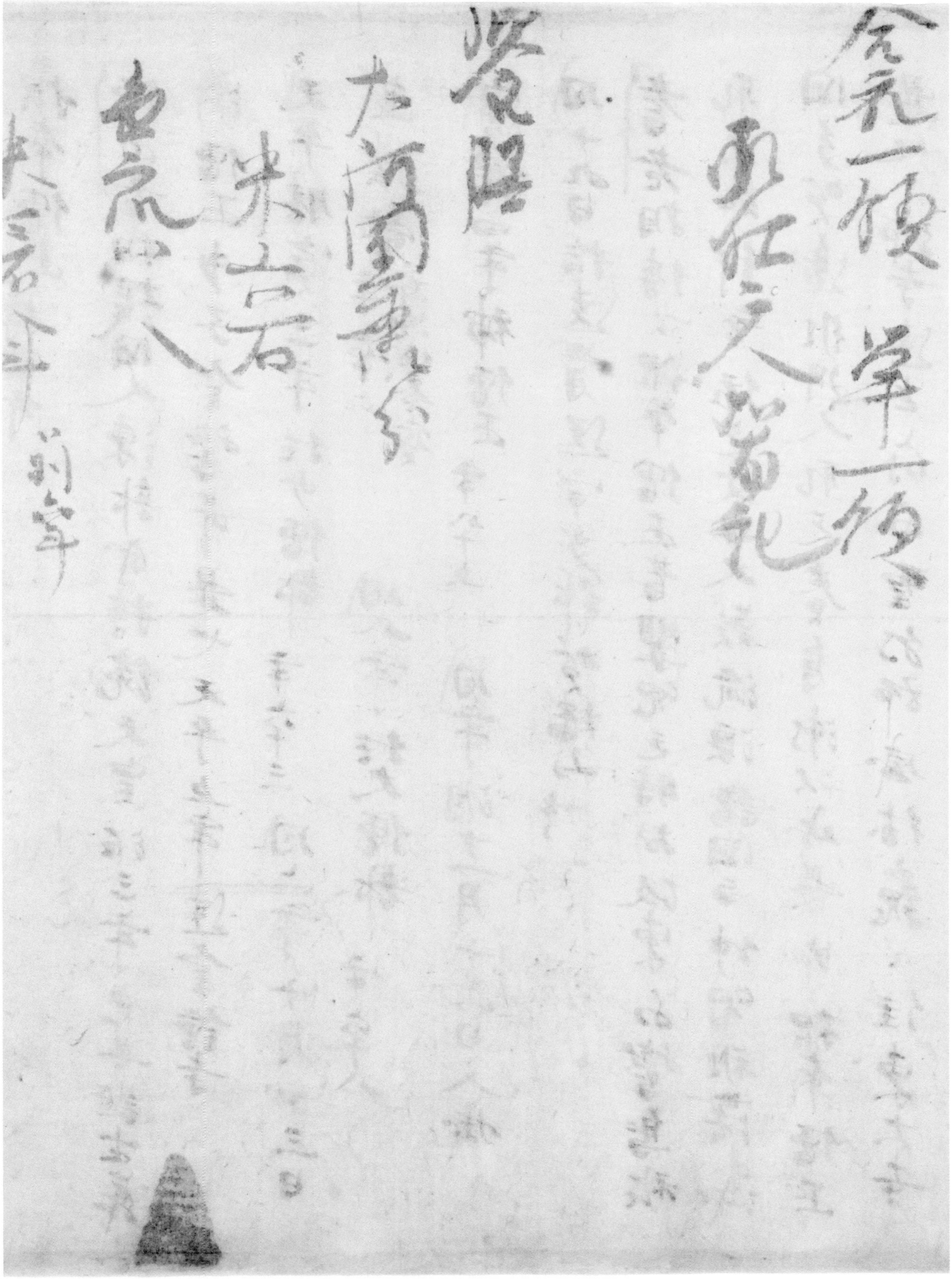

139 醍醐寺本　巻第一裏（第28紙裏・第29紙裏）

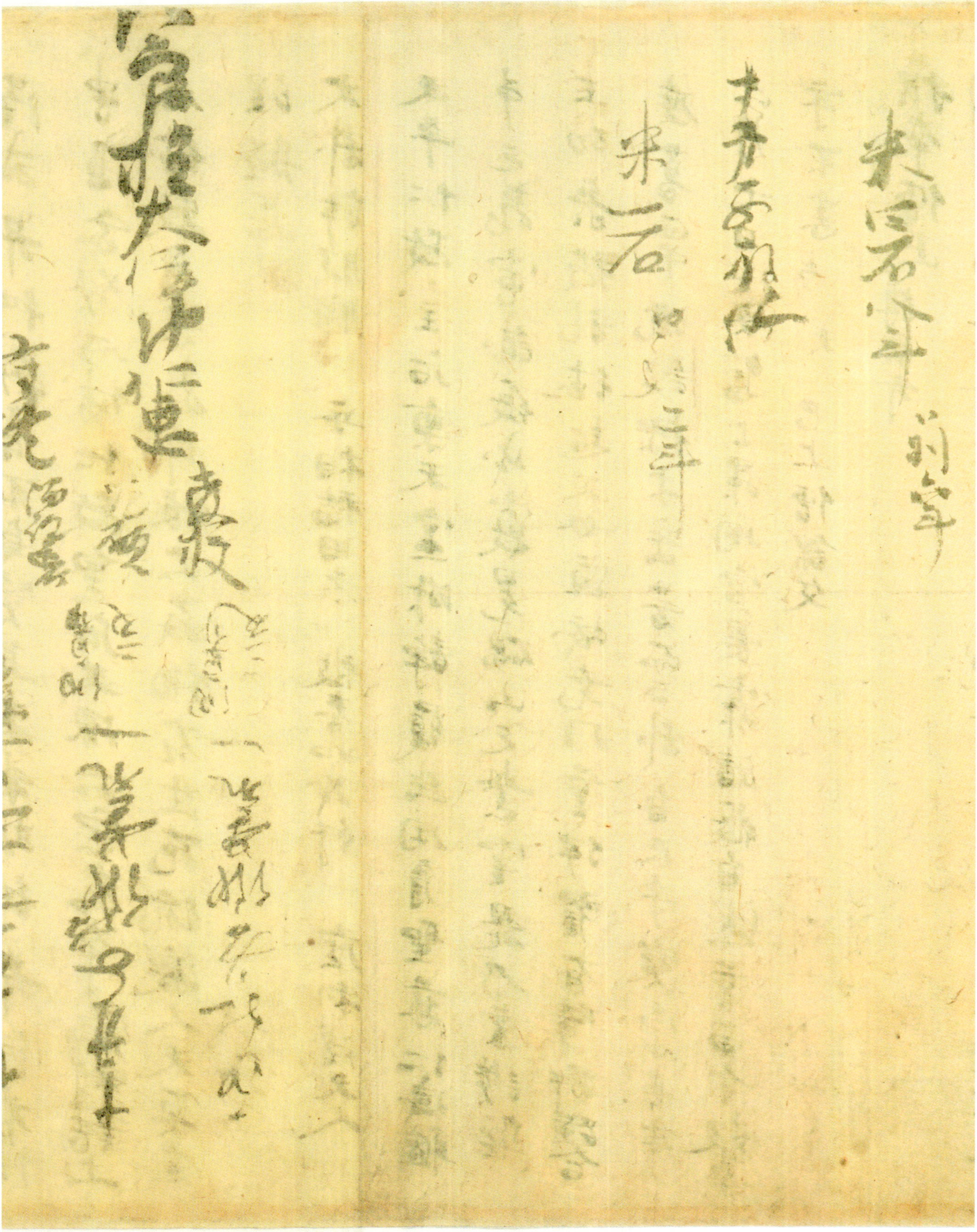

第28紙裏

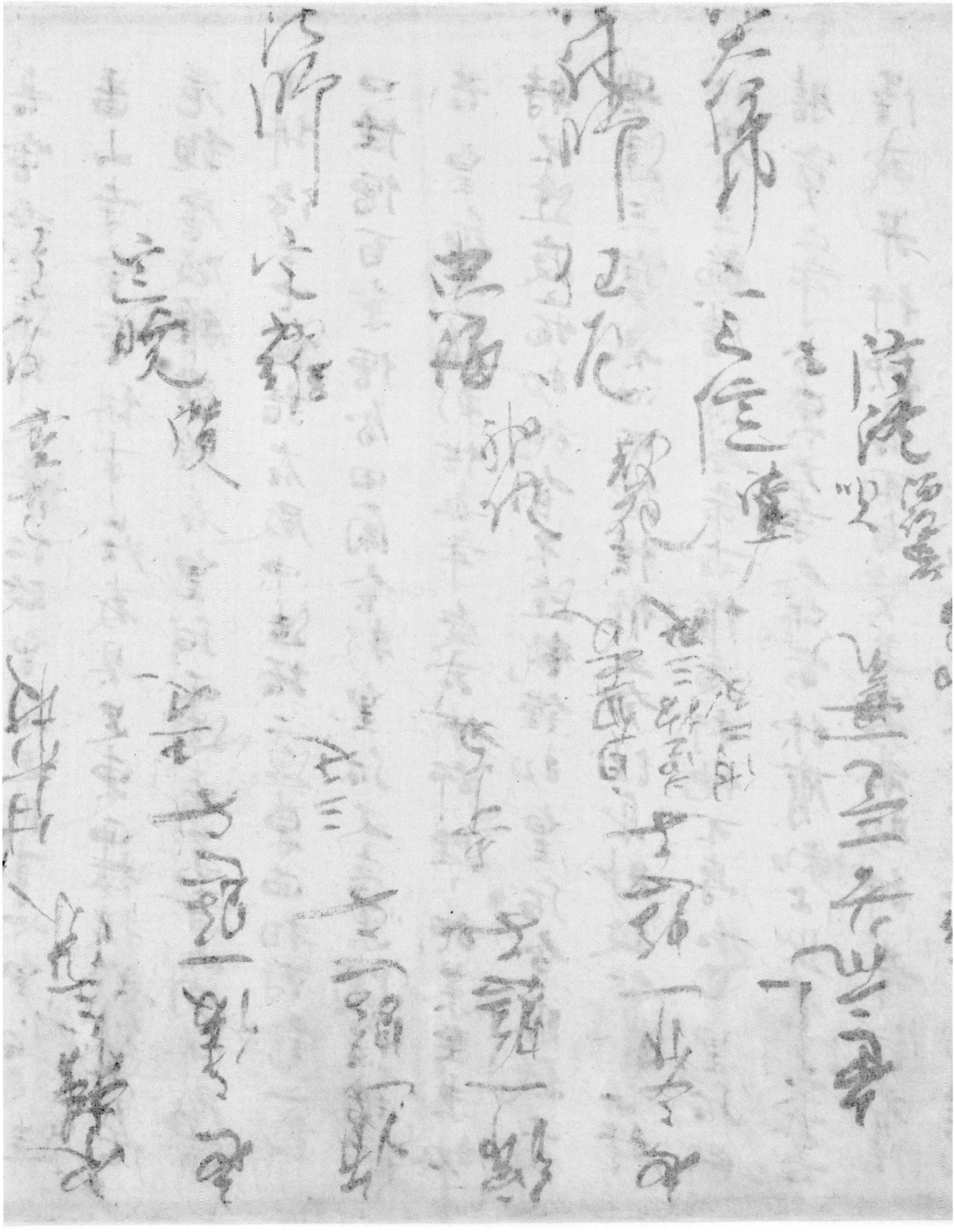

141 醍醐寺本　巻第一裏（第27紙裏・第28紙裏）

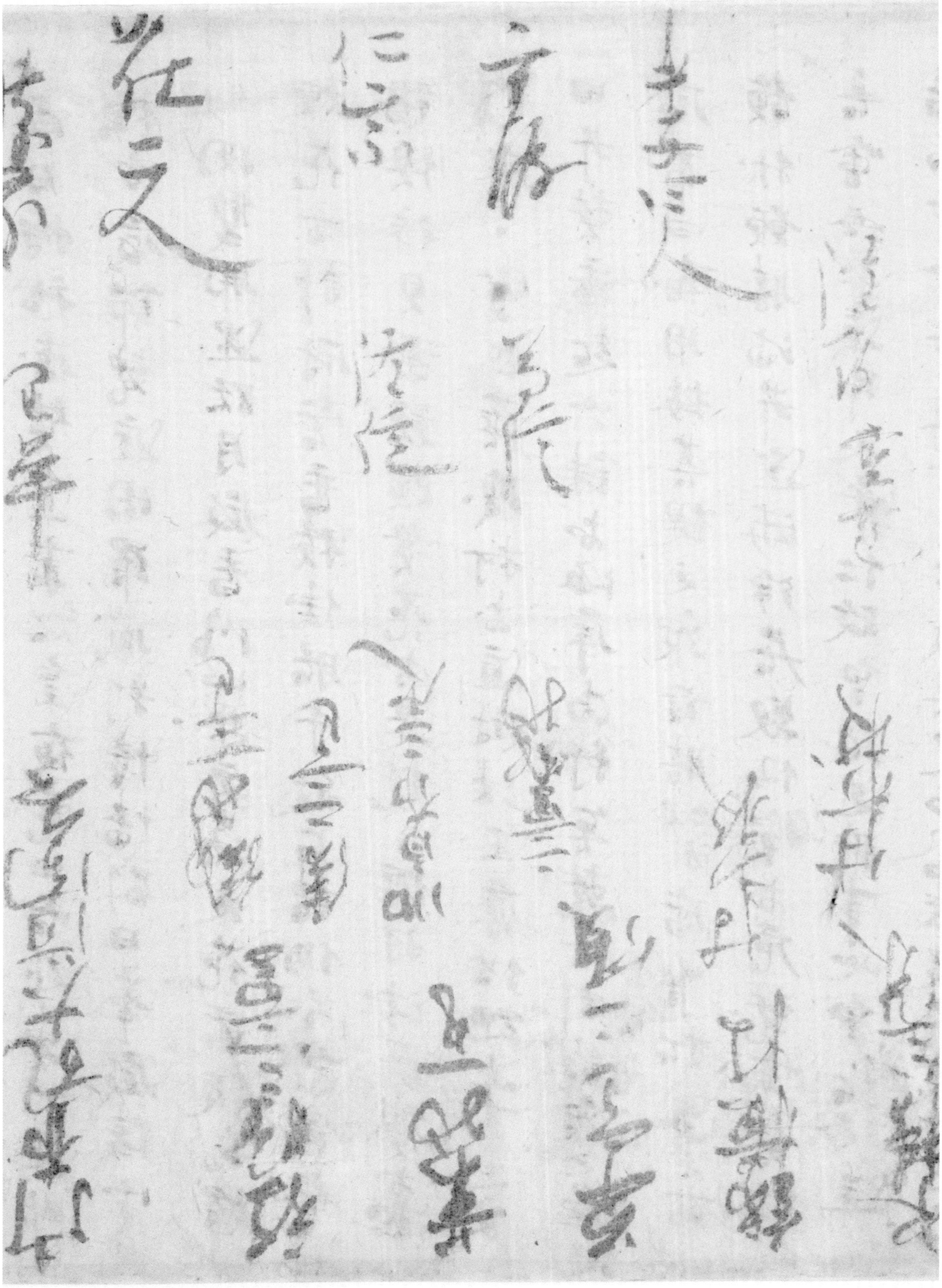

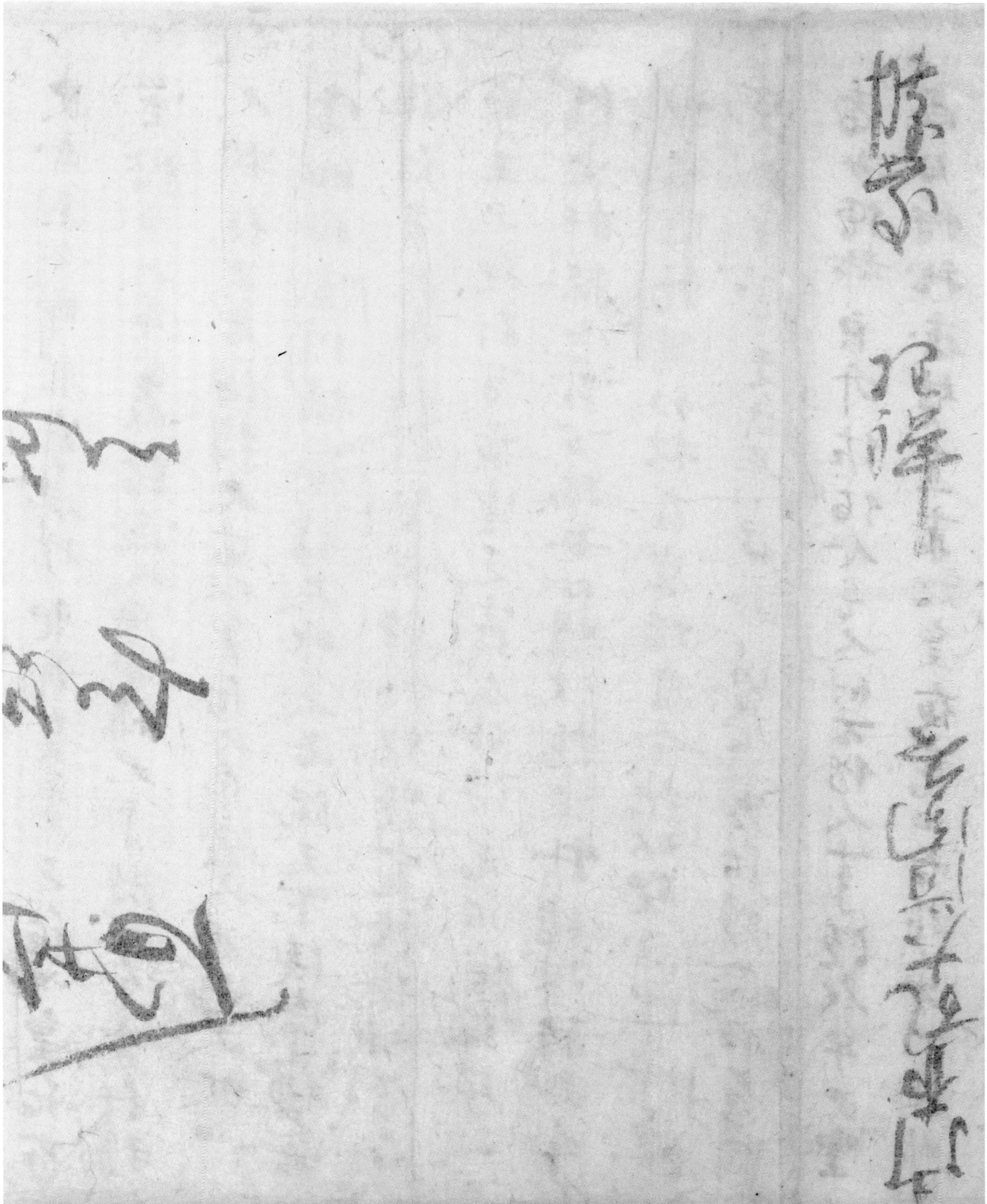

第27紙裏

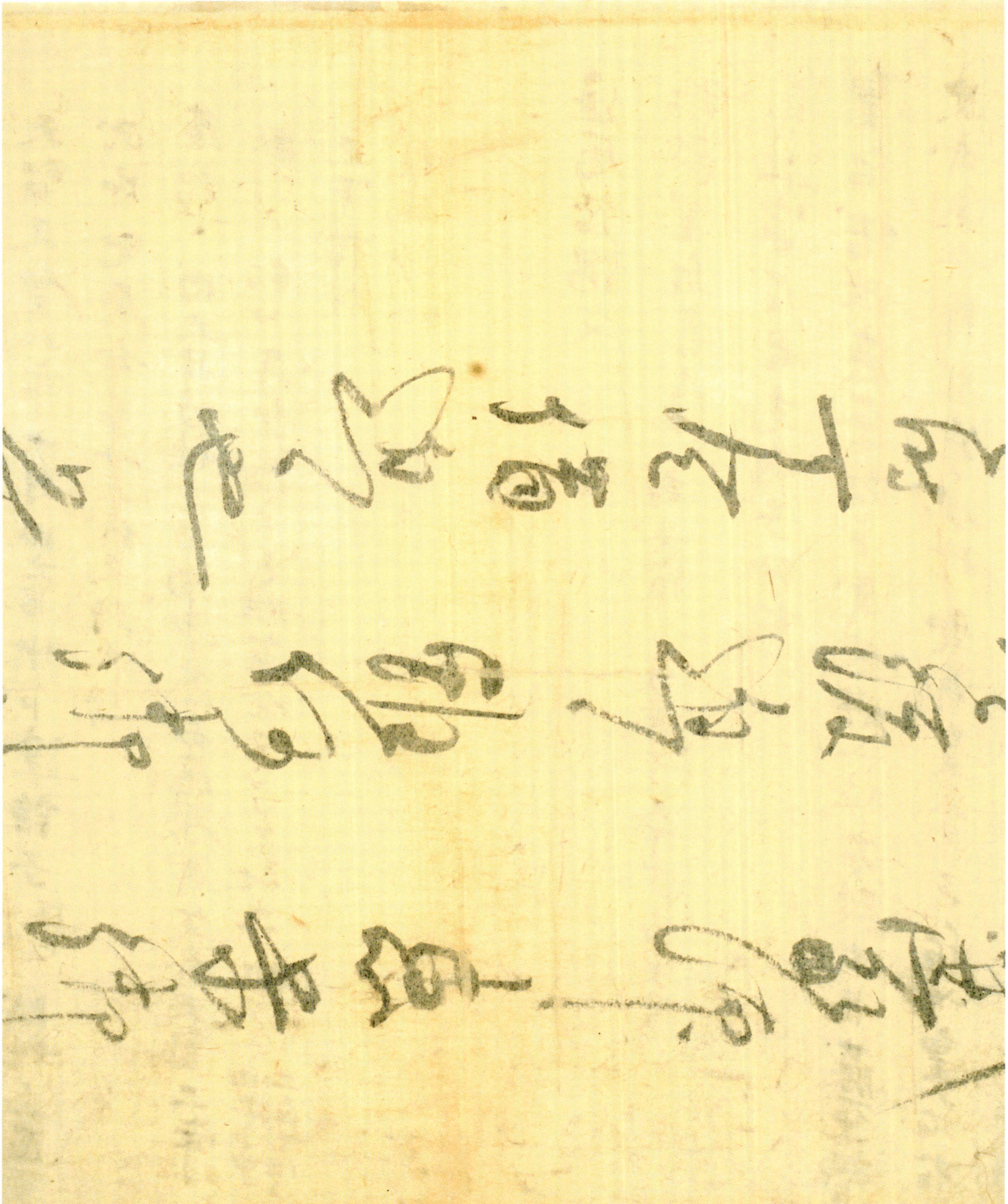

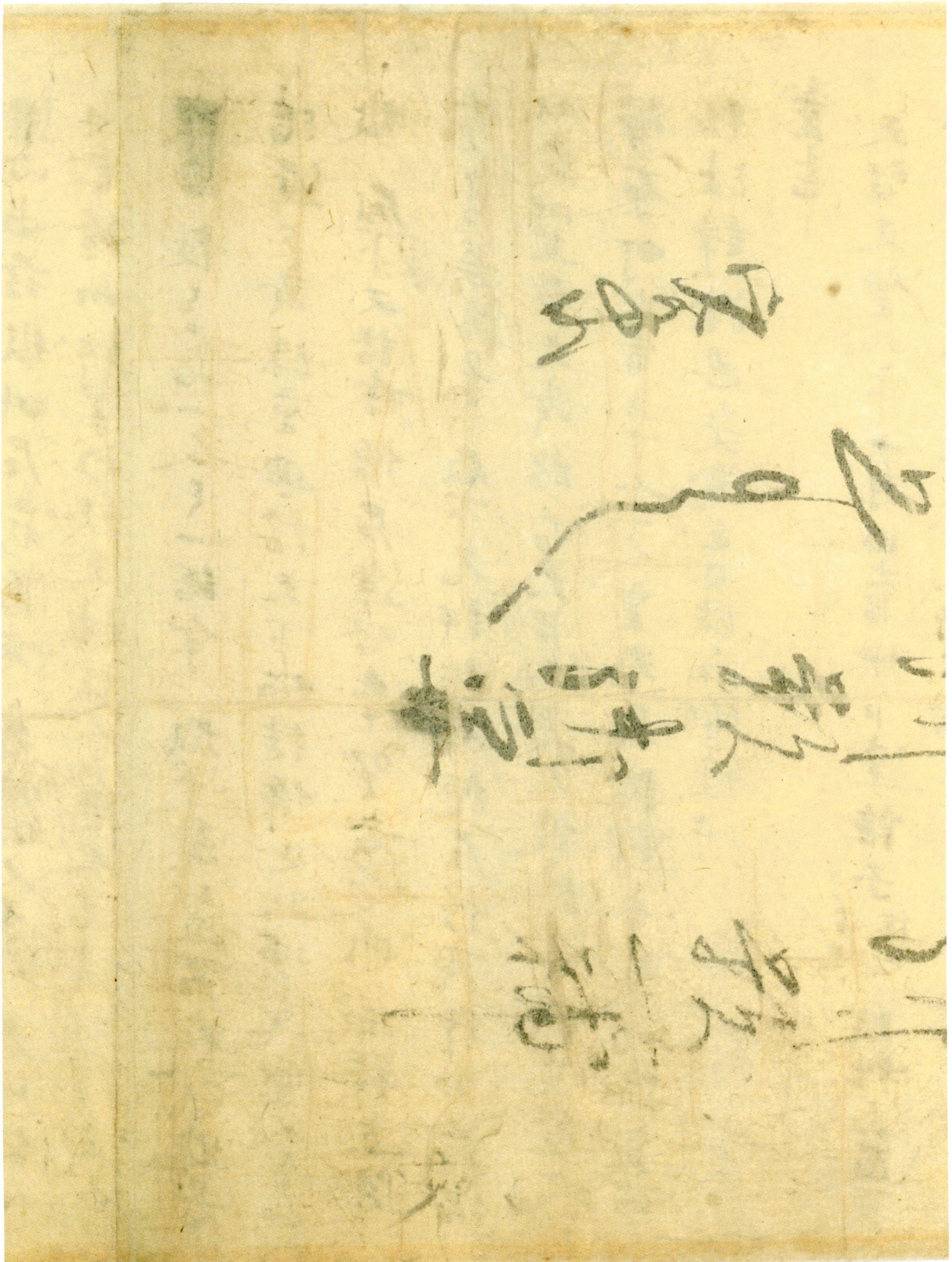

第26紙裏

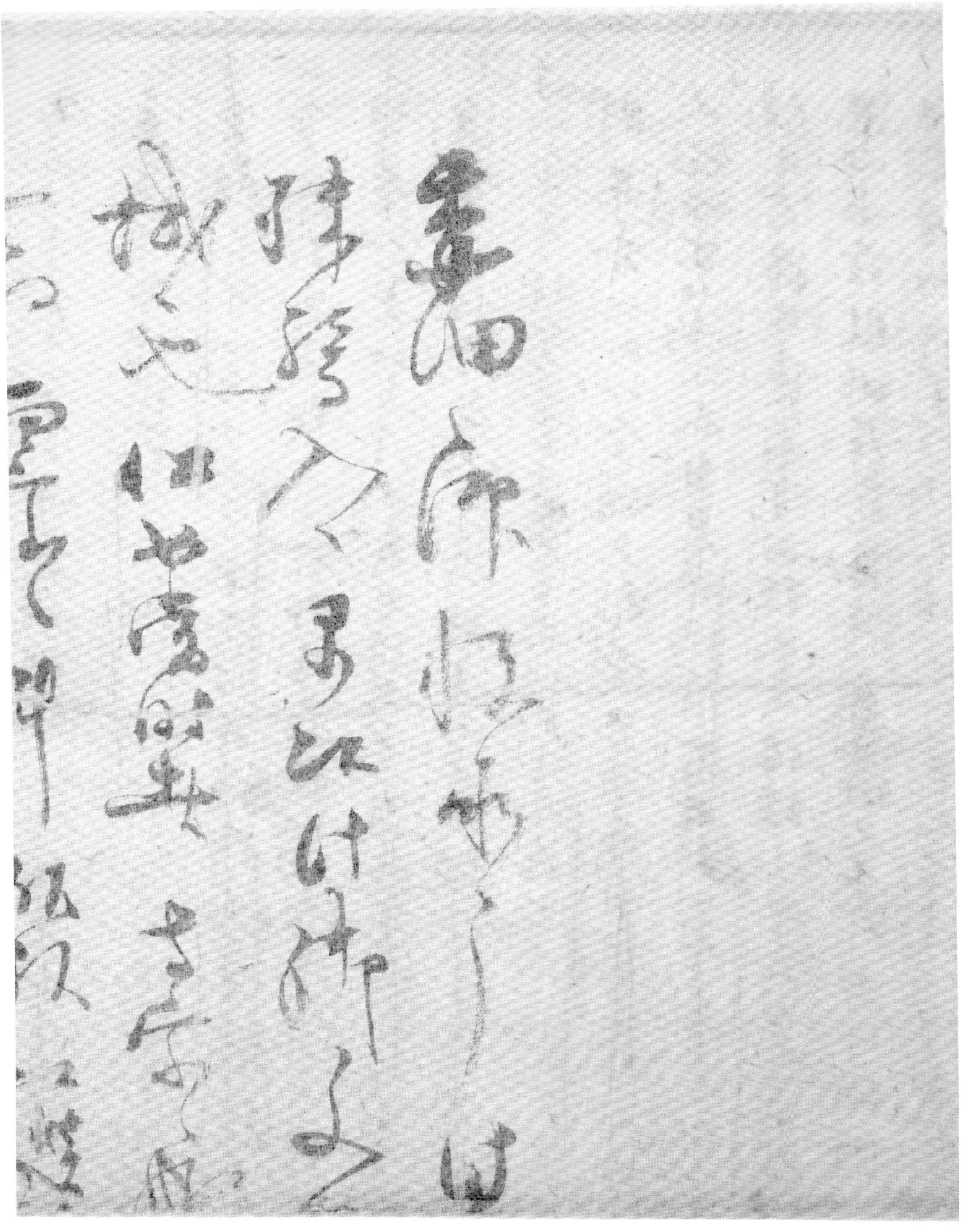

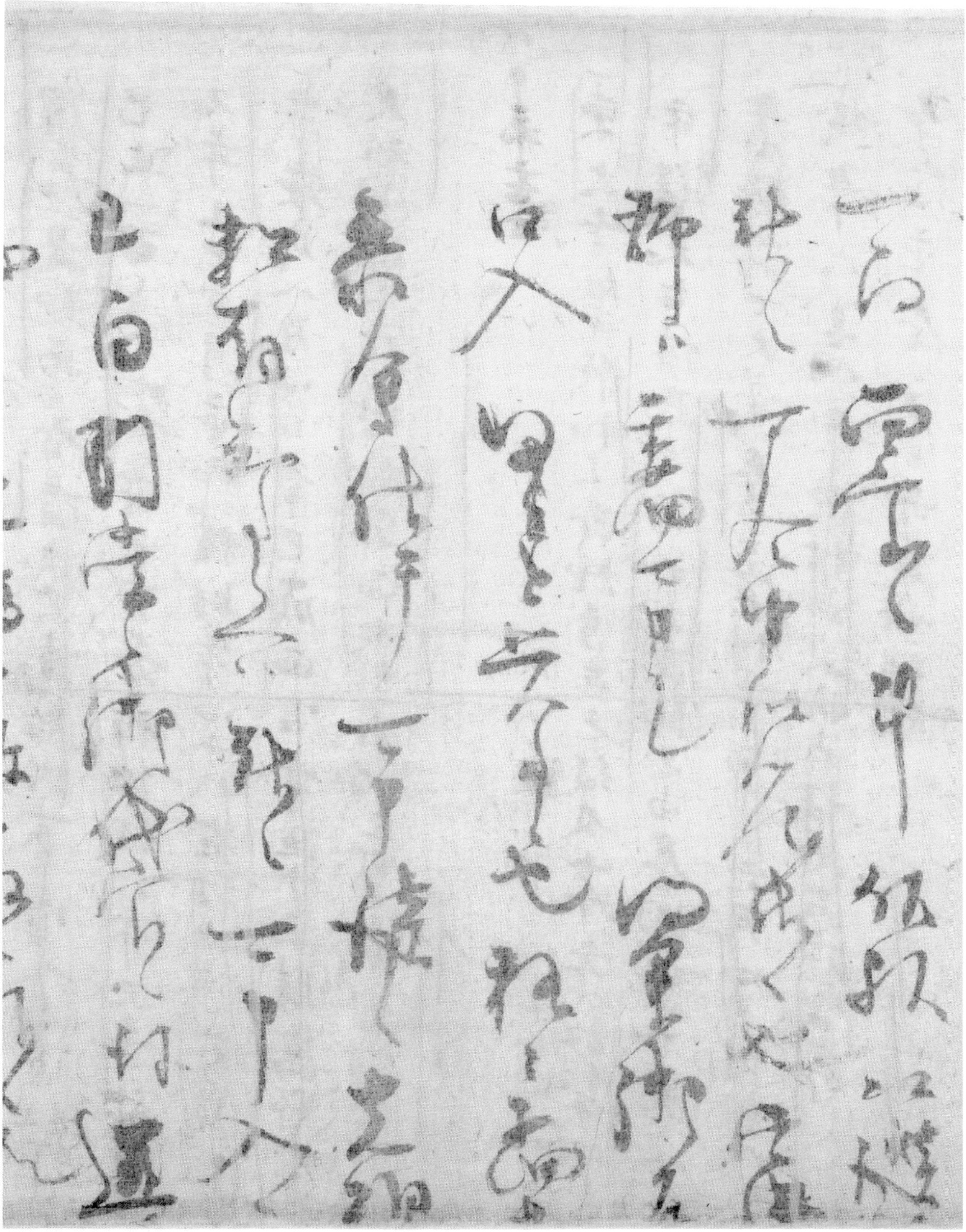

147 醍醐寺本　巻第一裏（第25紙裏）

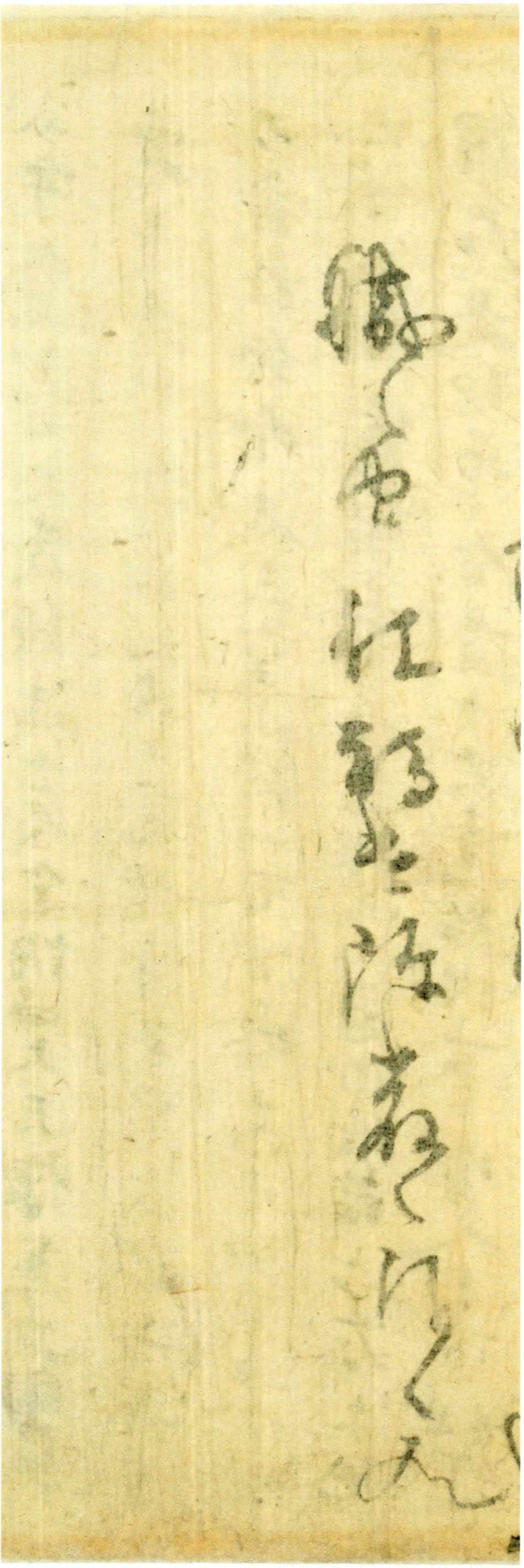

（第25紙裏）

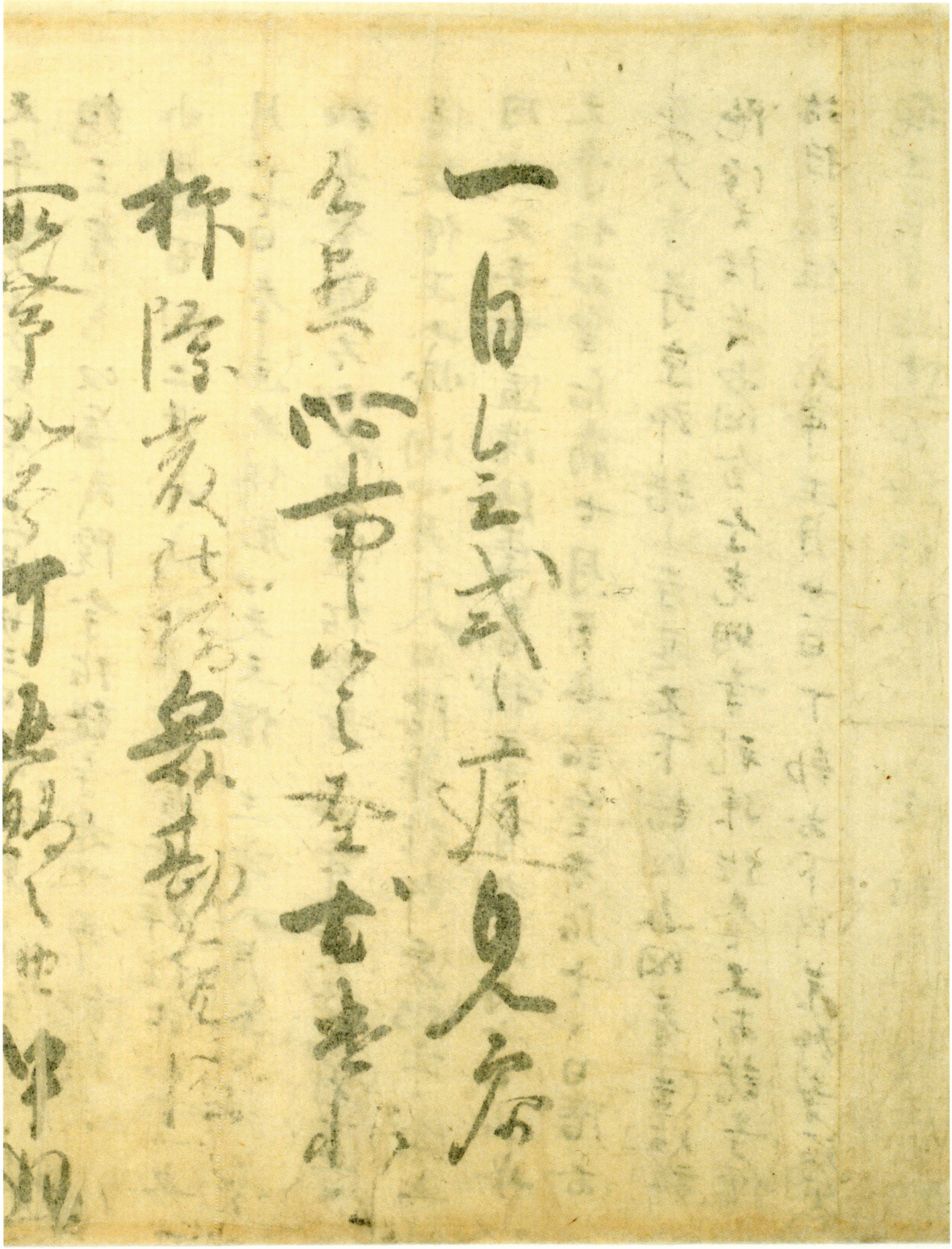

第25紙裏

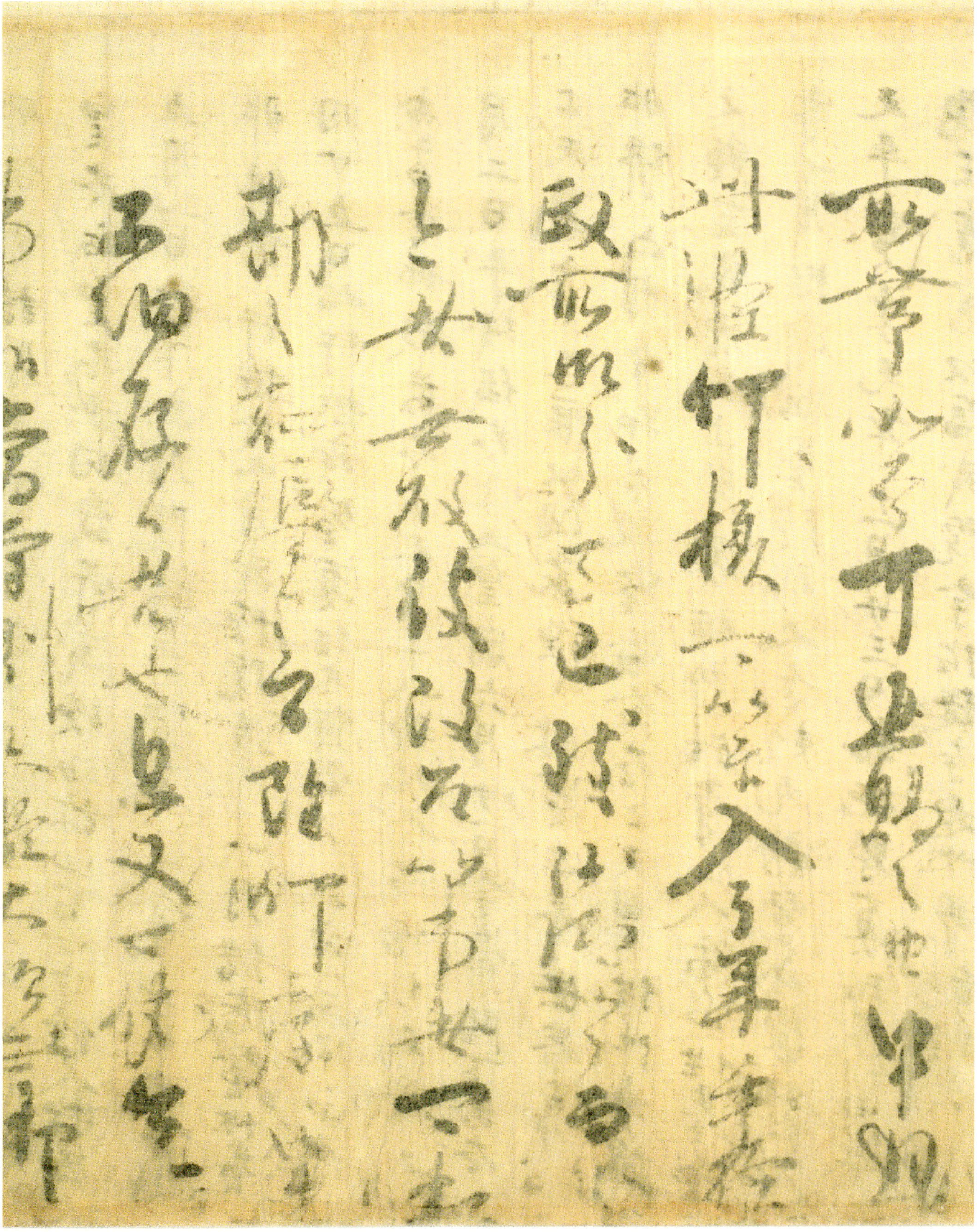

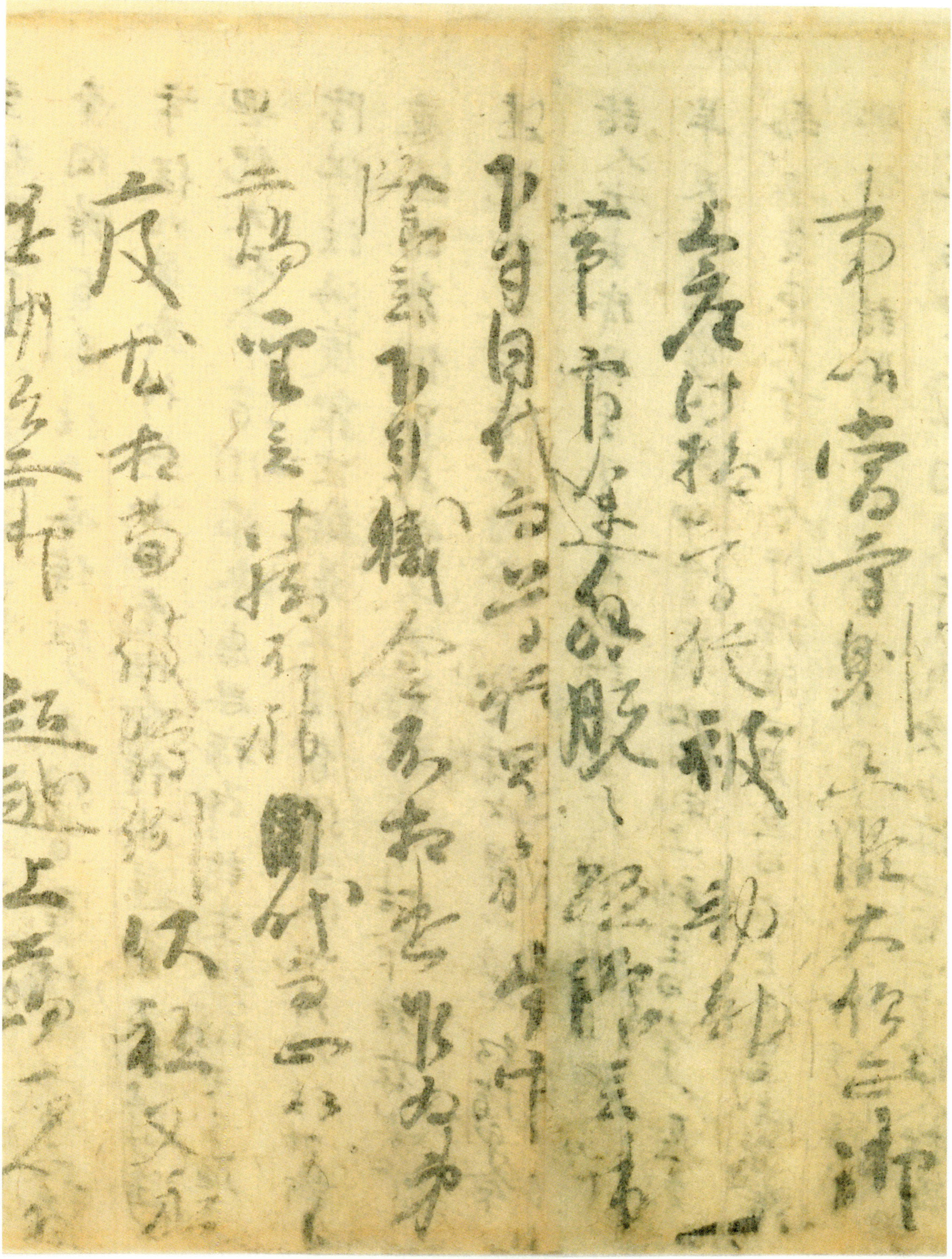

第24紙裏

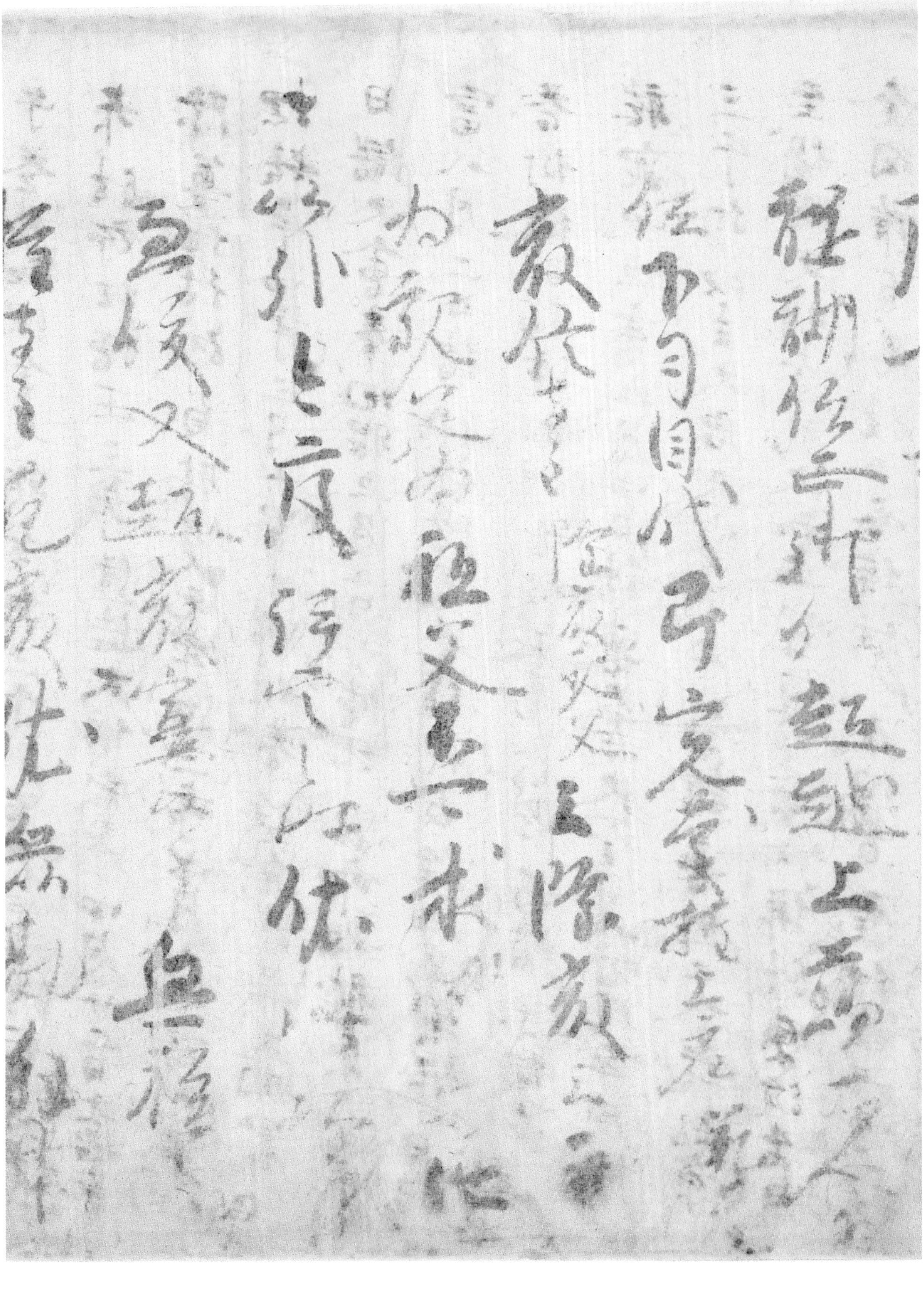

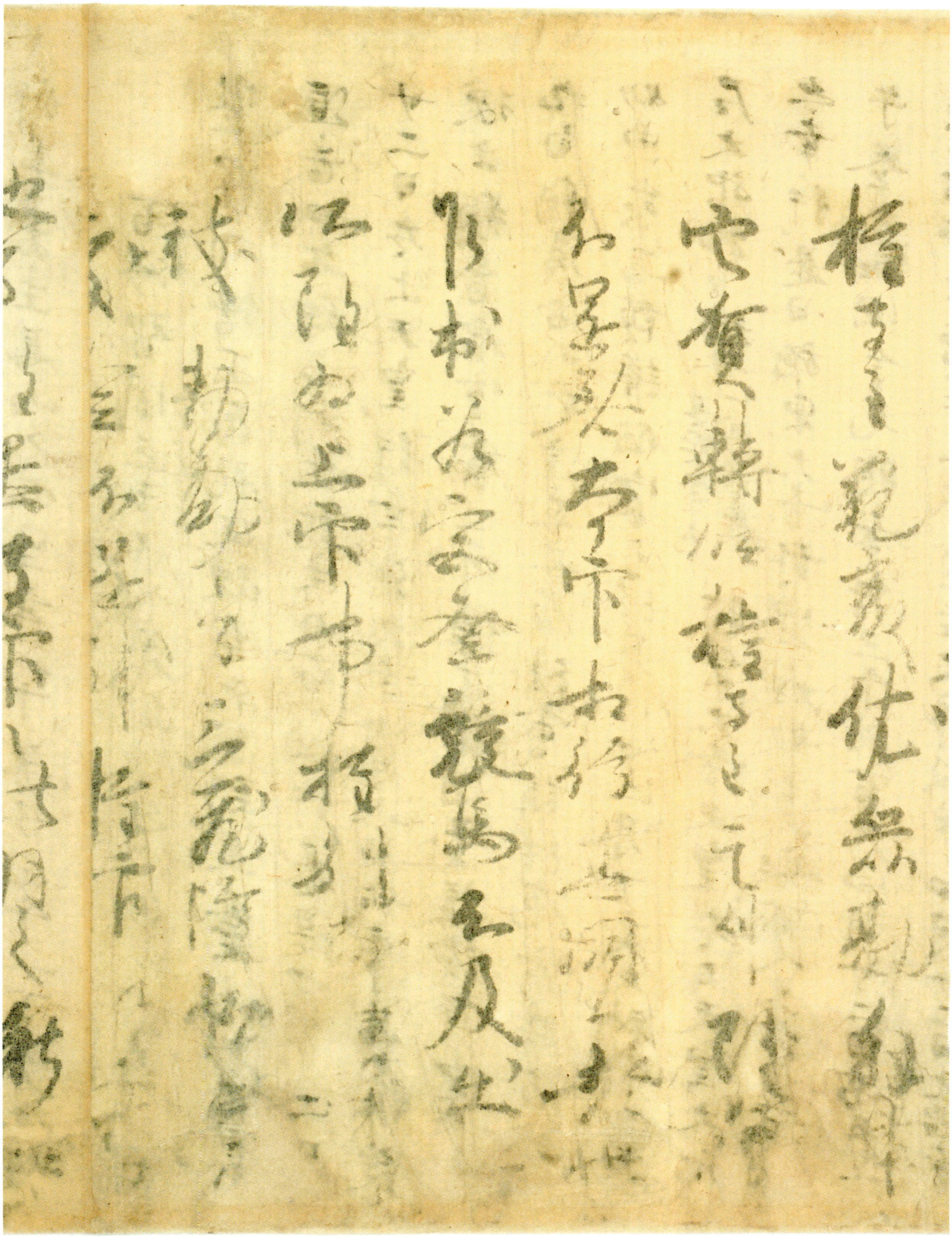

第23紙裏

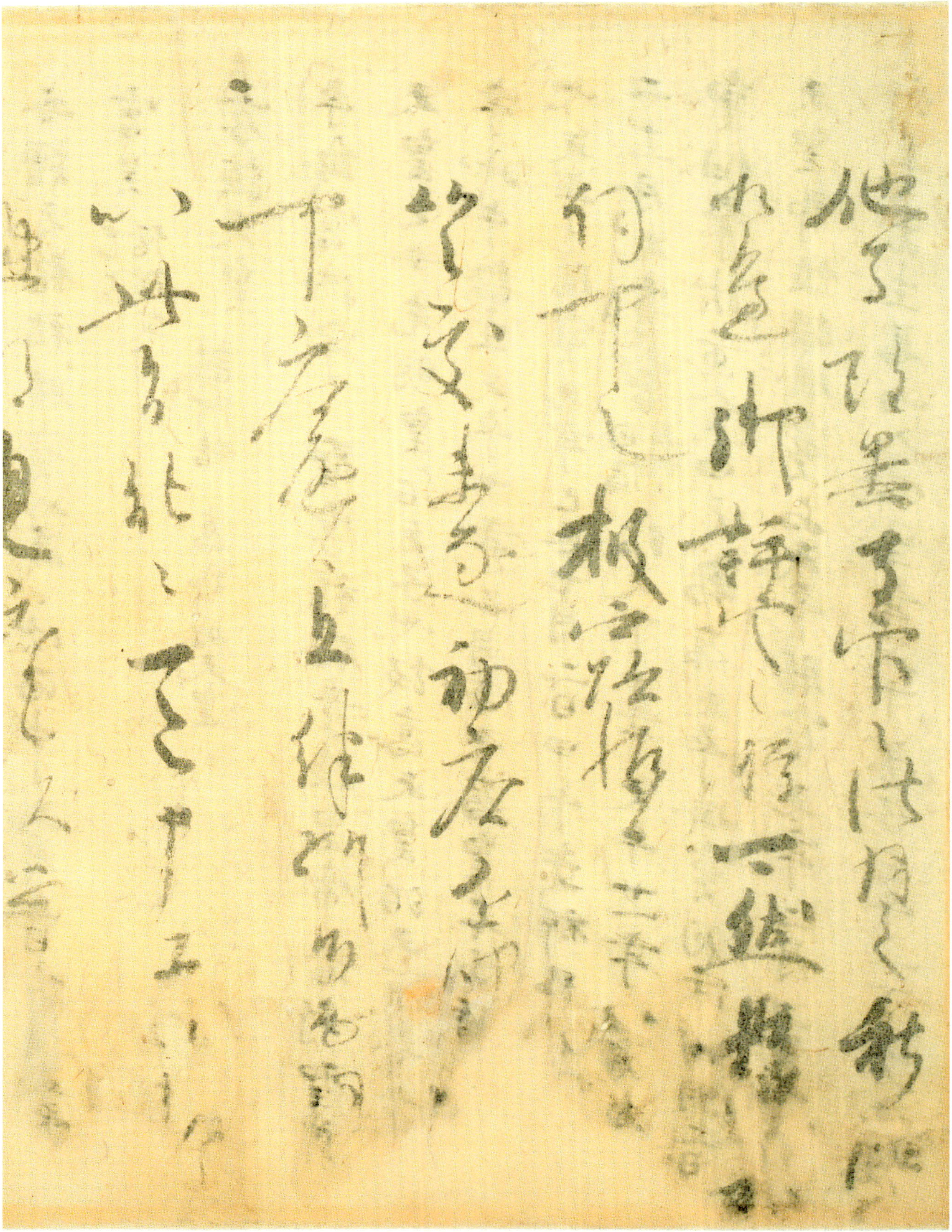

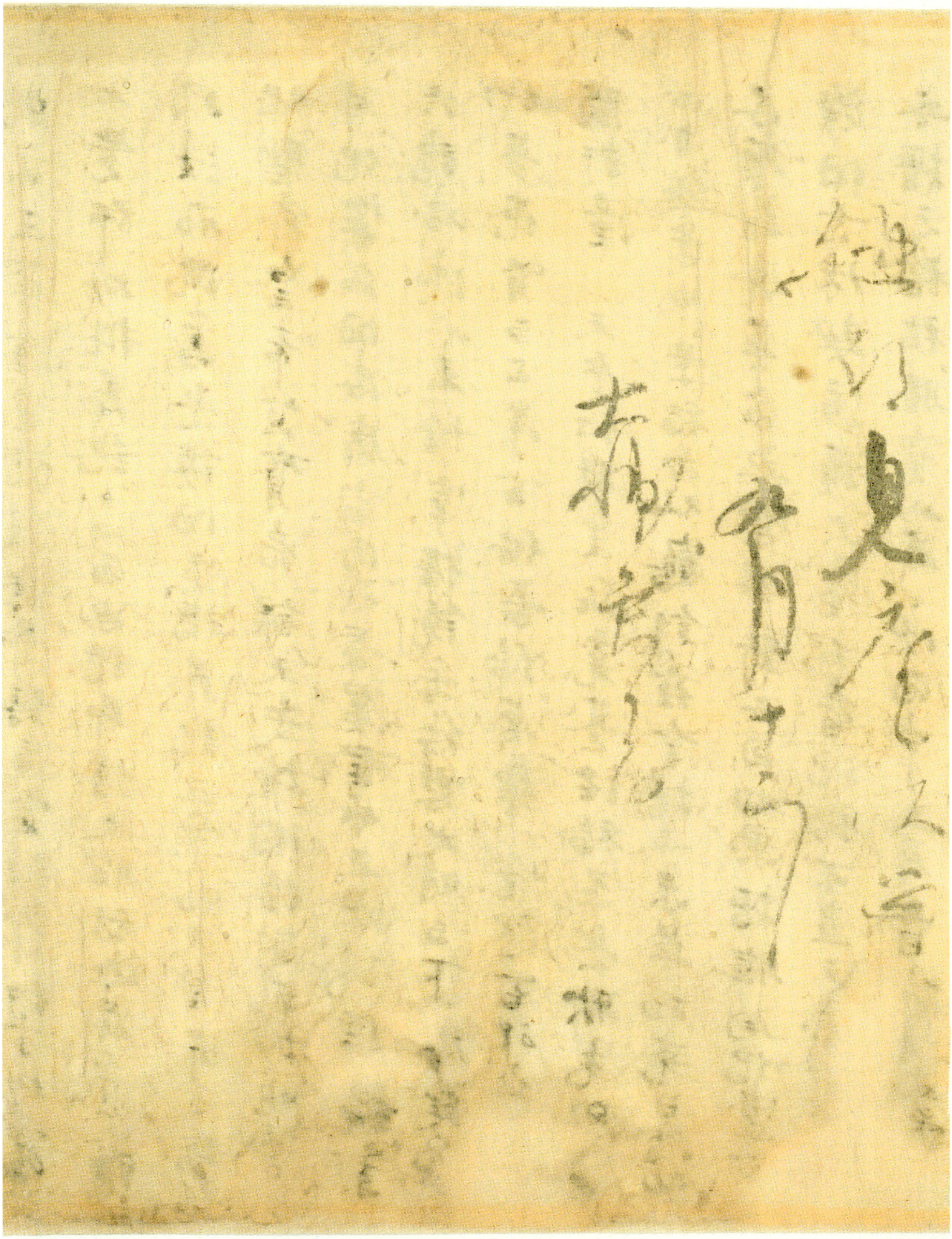

155 醍醐寺本　巻第一裏（第22紙裏）

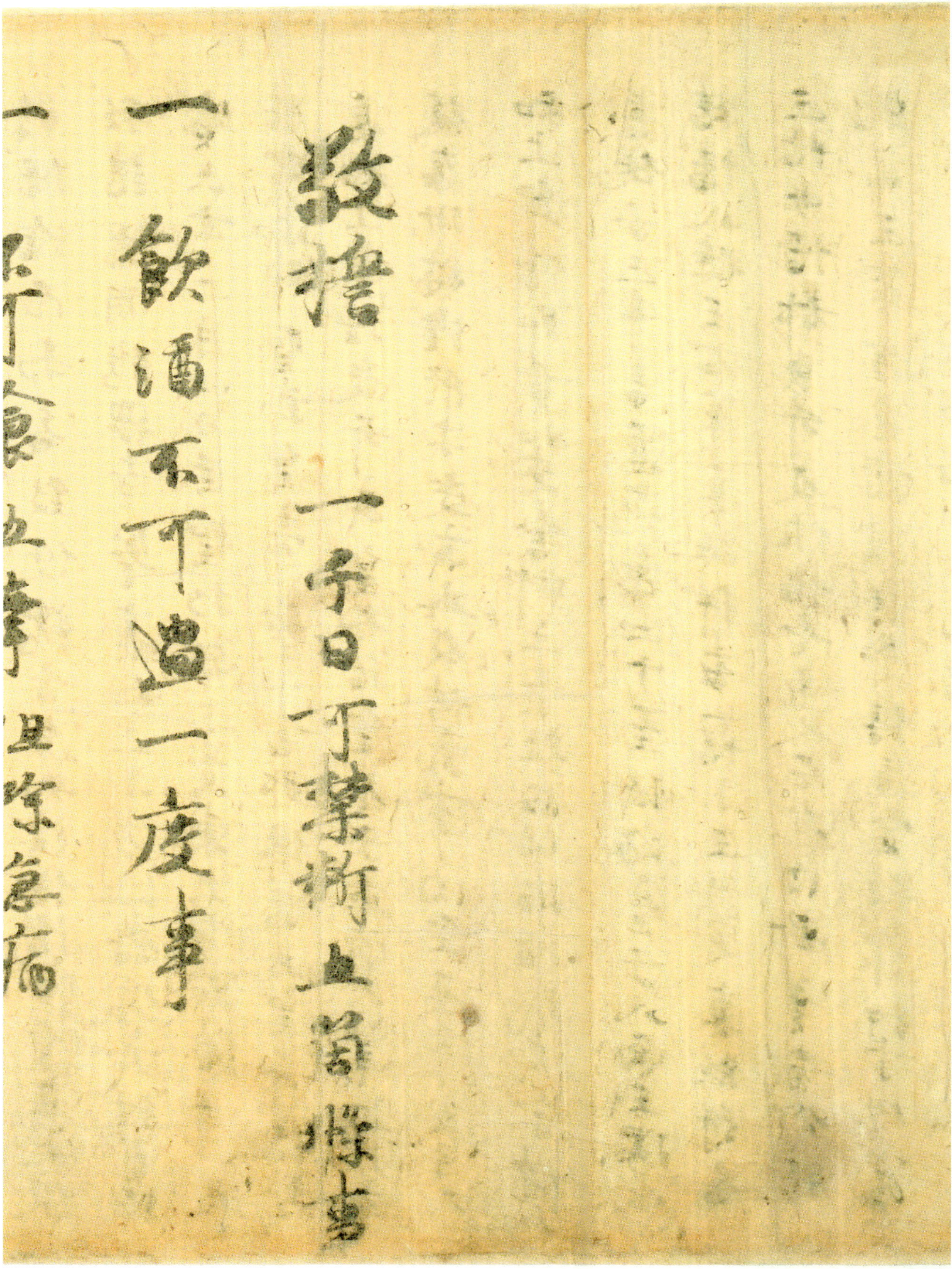
殺擔　一 午日可業術上筋將事
一 飲酒不可過一度事
一 不可食五辛事 但除病

第22紙裏

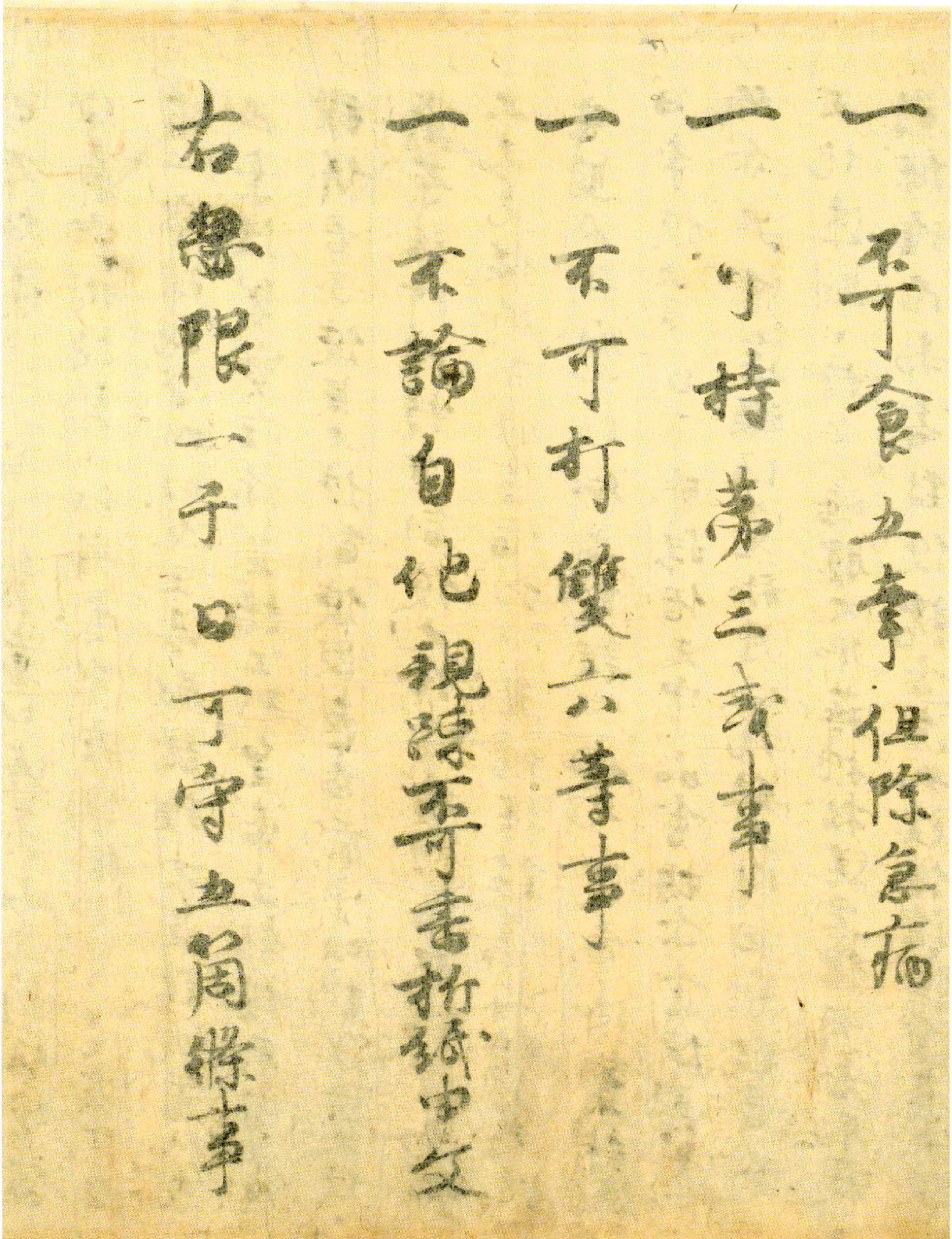
一 不可食五辛但除息病
一 可持帯三衣事
一 不可打傷六畜事
一 不論自他親疎不可書折紙中文
右条限一千日可守五箇條事

157 醍醐寺本　巻第一裏（第21紙裏・第22紙裏）

（第21紙裏）

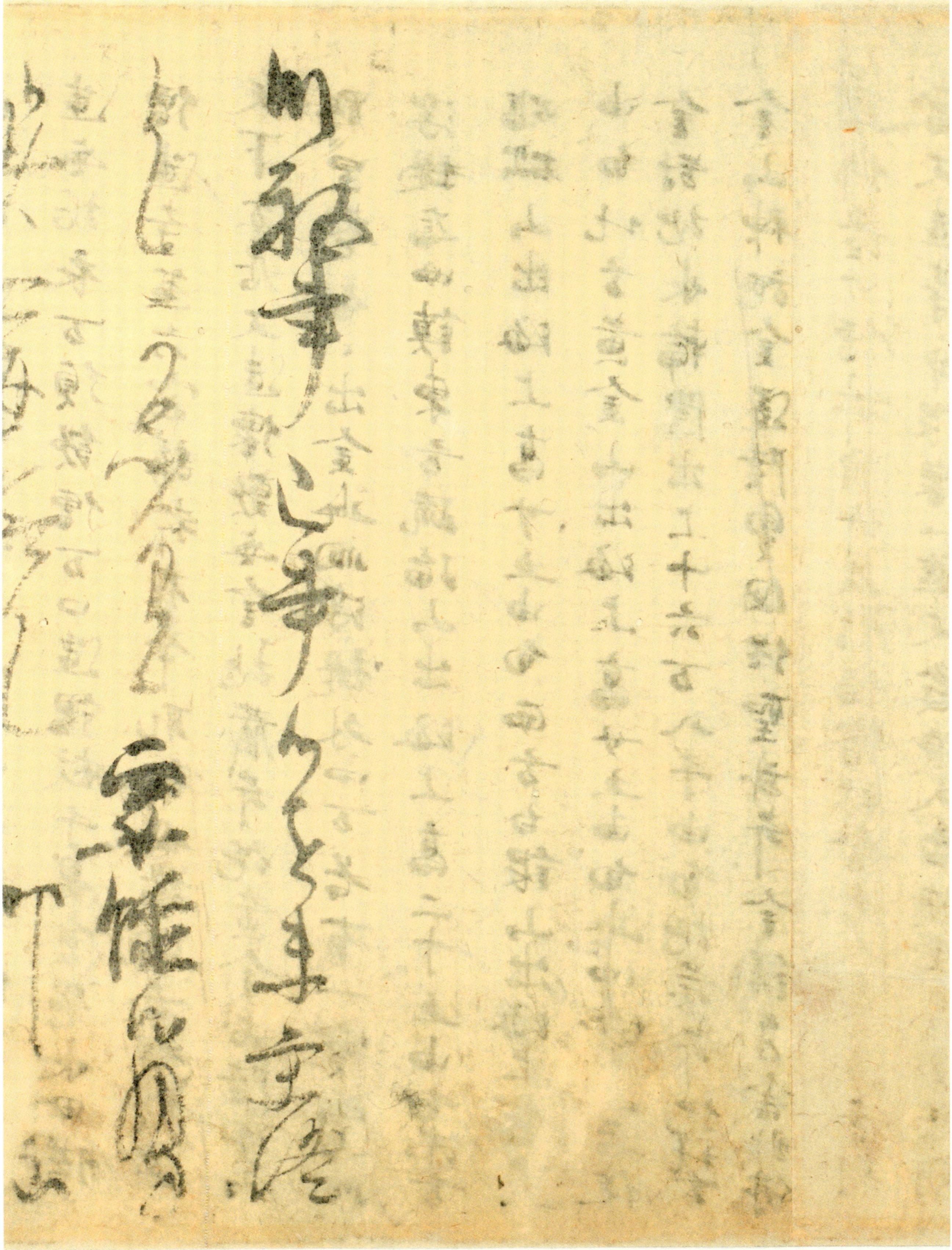

第21紙裏

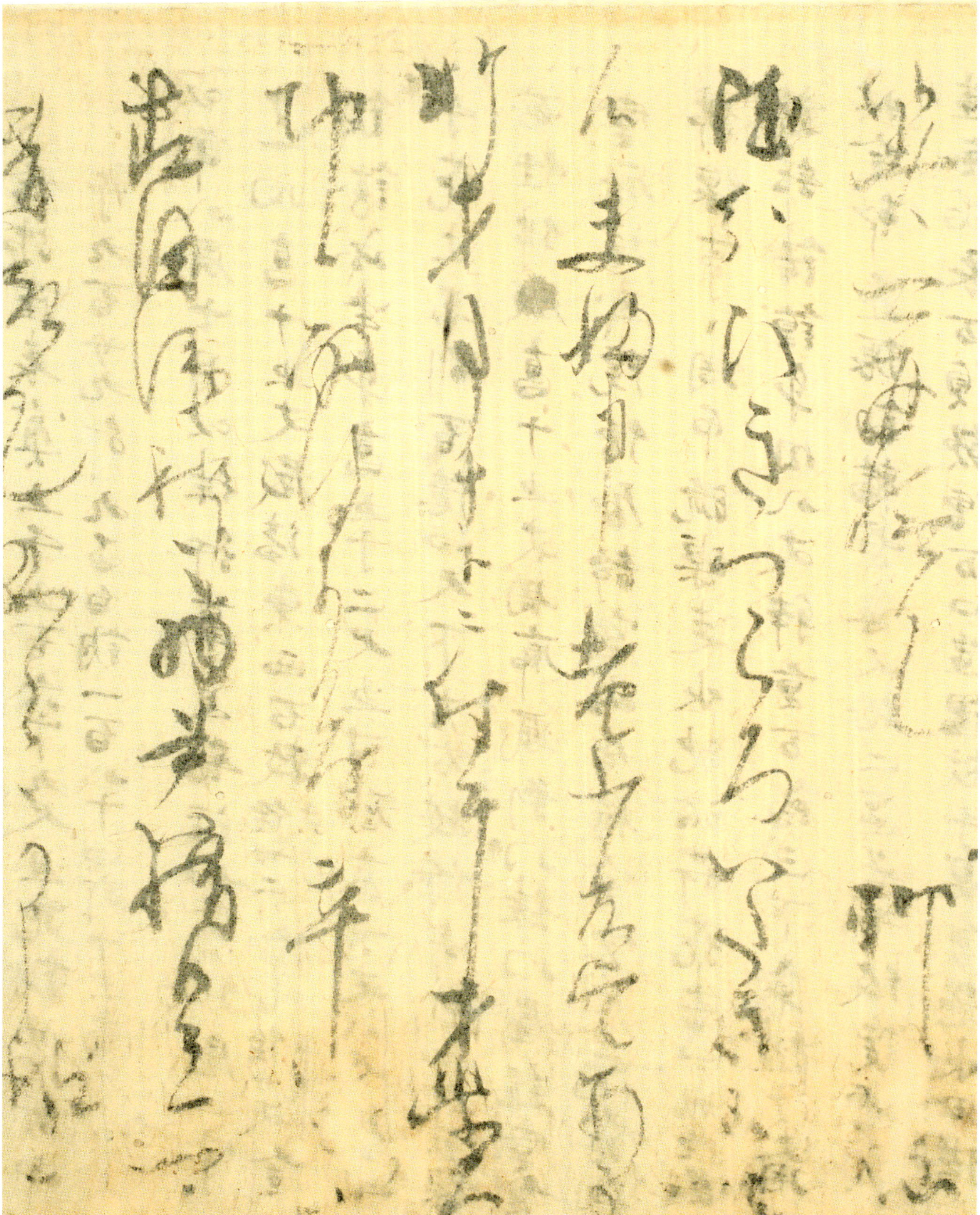

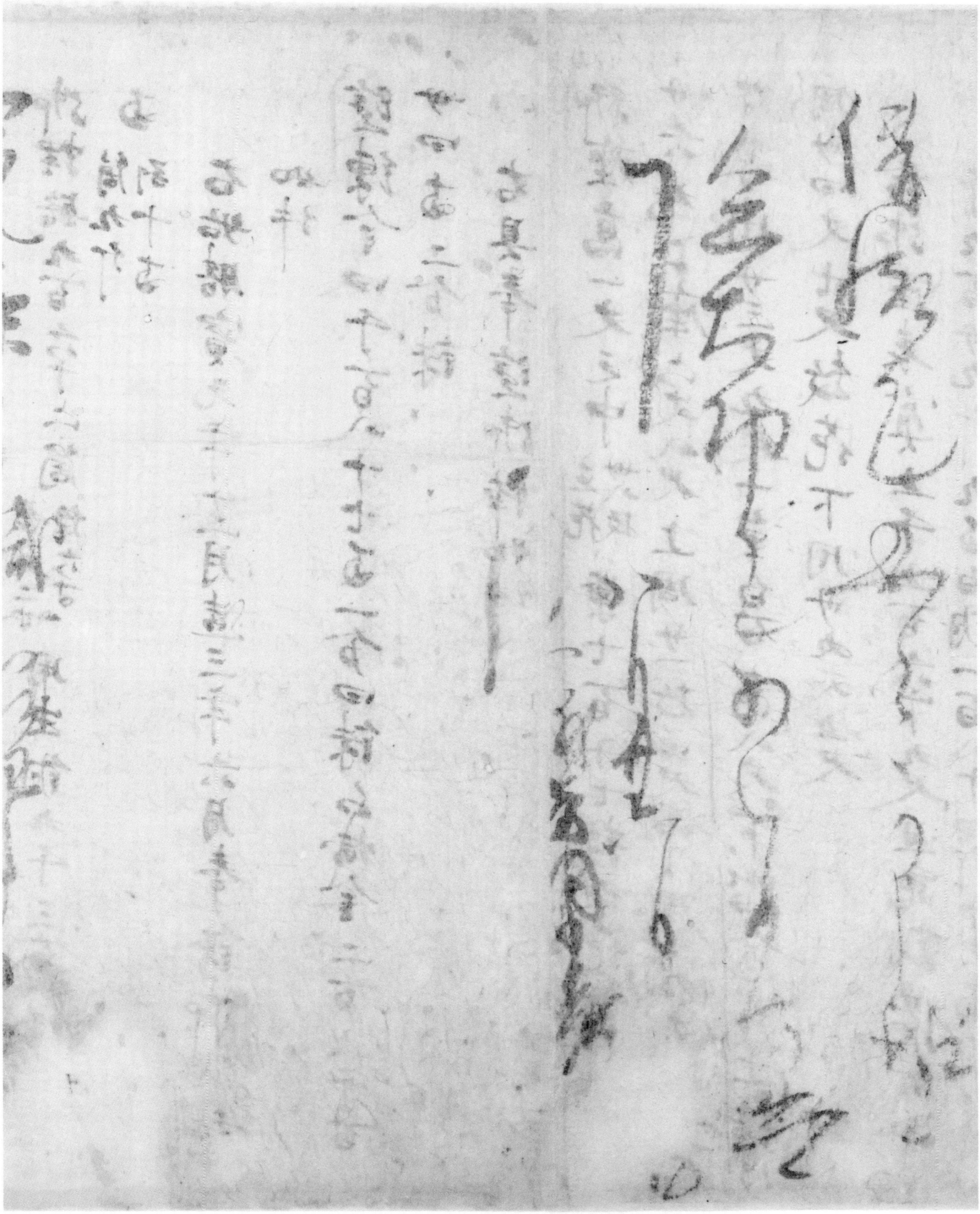

第20紙裏

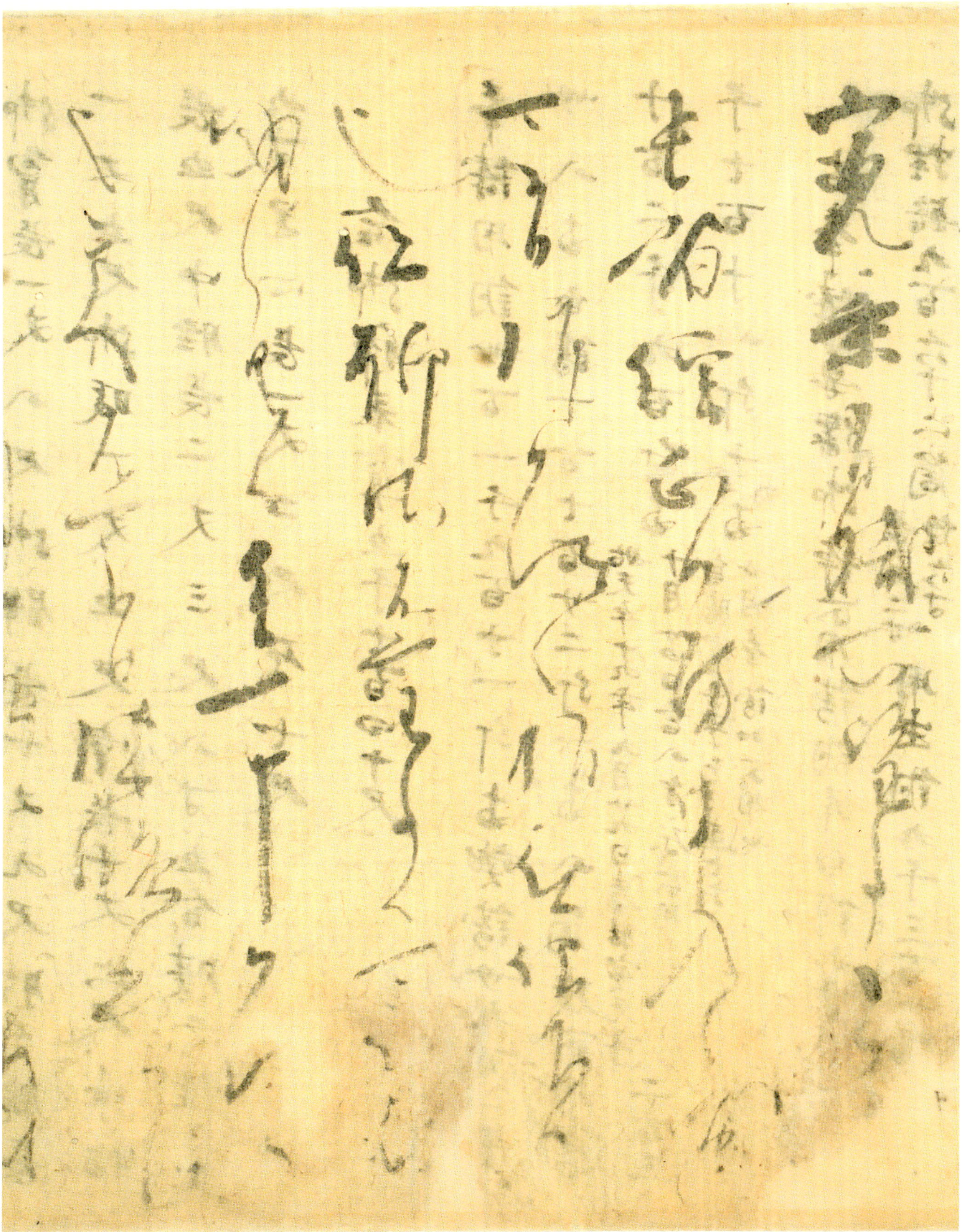

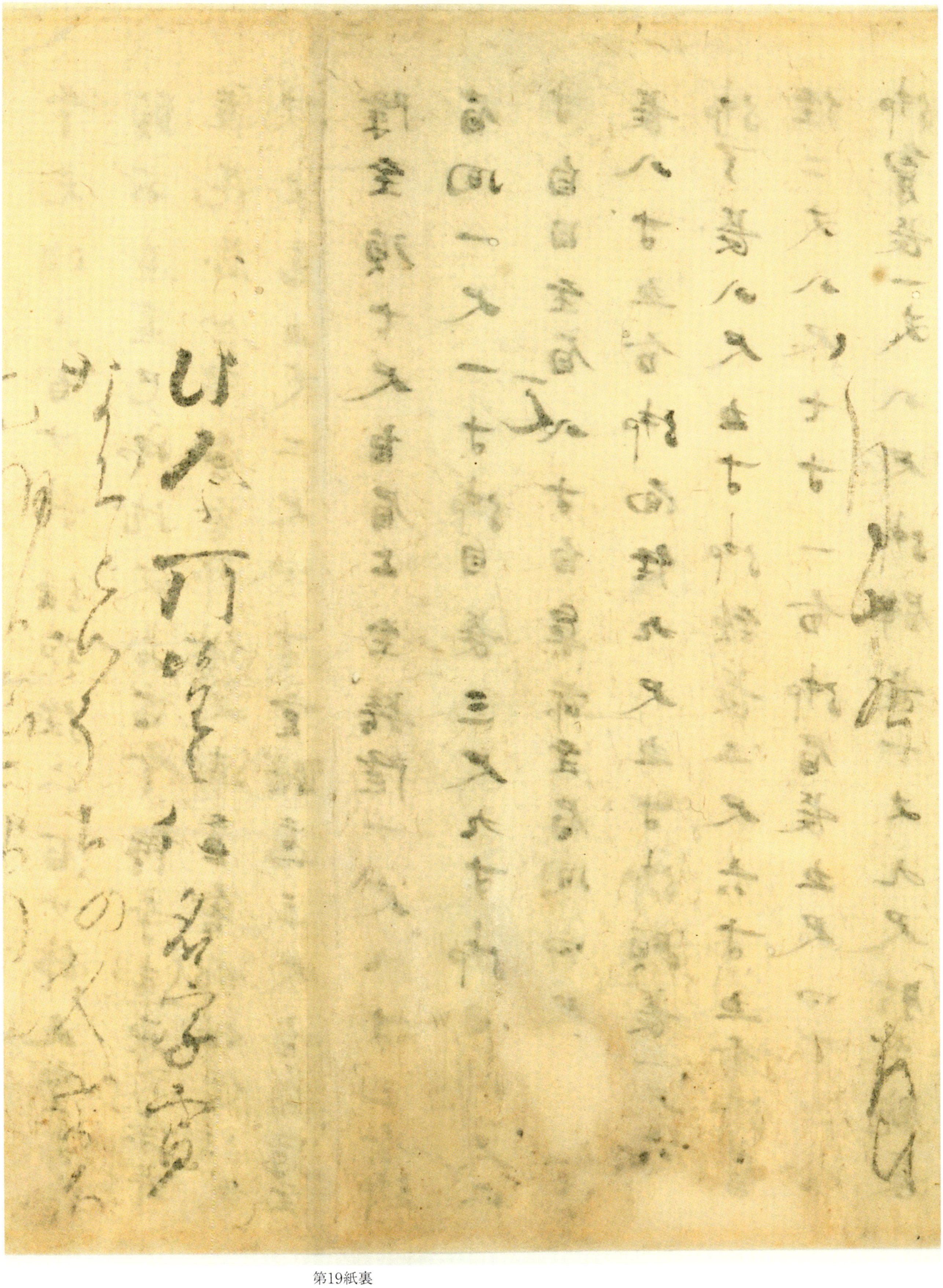

第19紙裏

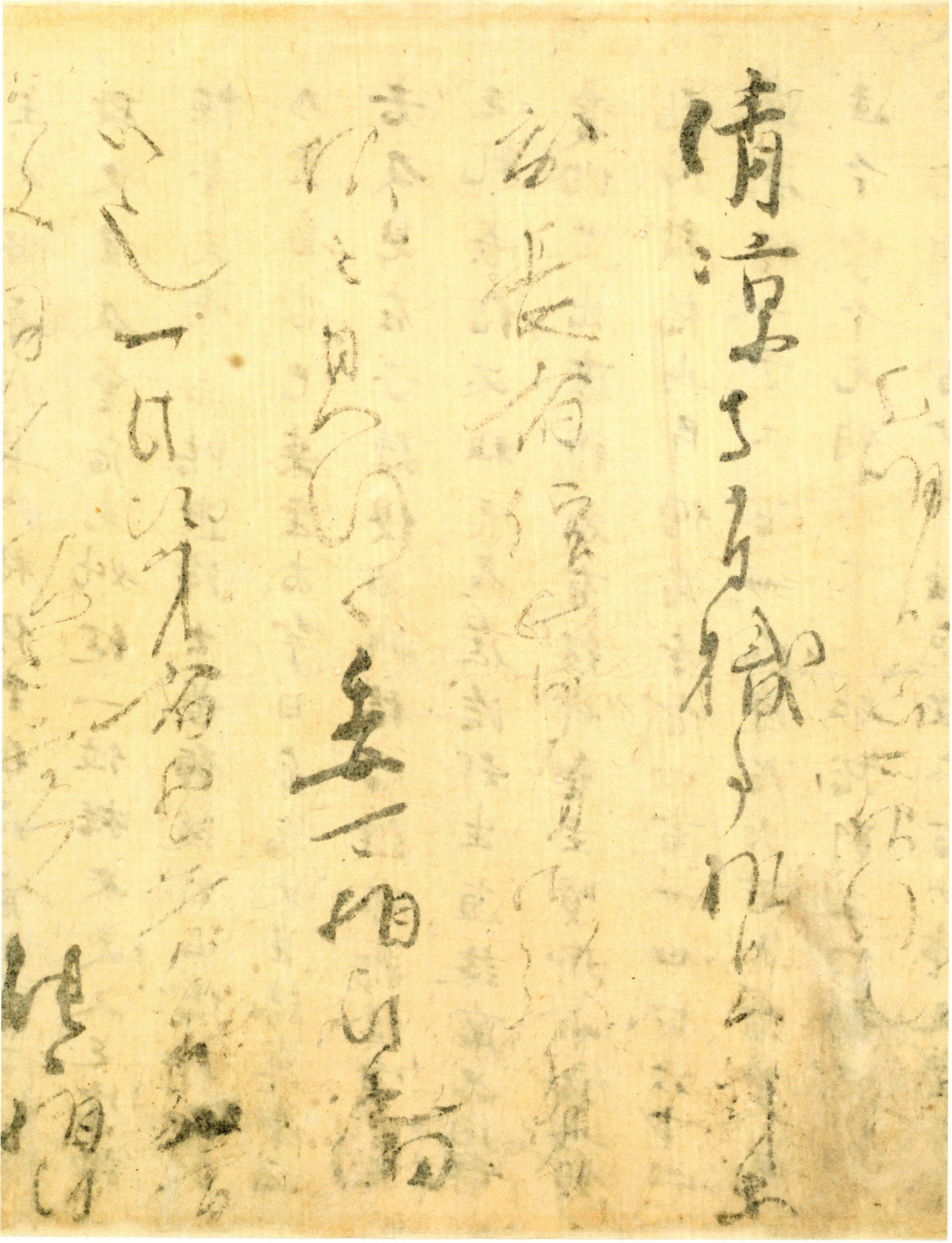

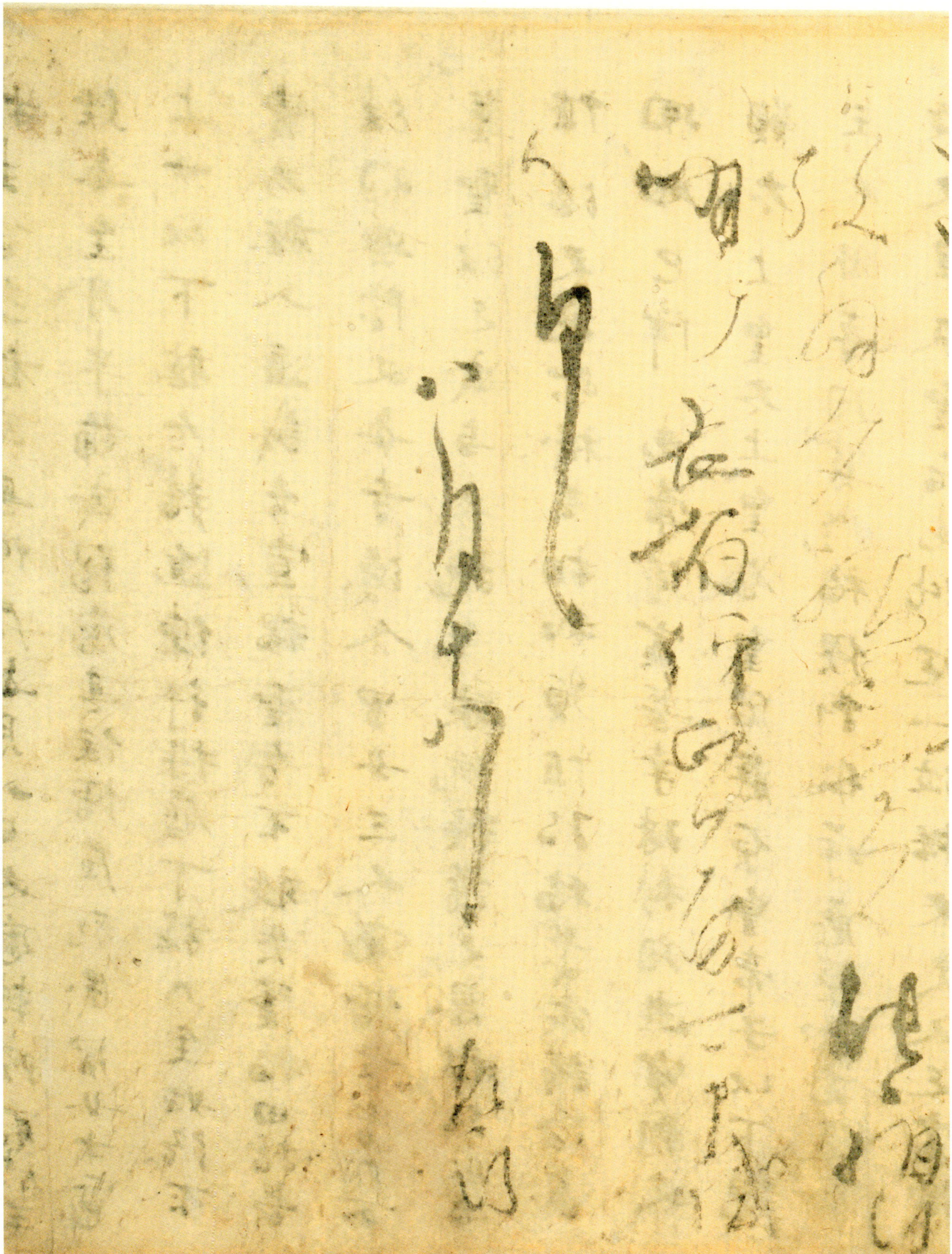

165 醍醐寺本　巻第一裏（第18紙裏）

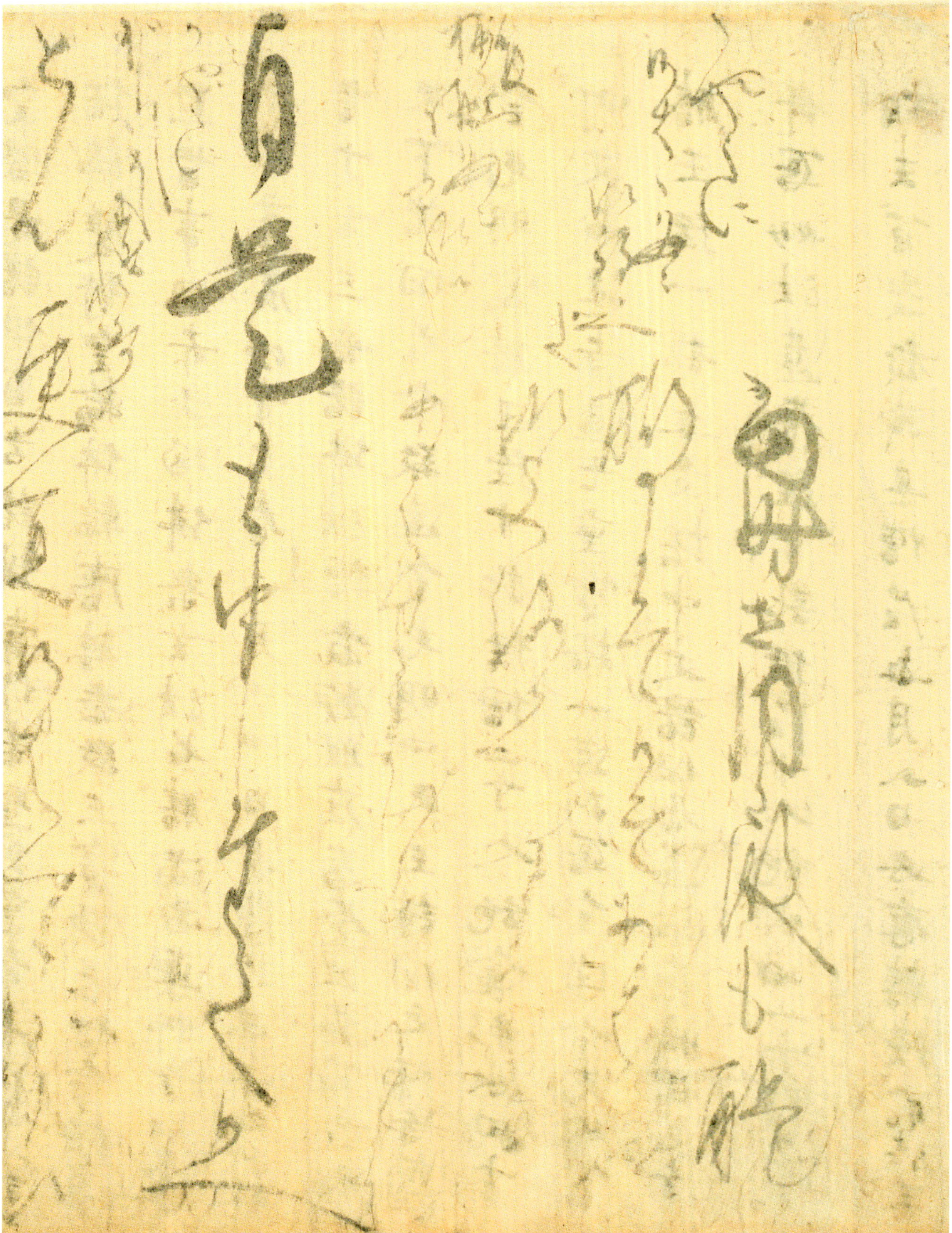

第18紙裏

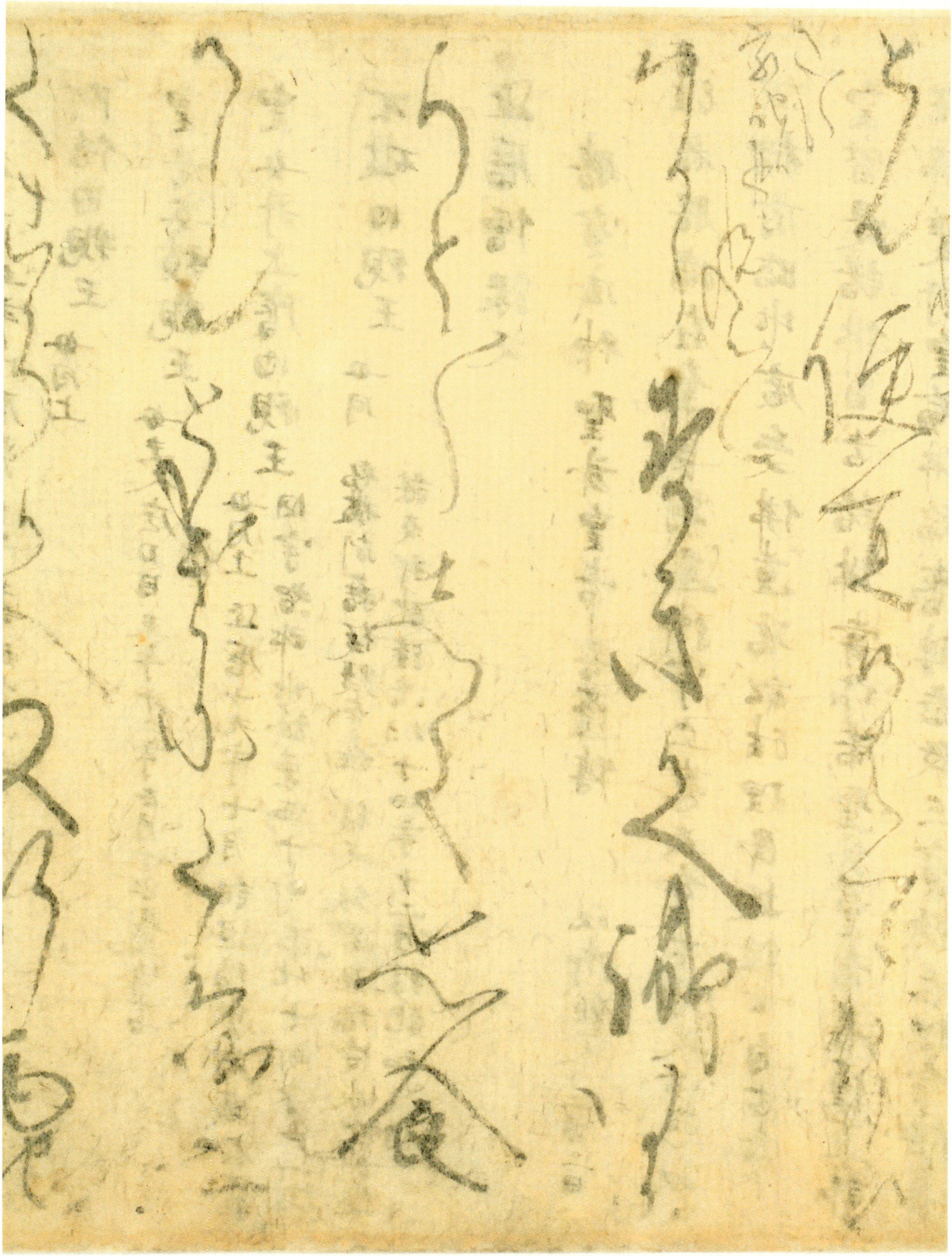

167 醍醐寺本　巻第一裏（第17紙裏・第18紙裏）

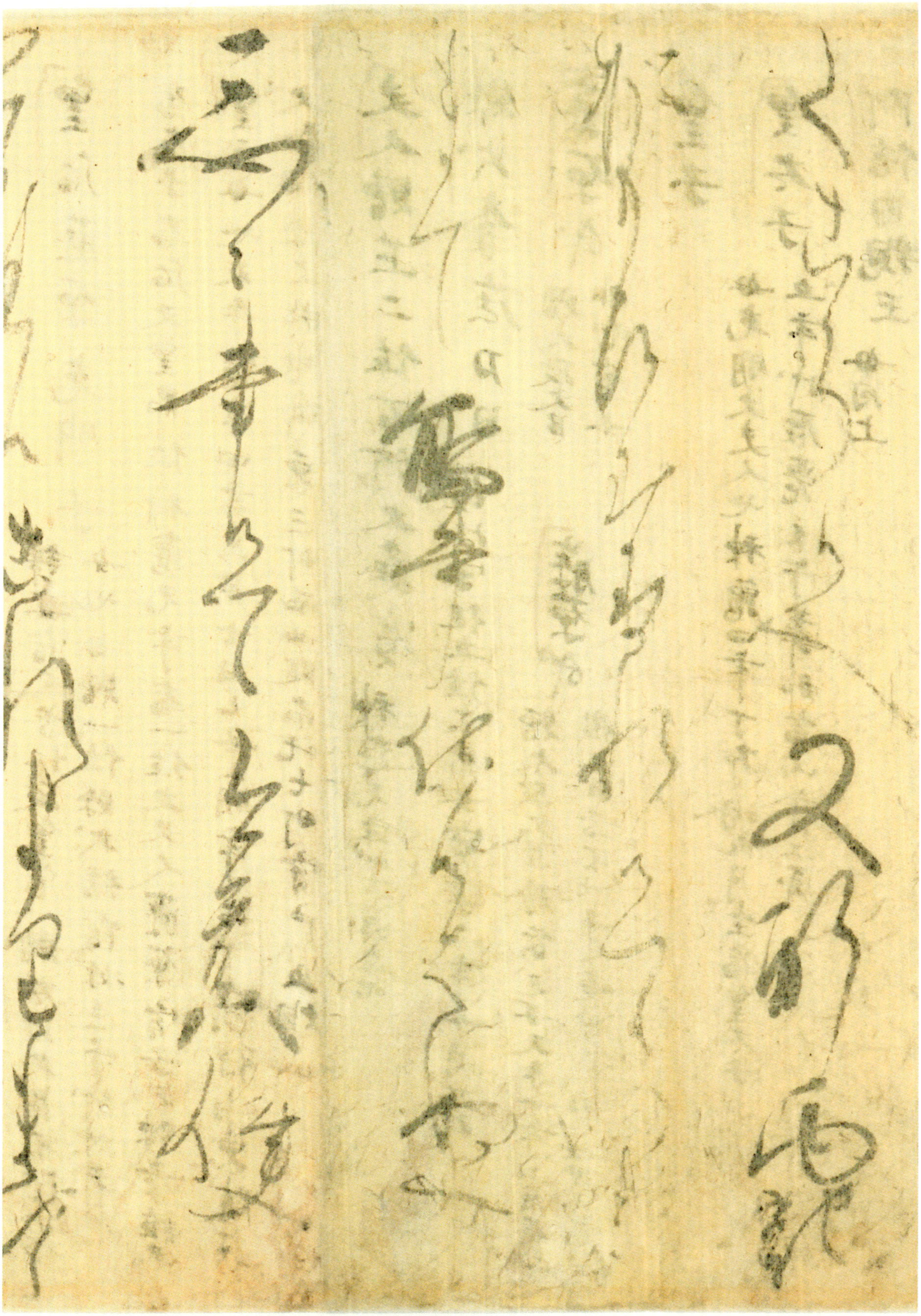

第17紙裏

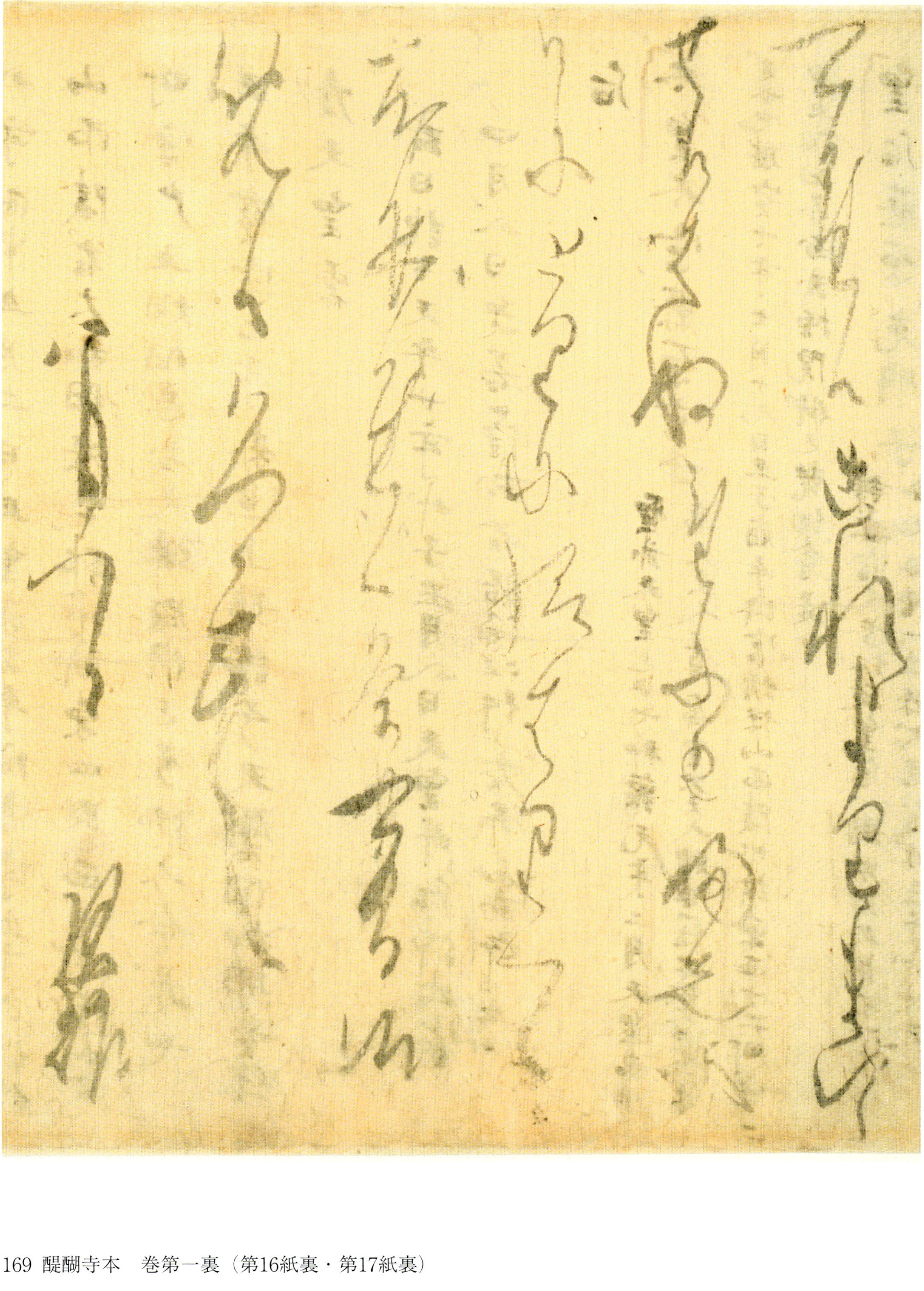

169 醍醐寺本　巻第一裏（第16紙裏・第17紙裏）

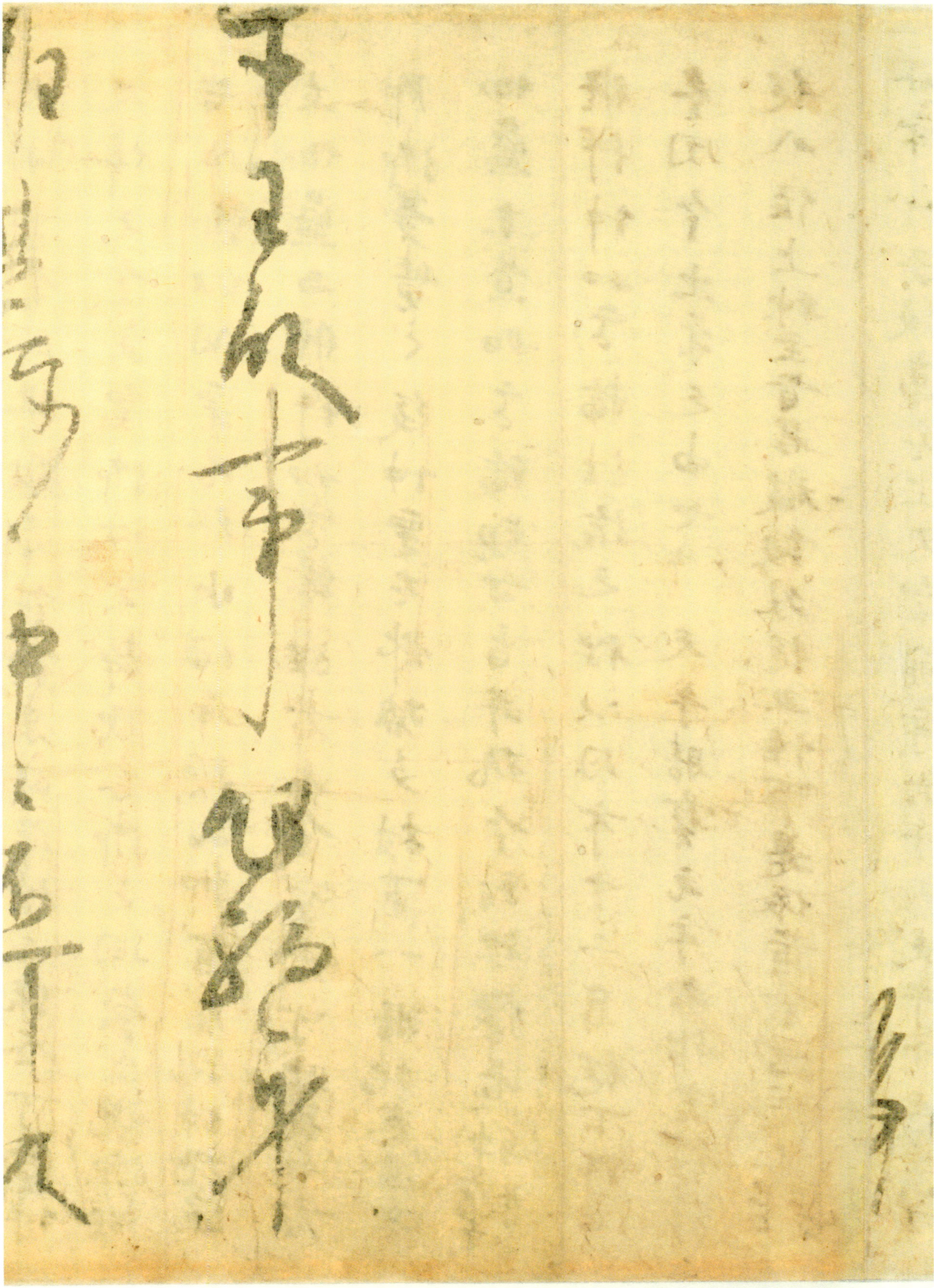

第16紙裏

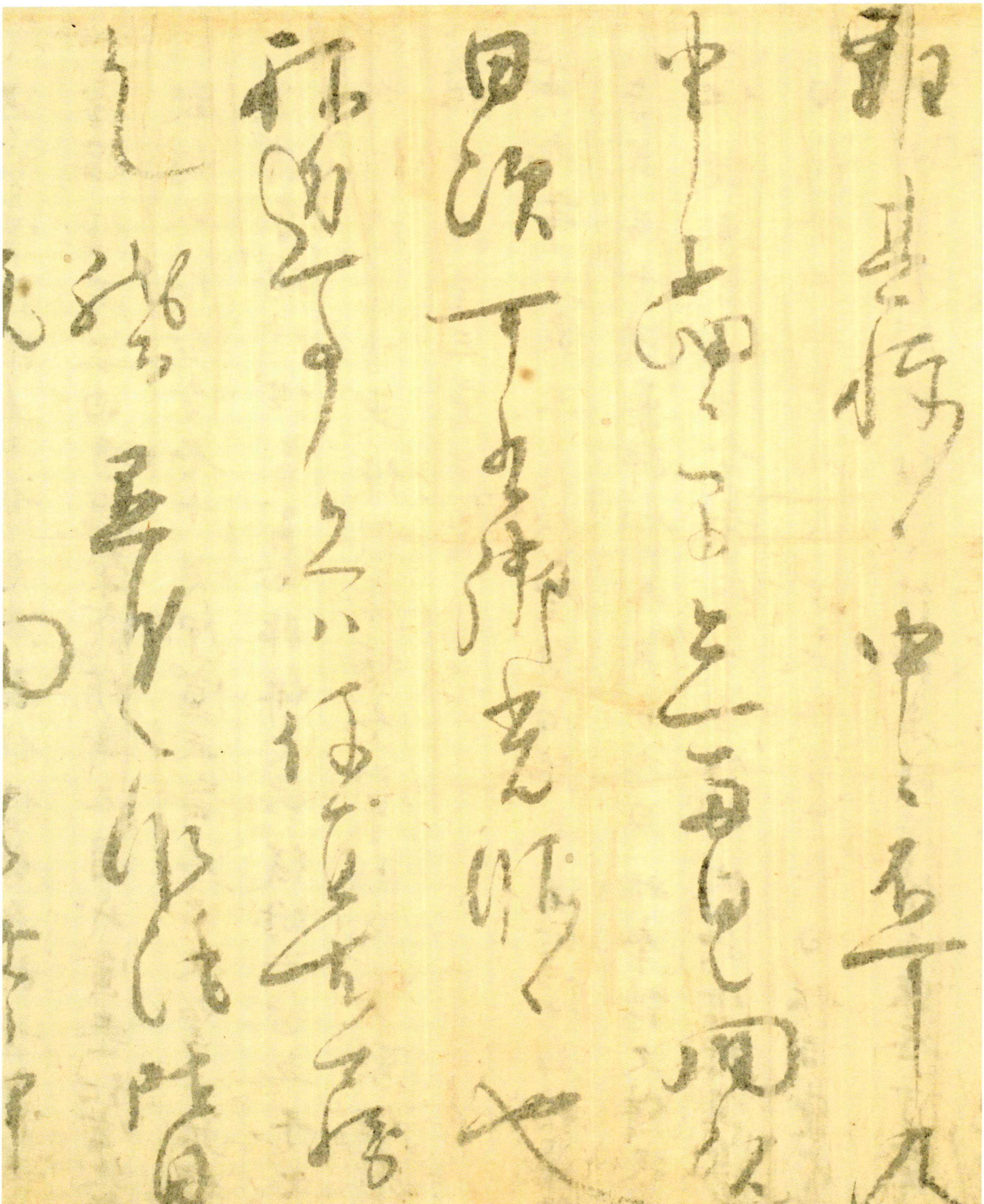

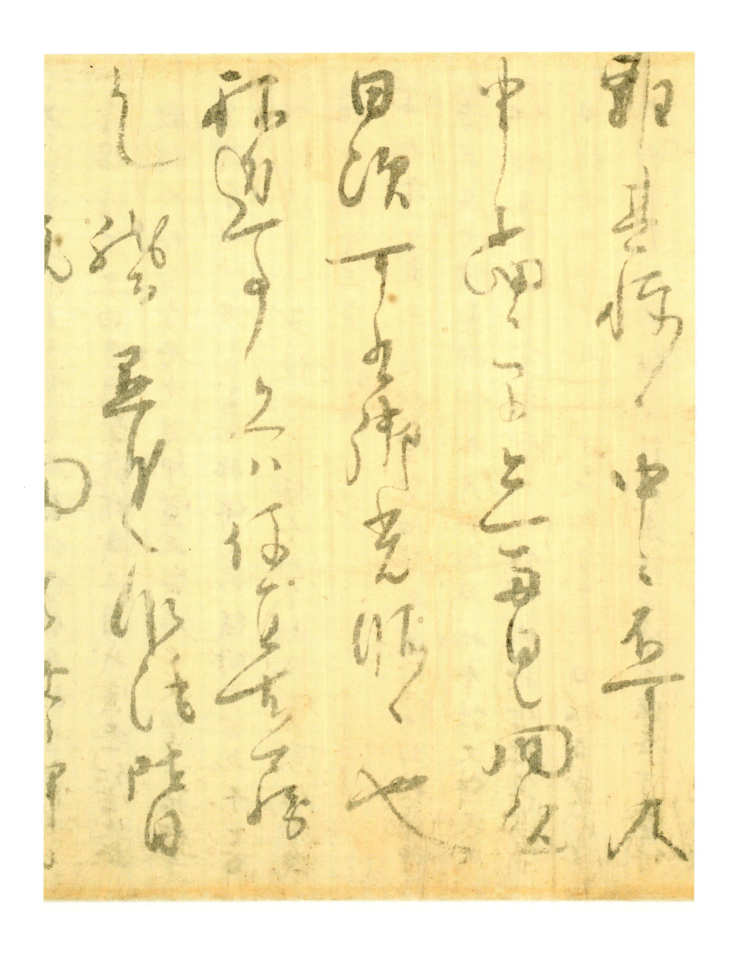

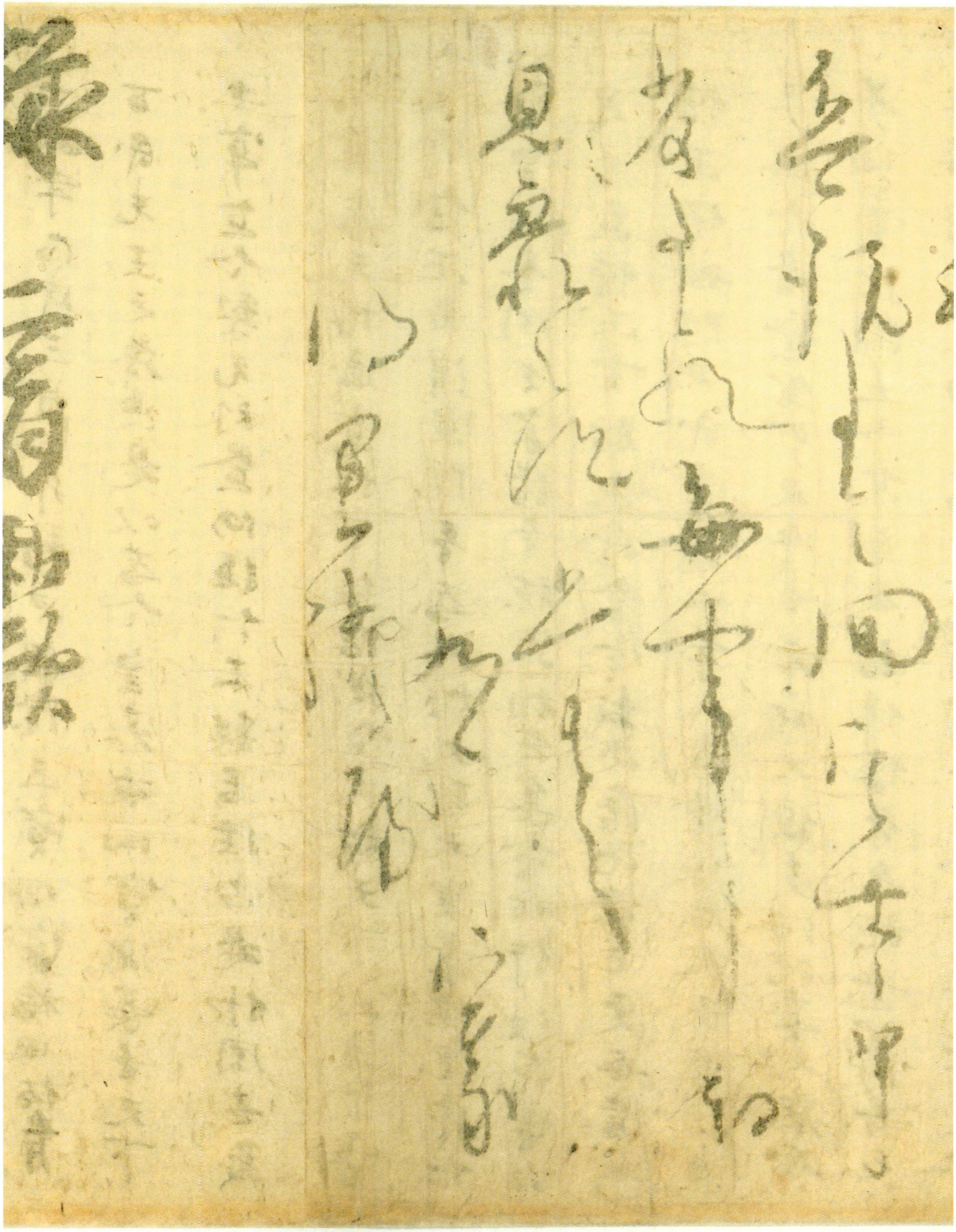

第15紙裏

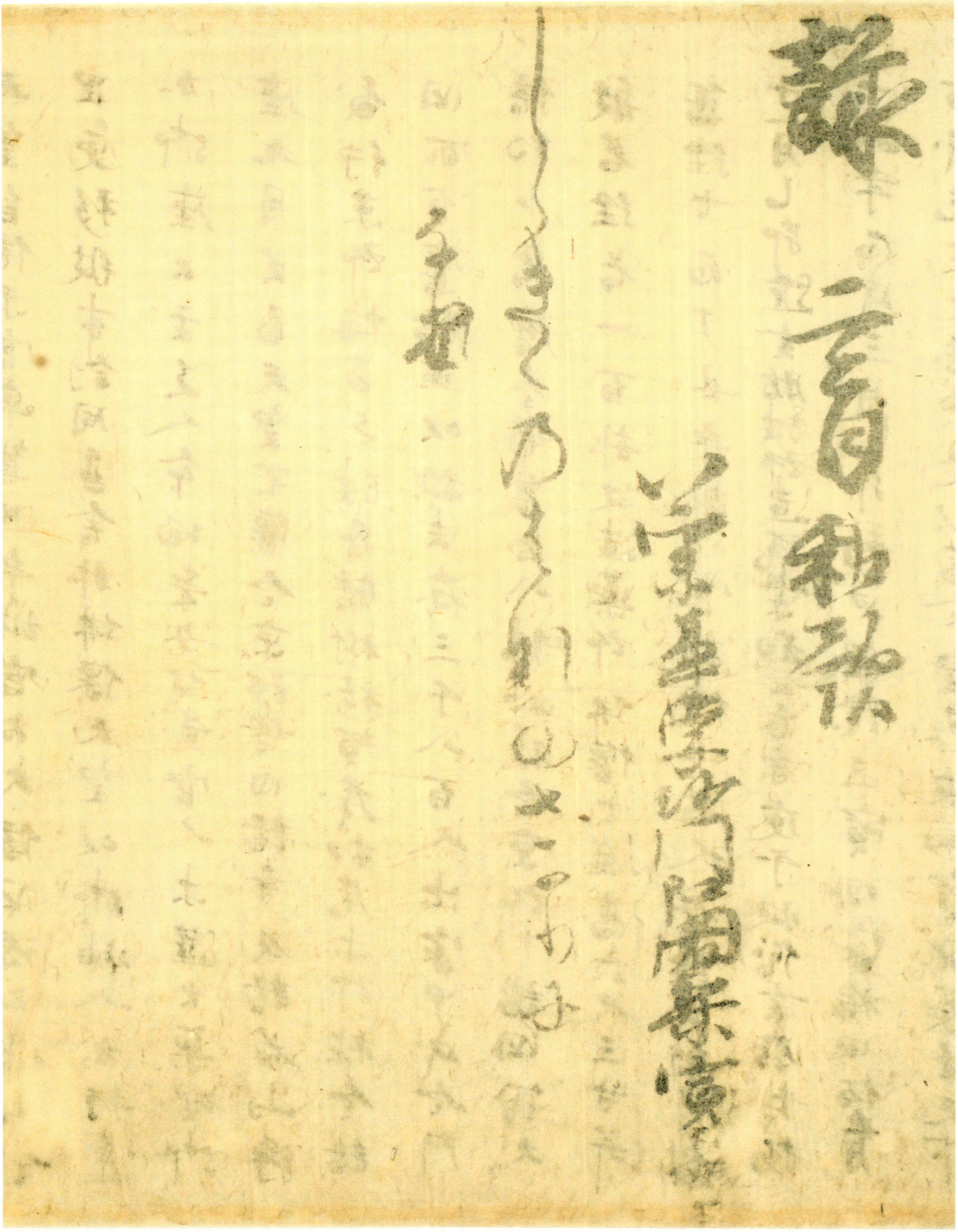
詠二首和歌

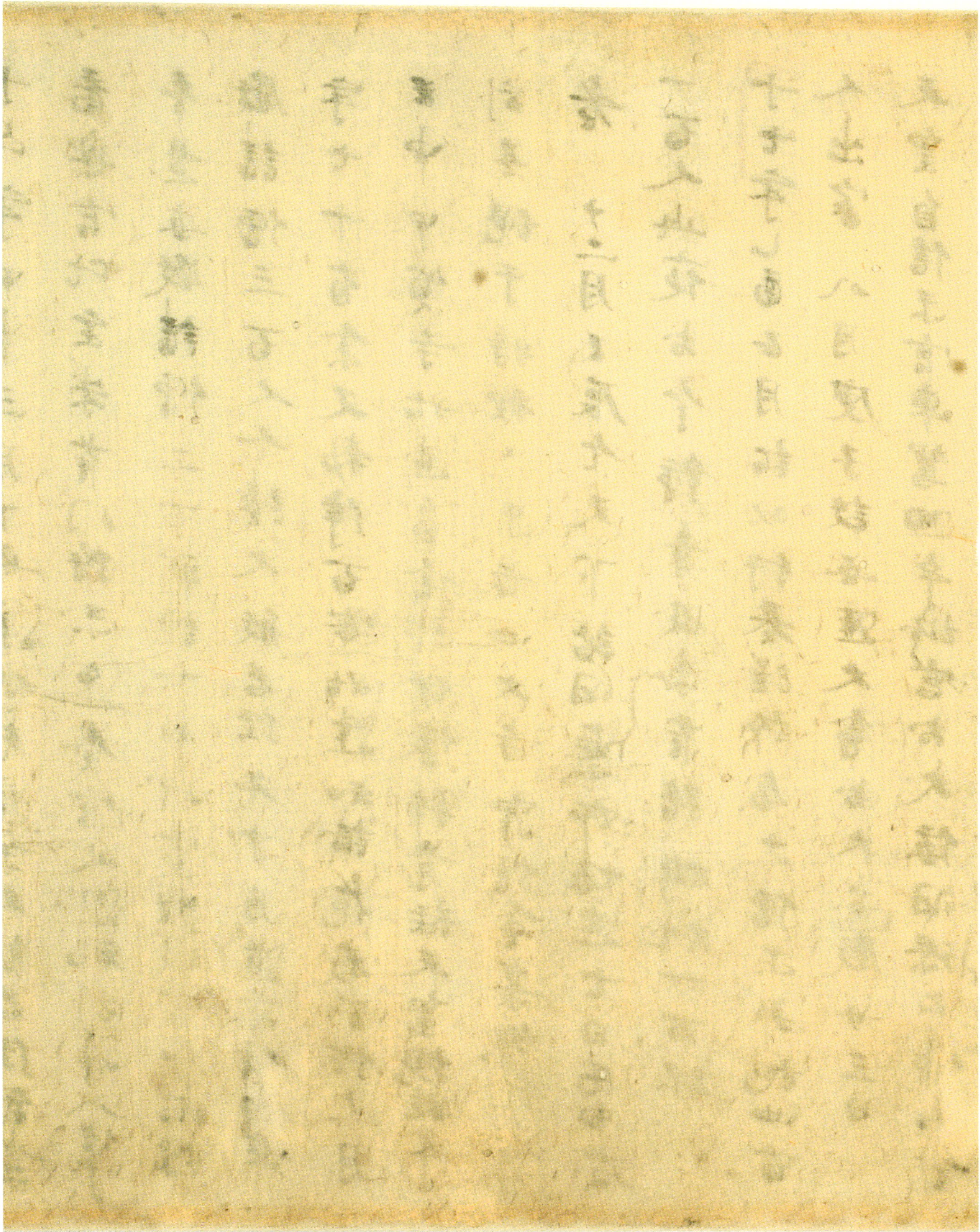

175 醍醐寺本　巻第一裏（第14紙裏）

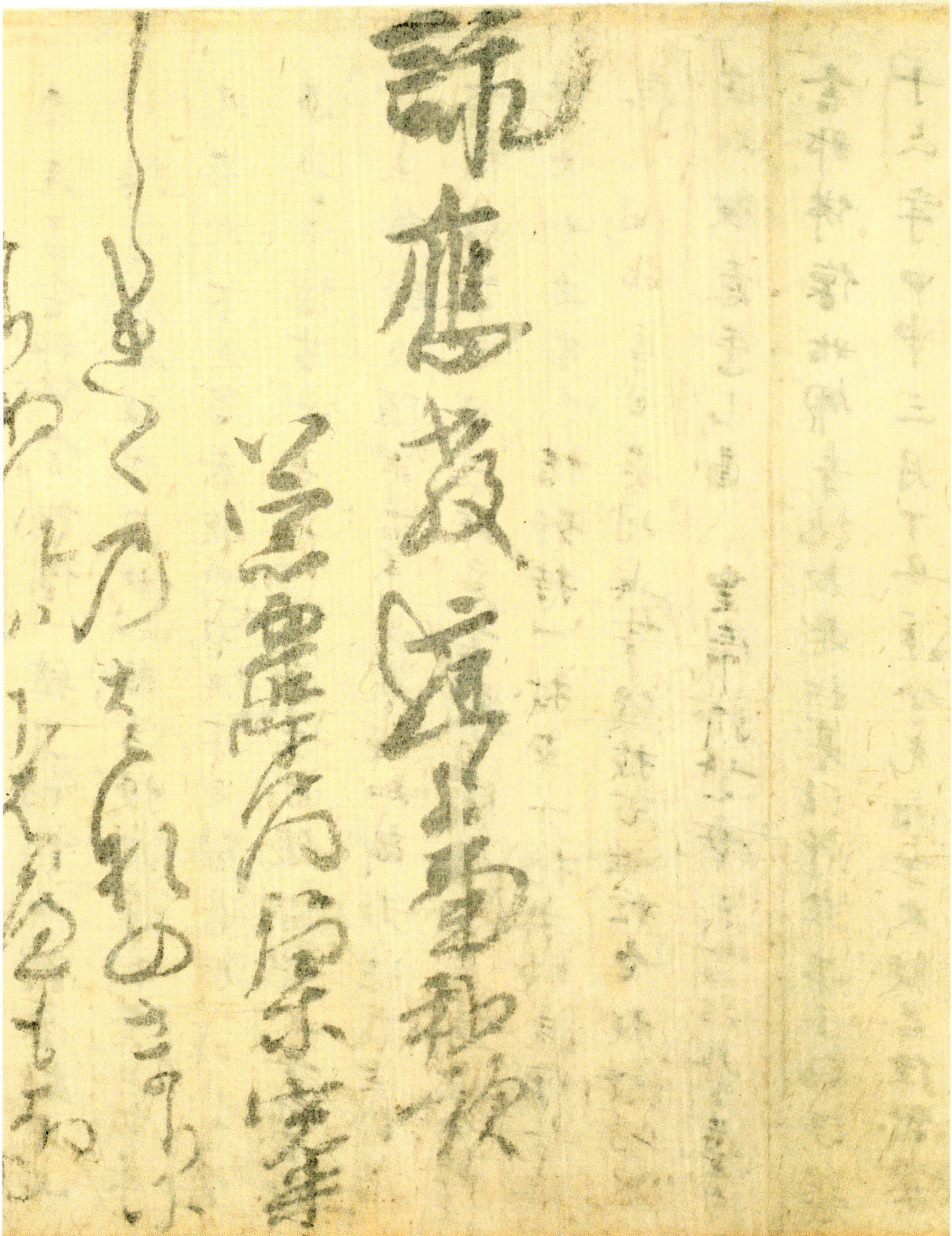

第14紙裏

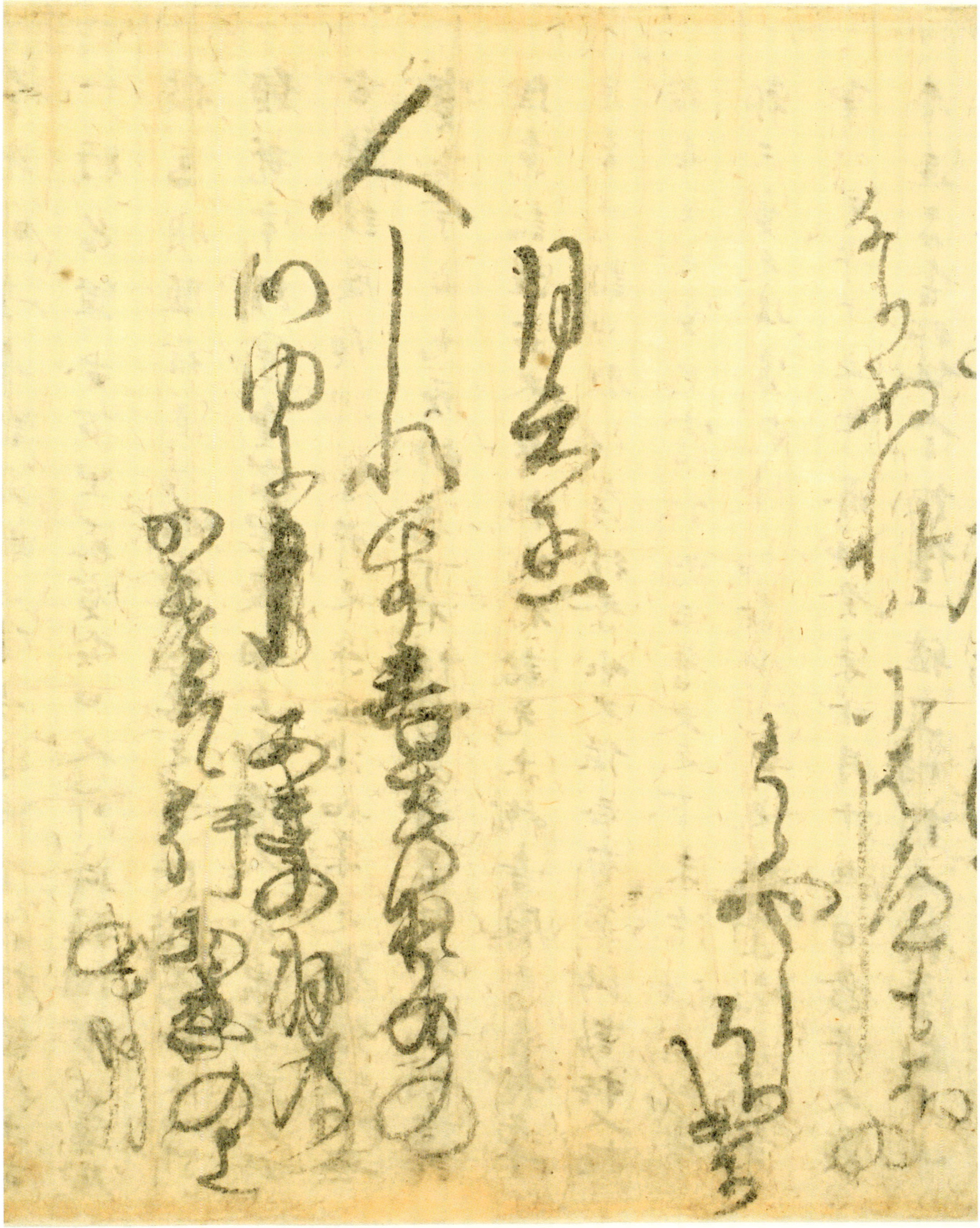

177 醍醐寺本　巻第一裏（第13紙裏・第14紙裏）

第13紙裏

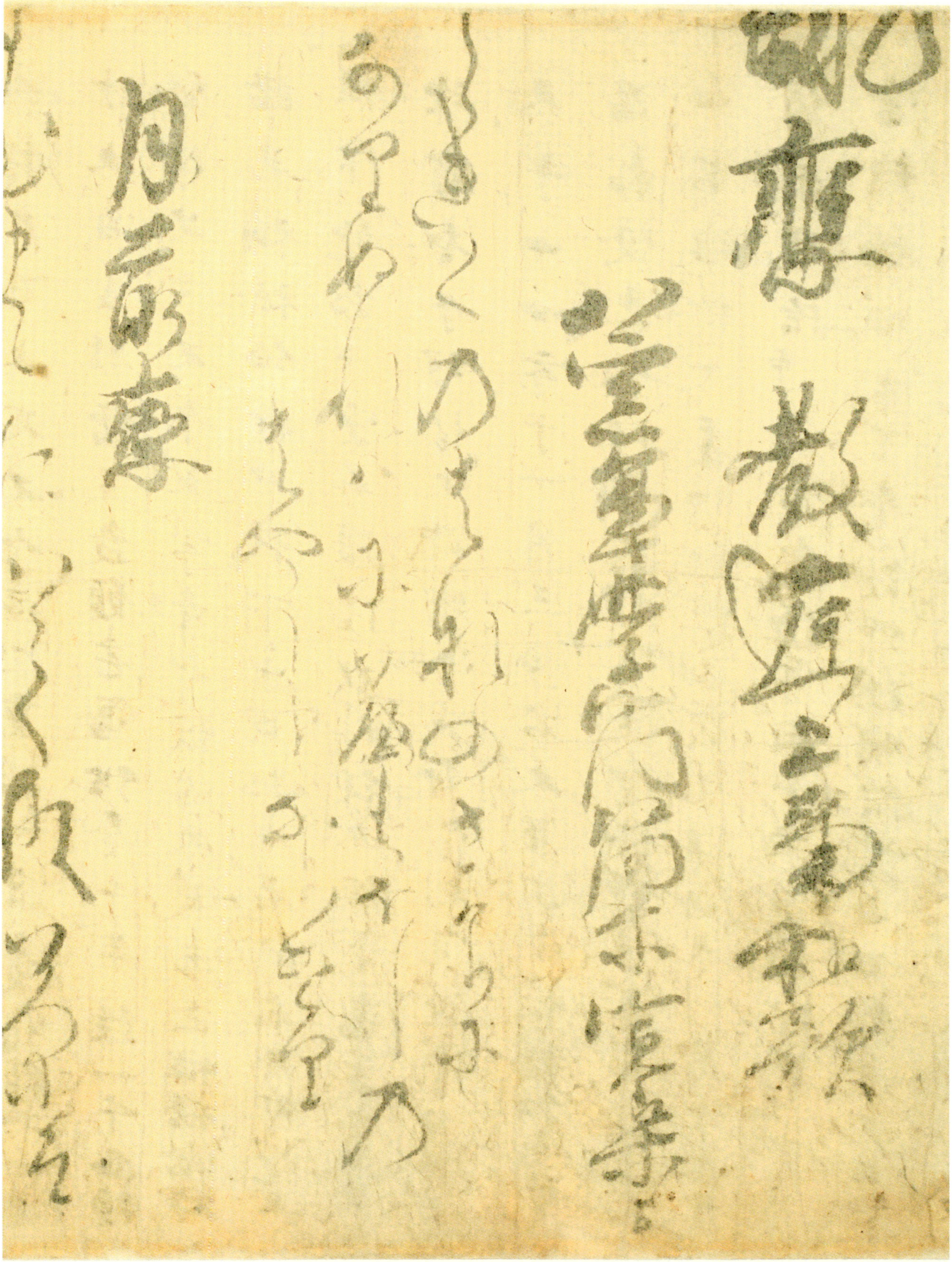

179 醍醐寺本　巻第一裏（第12紙裏・第13紙裏）

（第12紙裏）

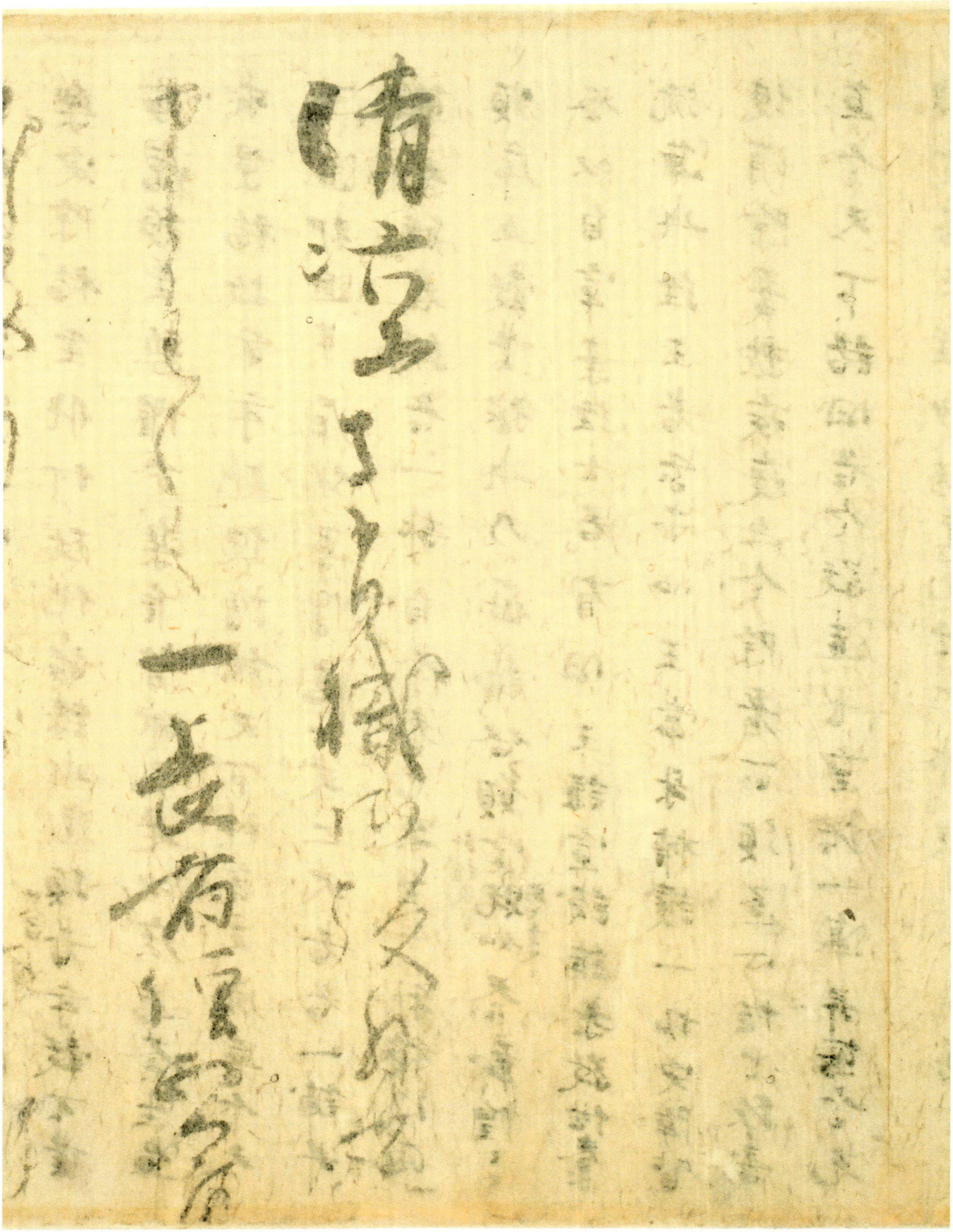

第12紙裏

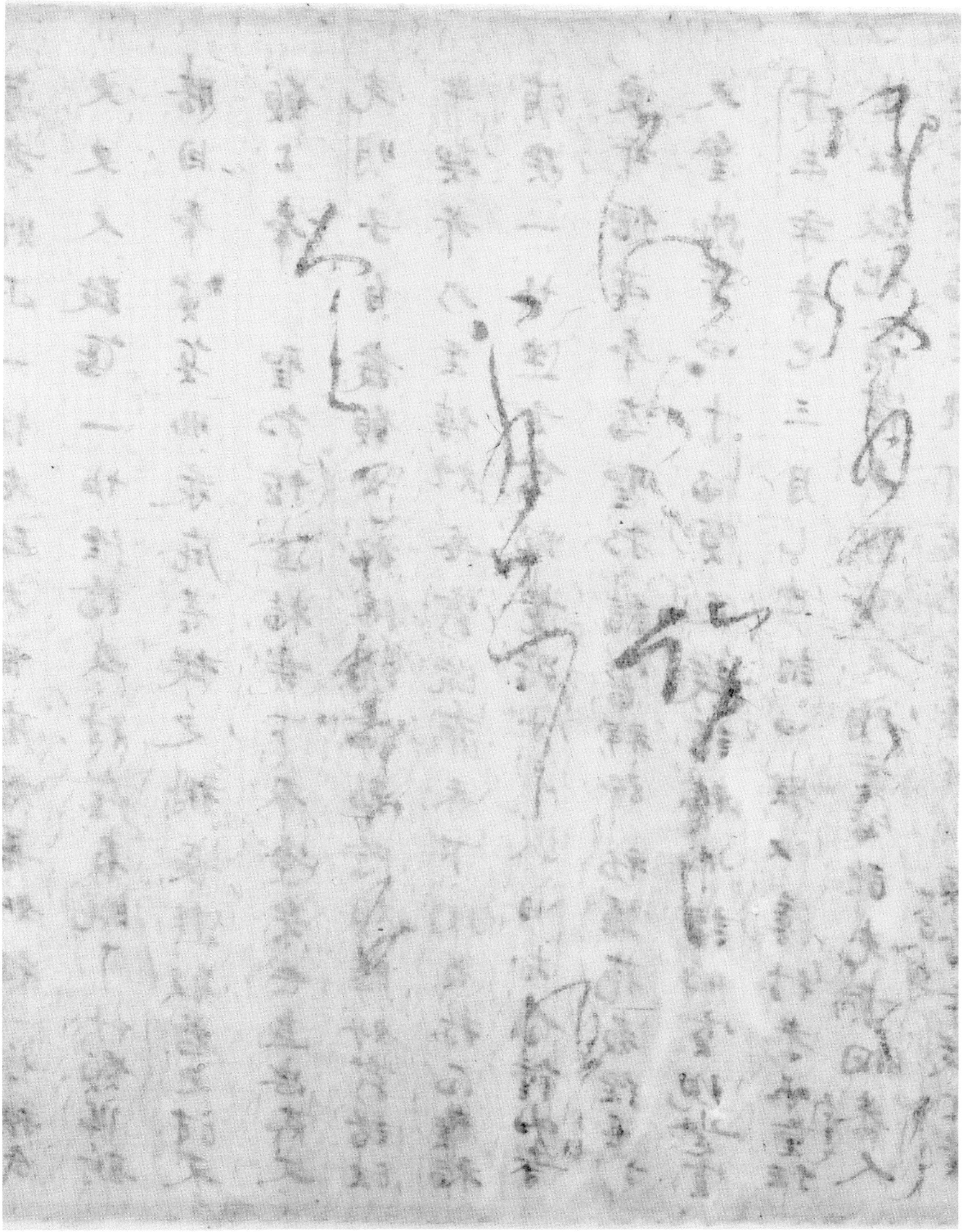

183 醍醐寺本　巻第一裏（第11紙裏・第12紙裏）

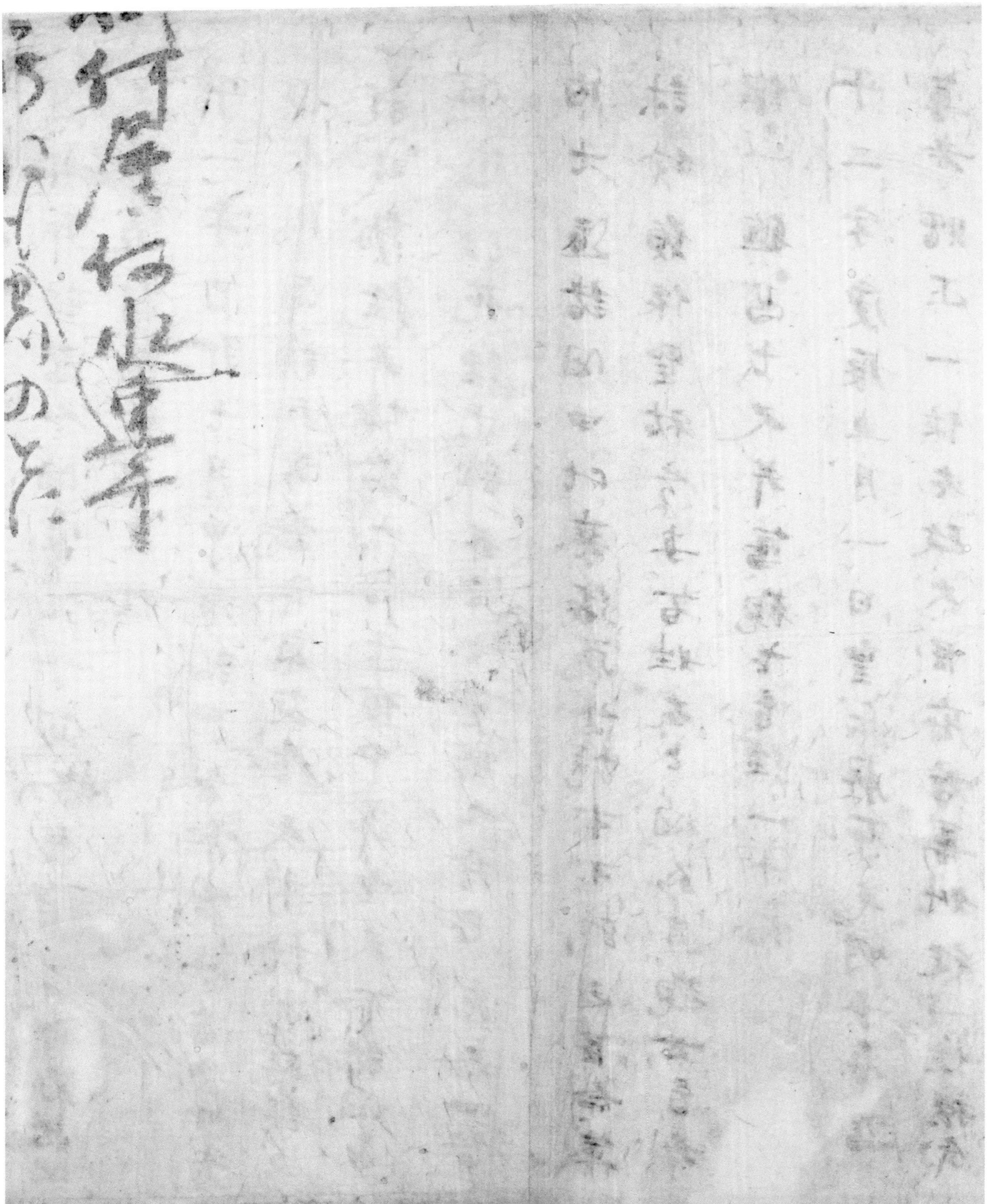

第11紙裏

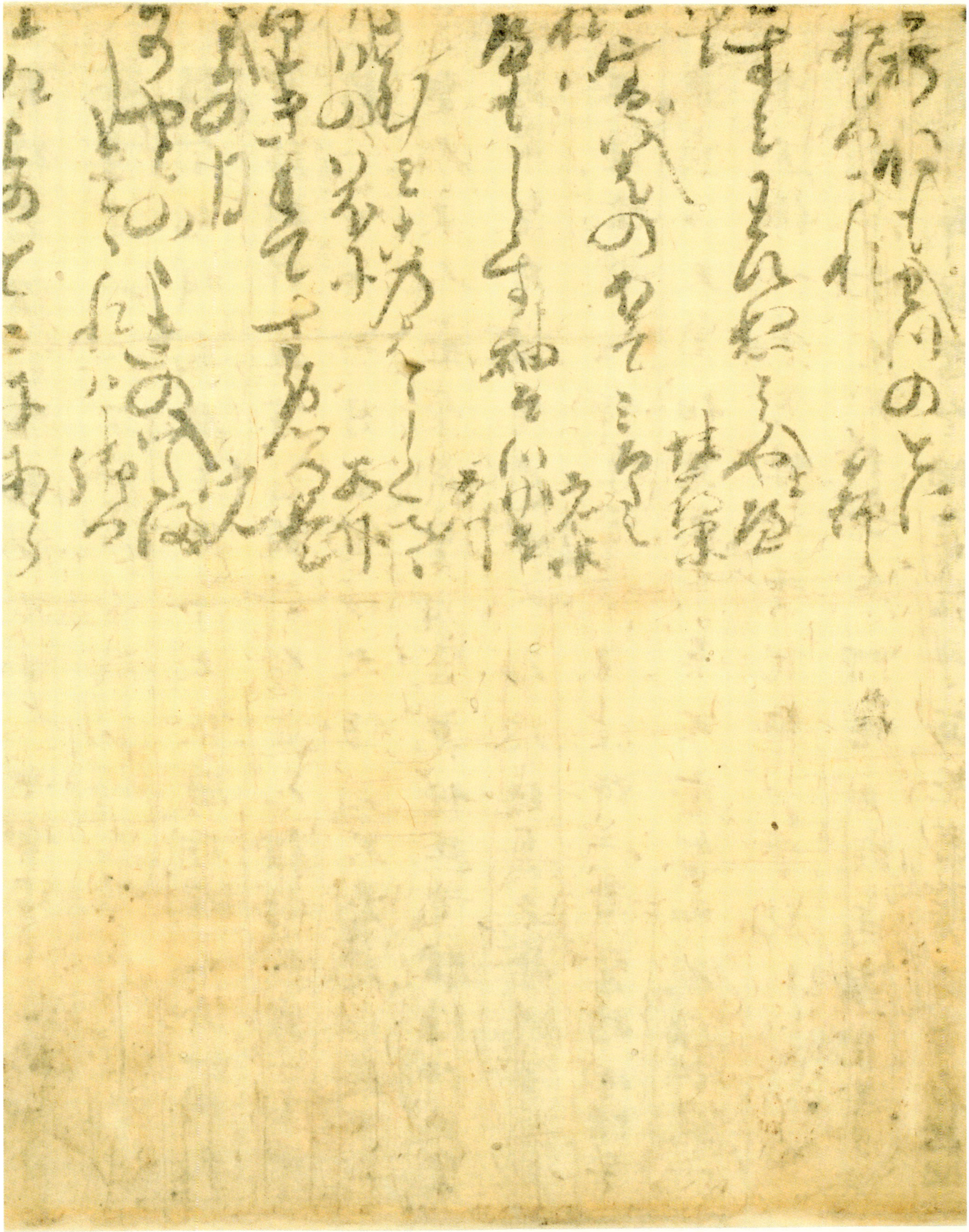

185 醍醐寺本　巻第一裏（第10紙裏・第11紙裏）

（第10紙裏）

醍醐寺本　巻第二裏

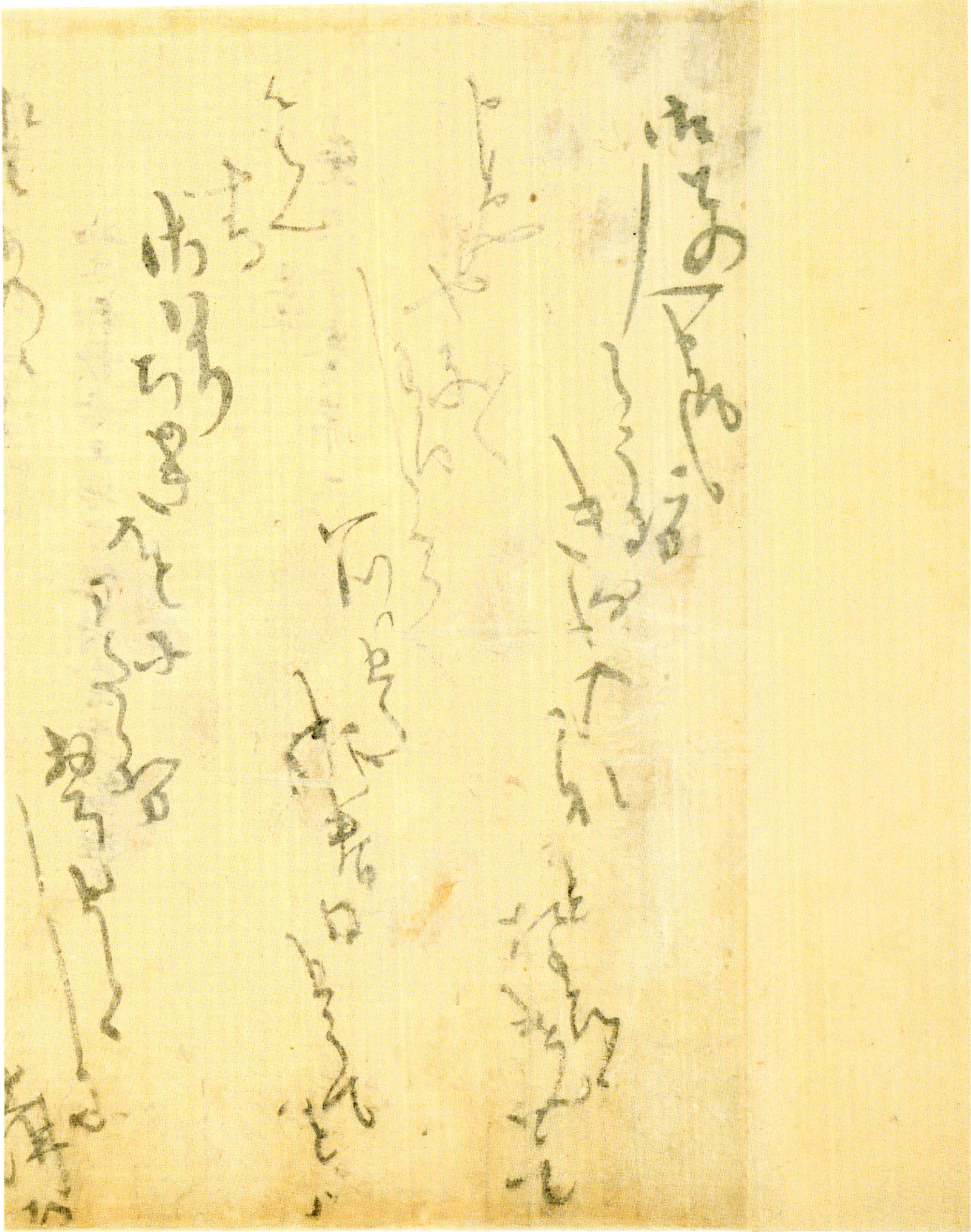

軸付紙裏

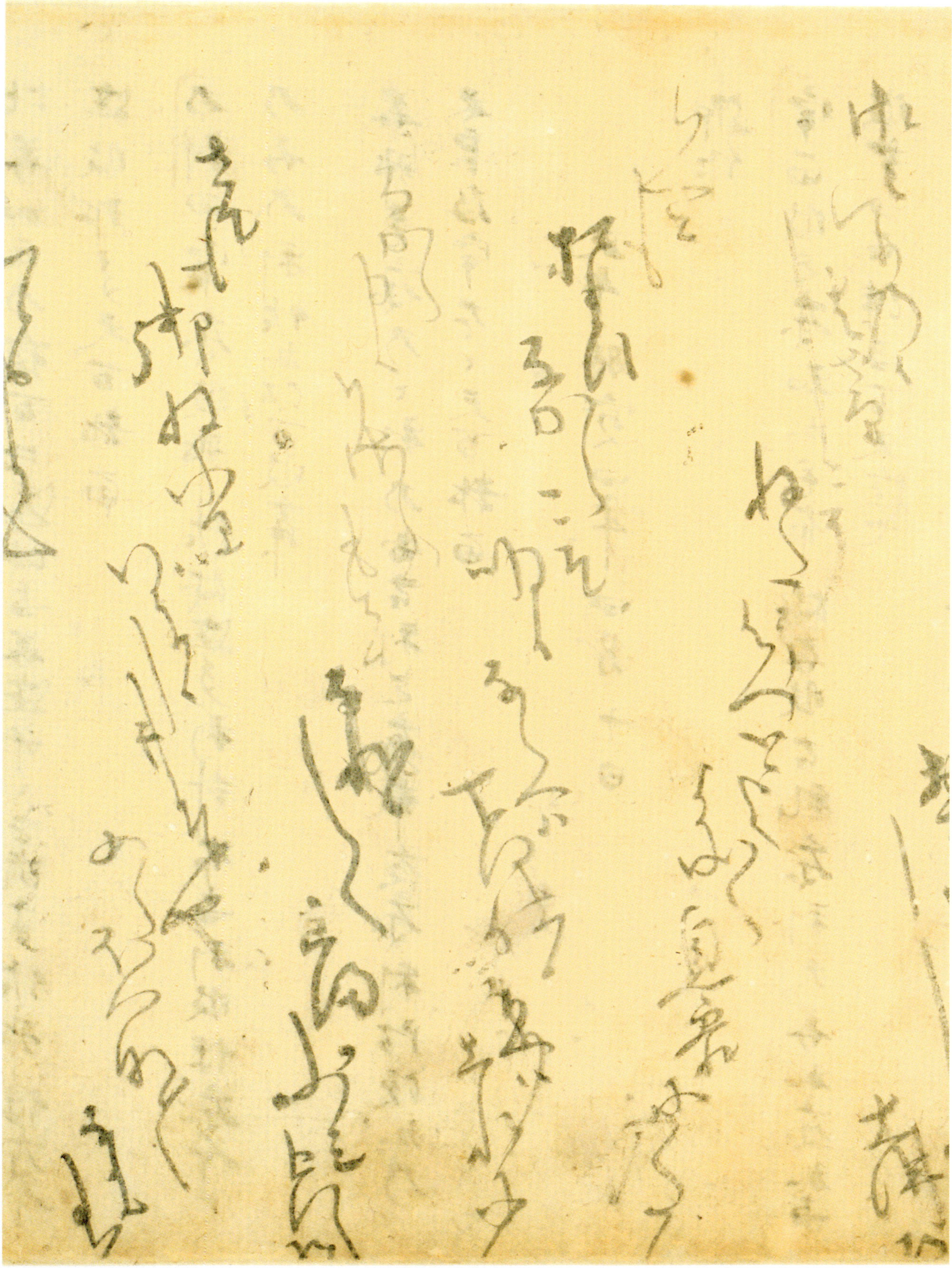

189 醍醐寺本　巻第二裏（第22紙裏・軸付紙裏）

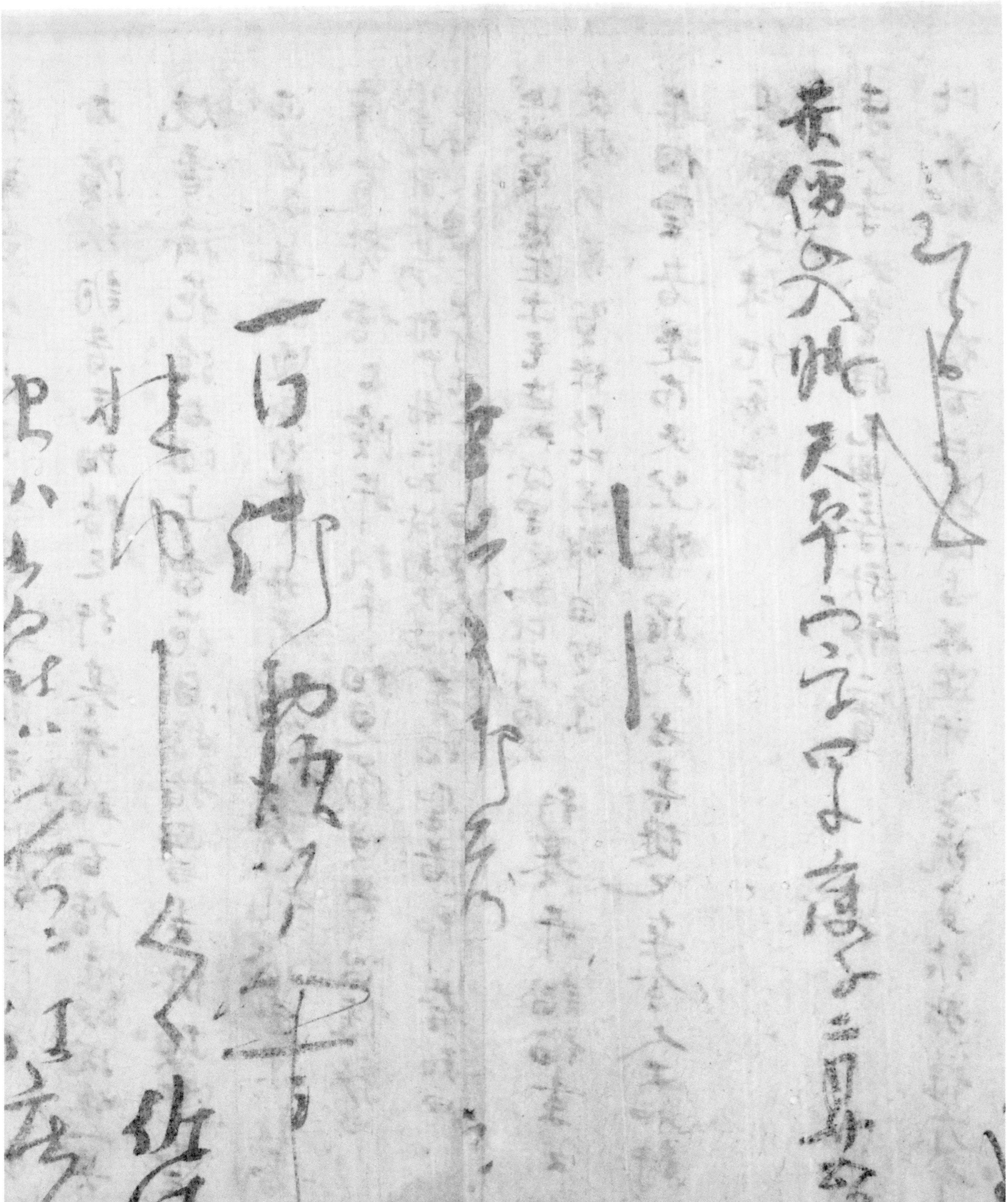

第22紙裏

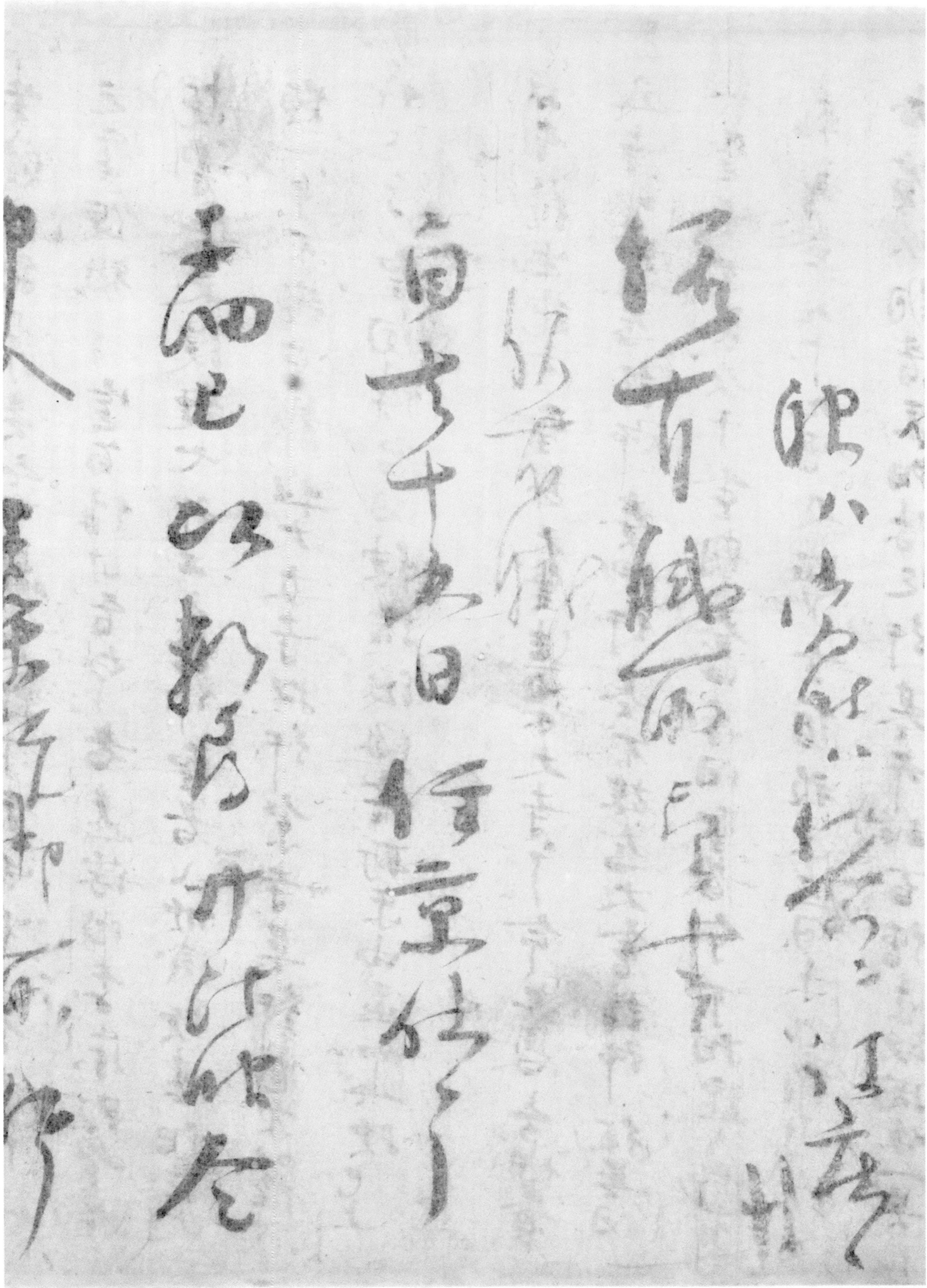

191 醍醐寺本　巻第二裏（第21紙裏・第22紙裏）

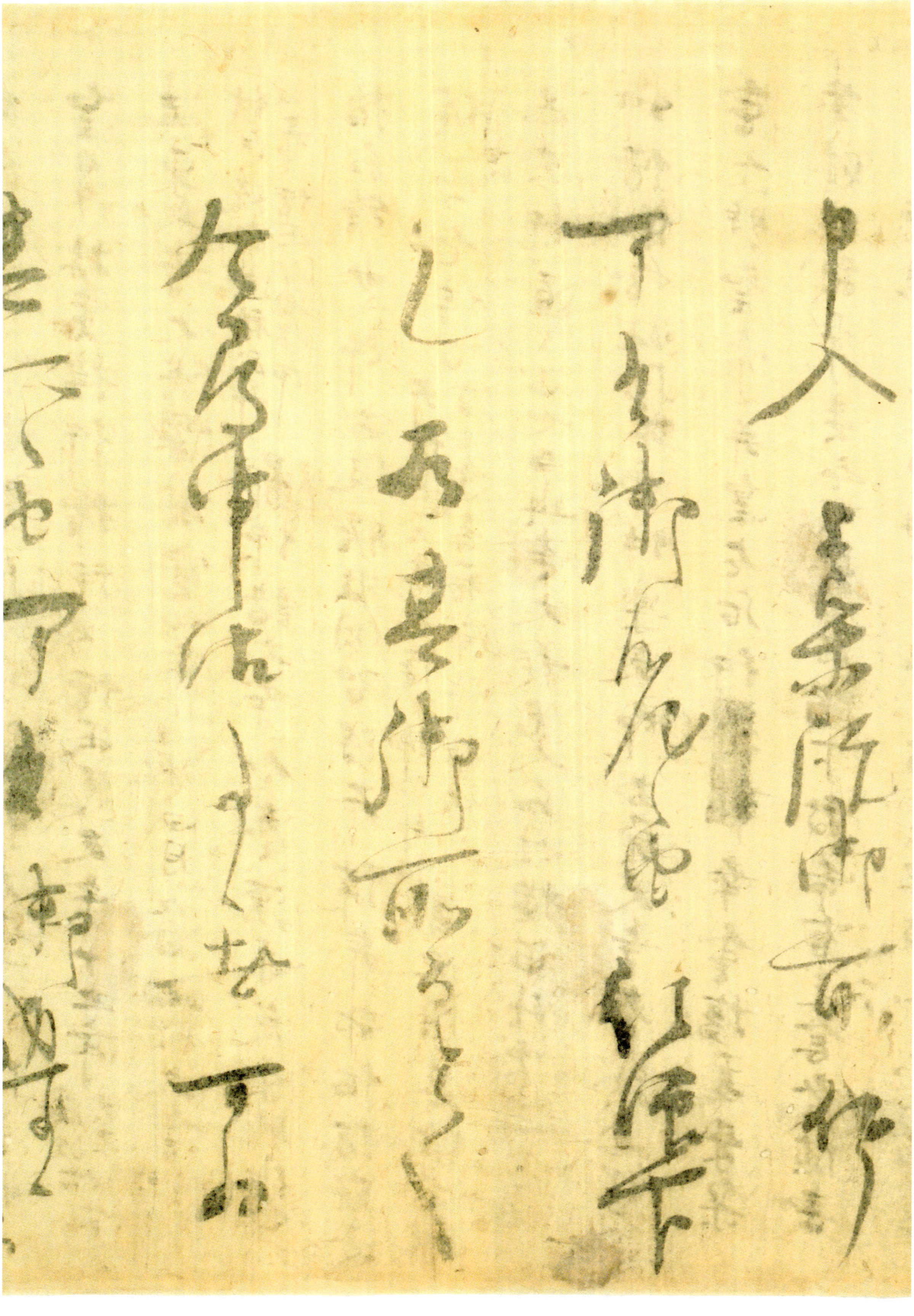

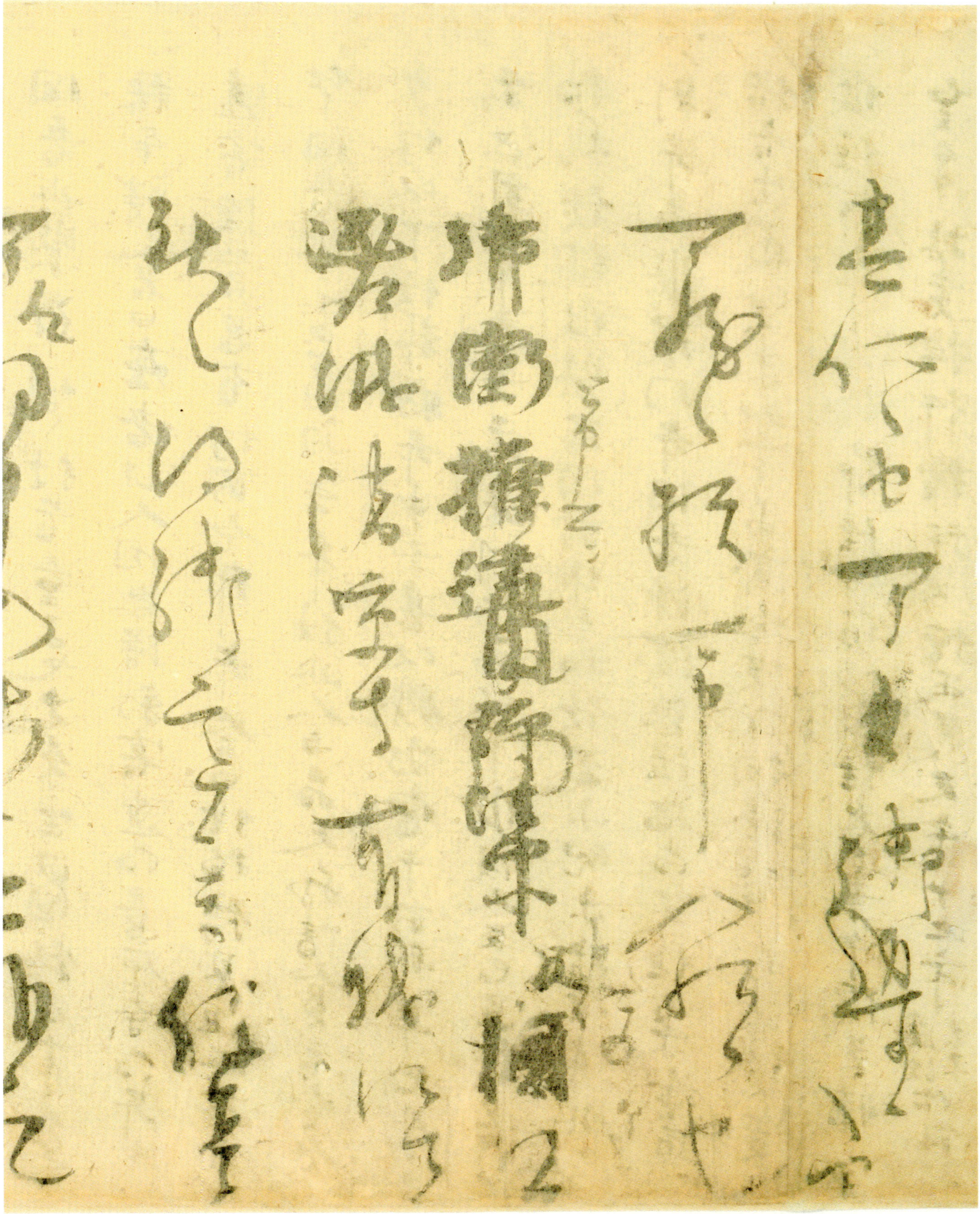

第21紙裏

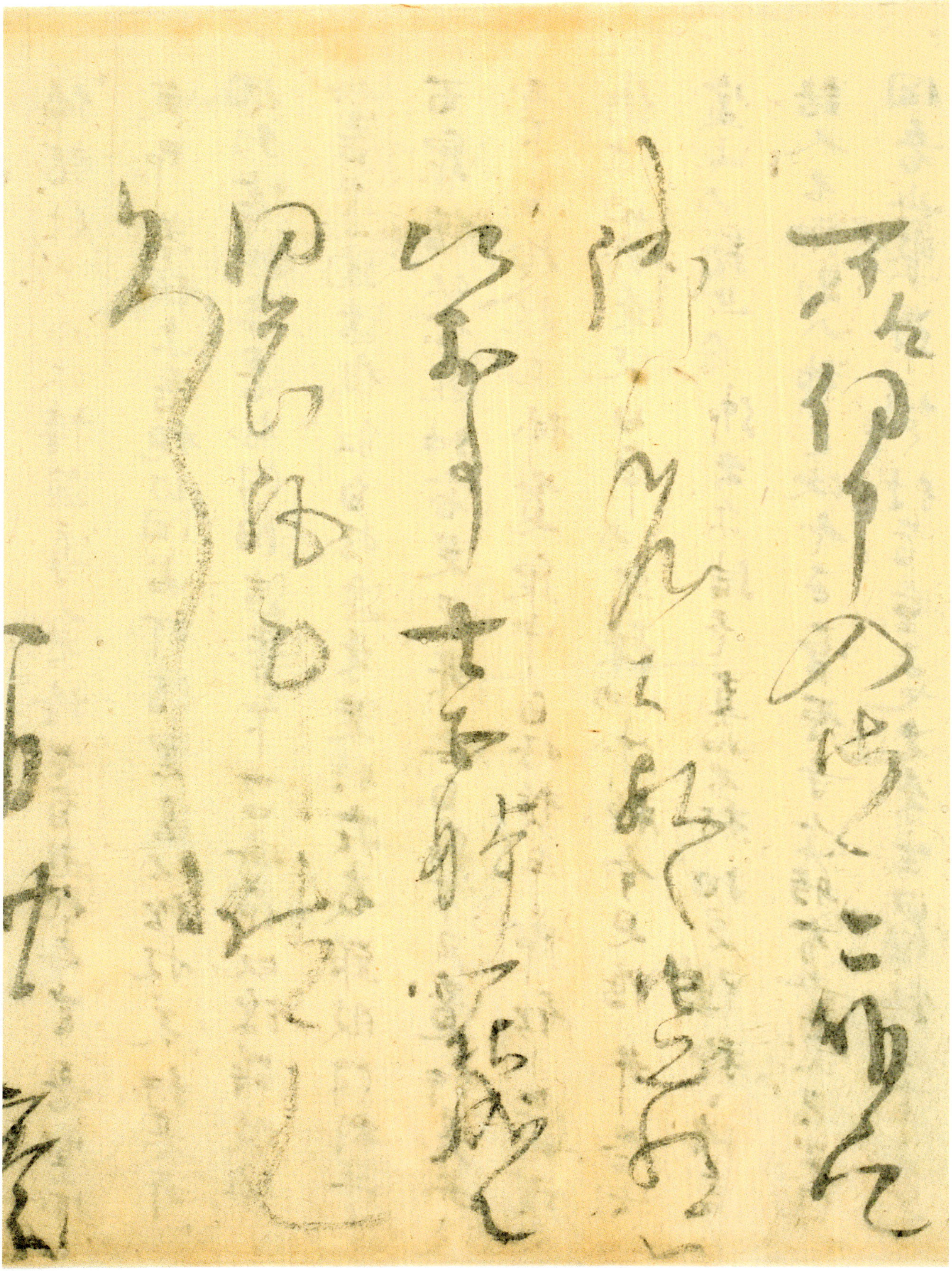

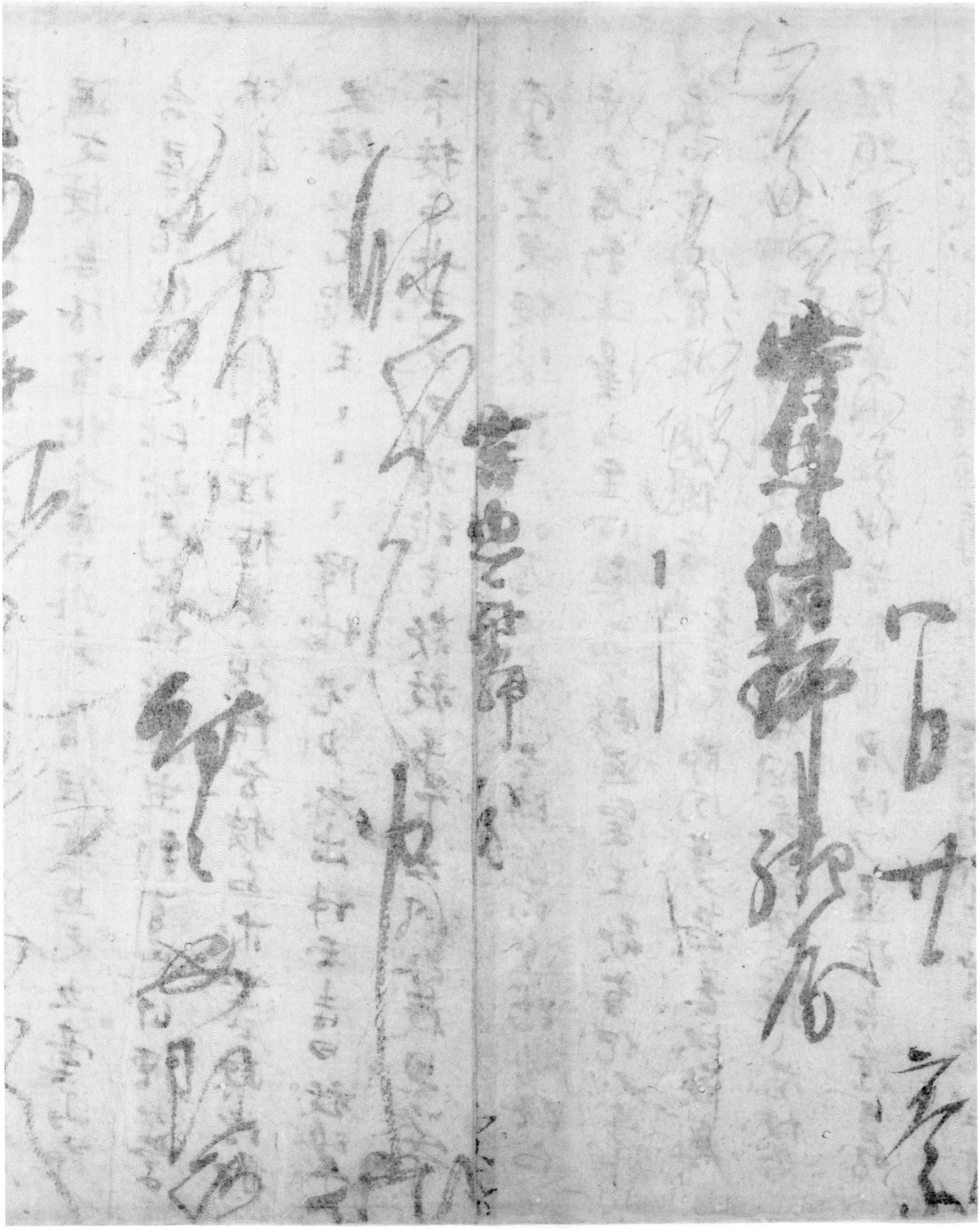

第20紙裏

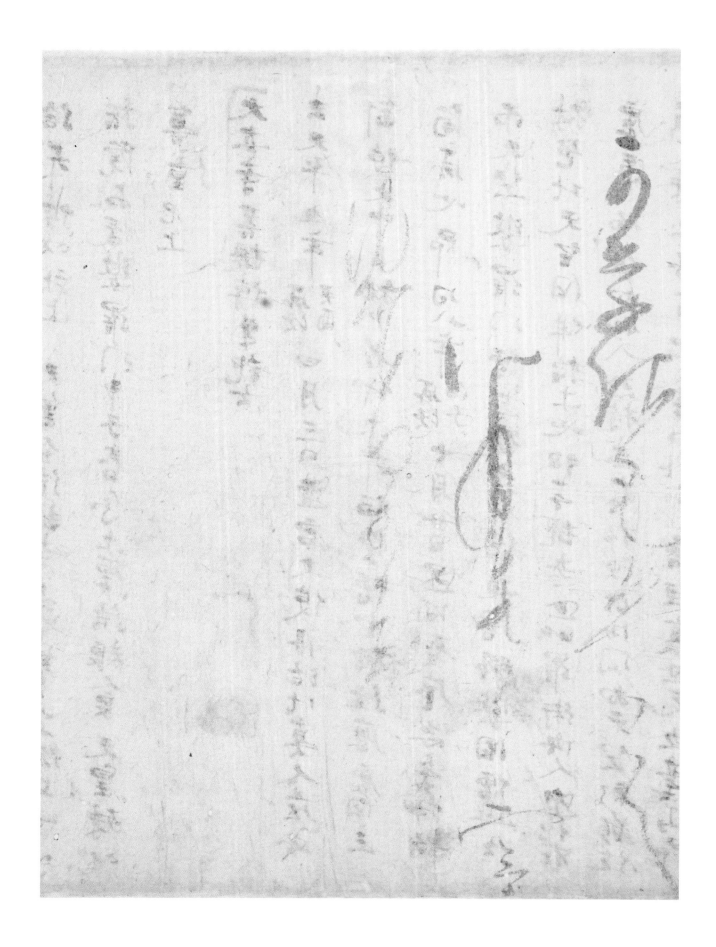

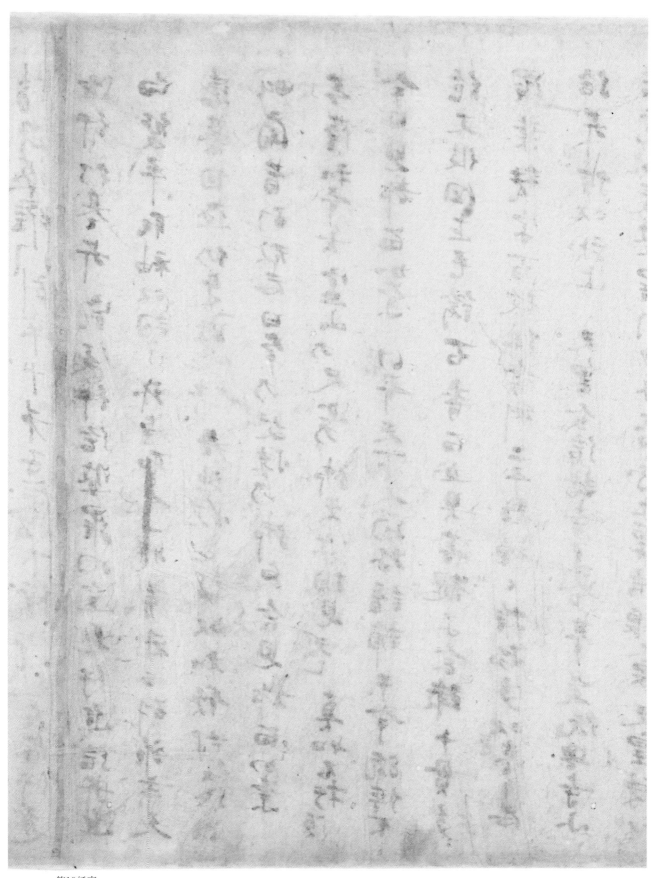

第19紙裏

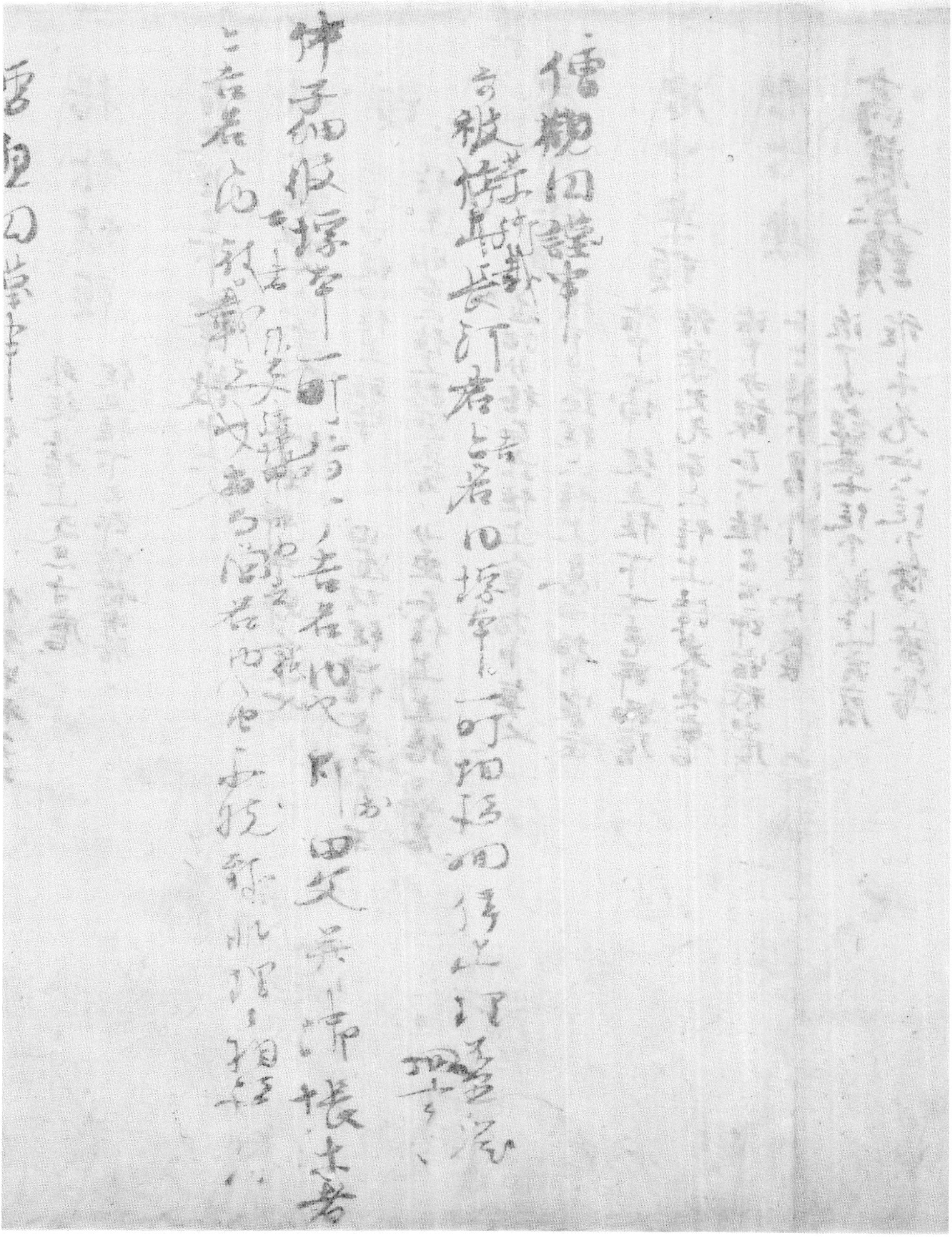

第14紙裏

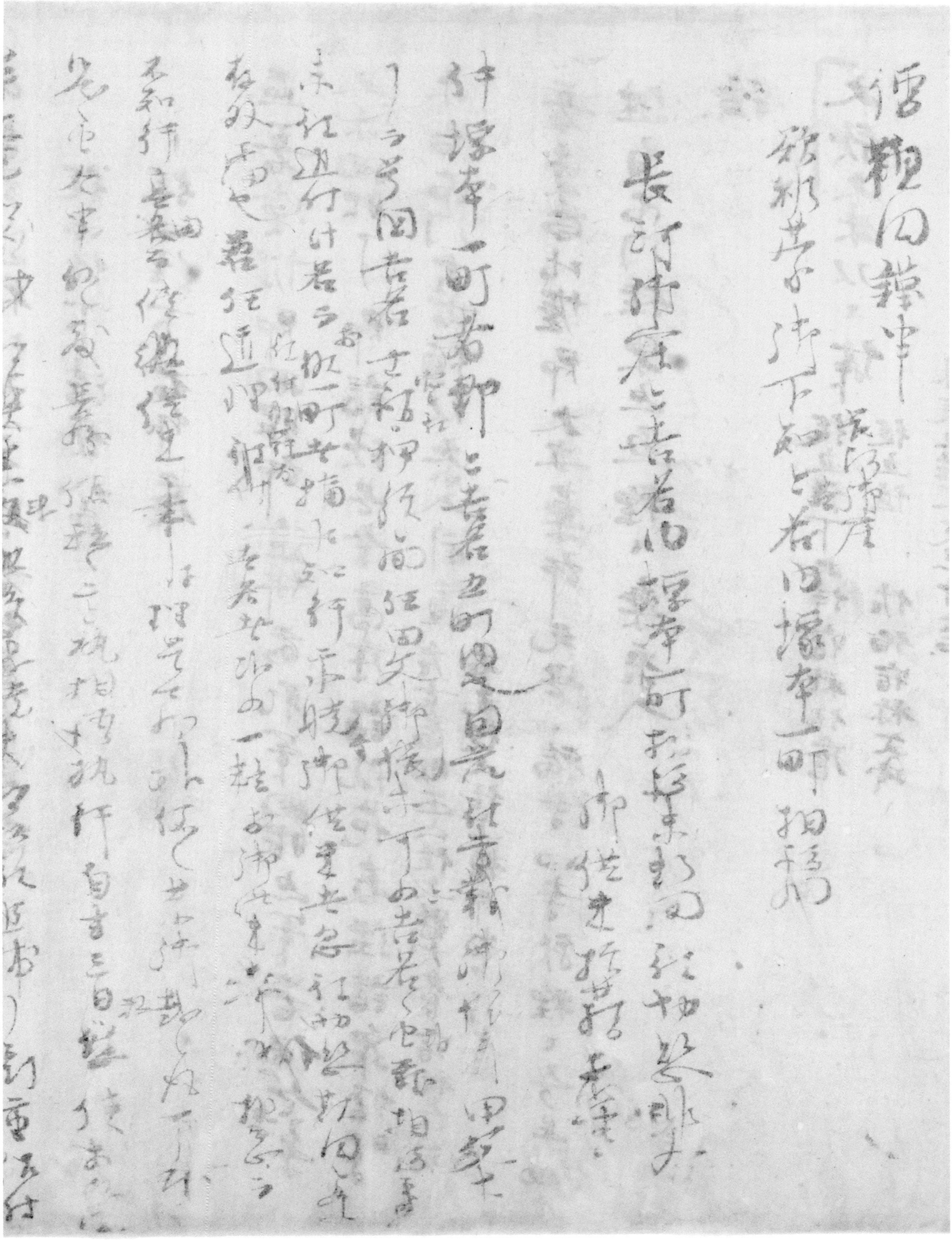

199 醍醐寺本　巻第二裏（第13紙裏・第14紙裏）

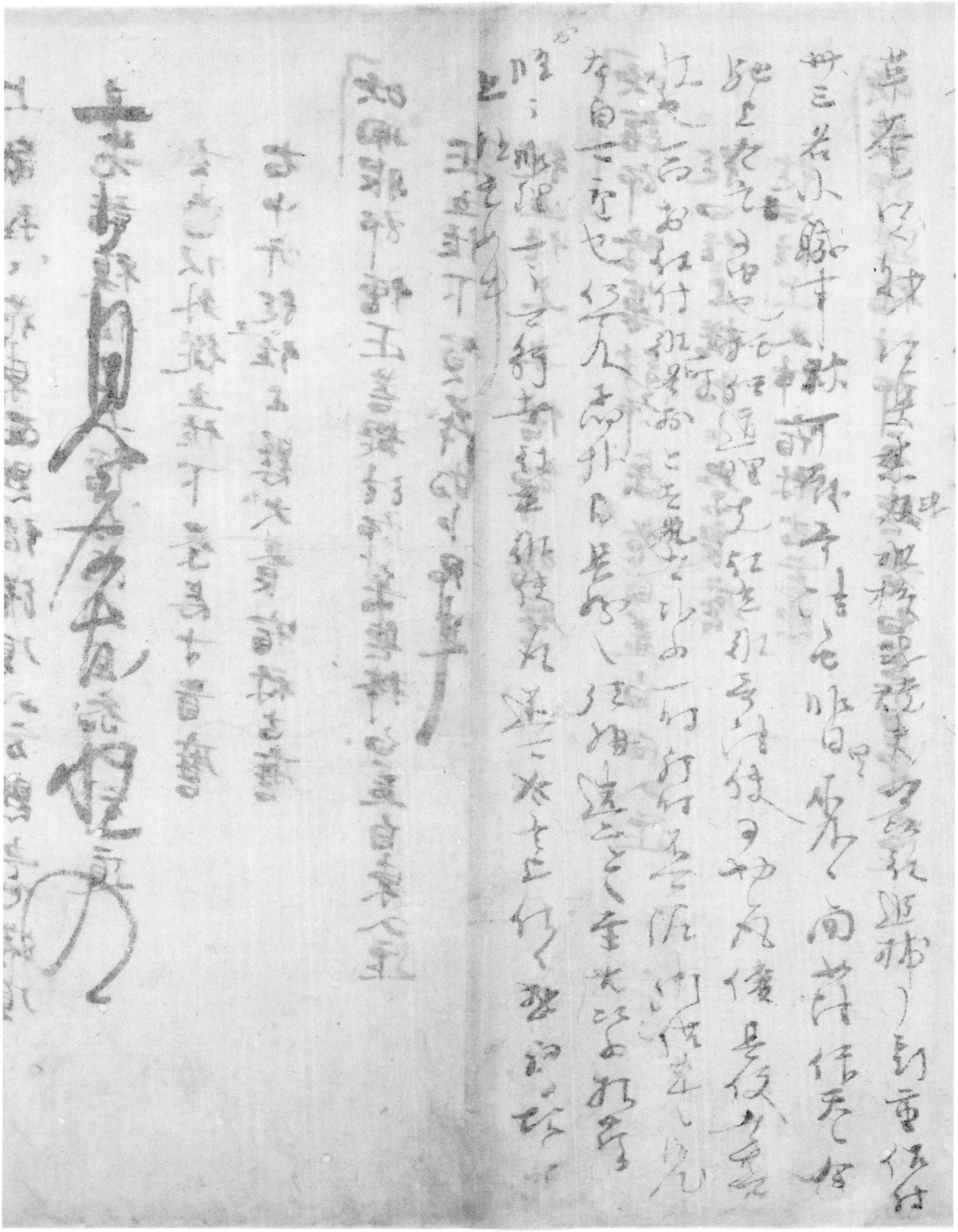

第13紙裏

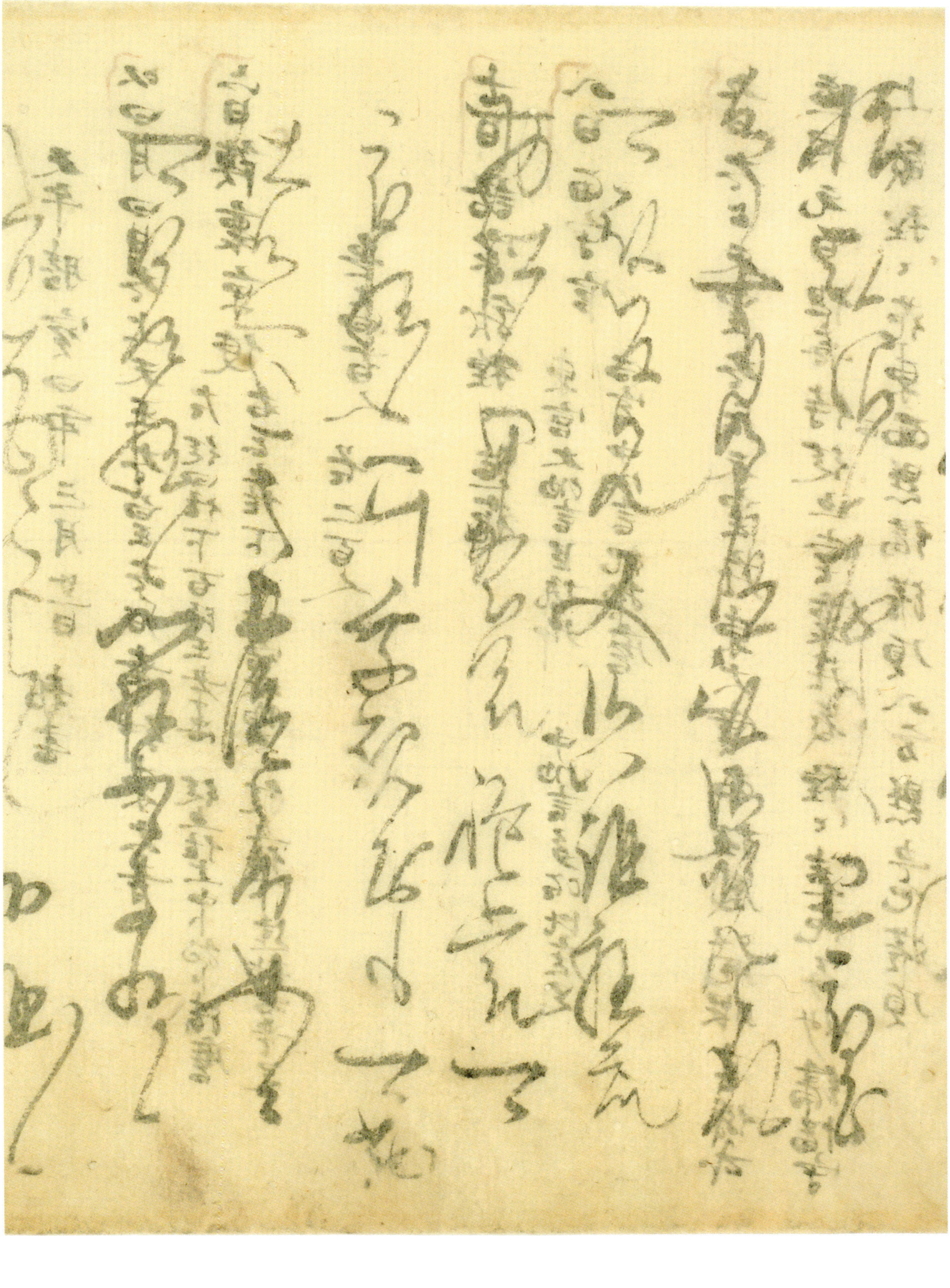

201 醍醐寺本　巻第二裏（第12紙裏・第13紙裏）

①

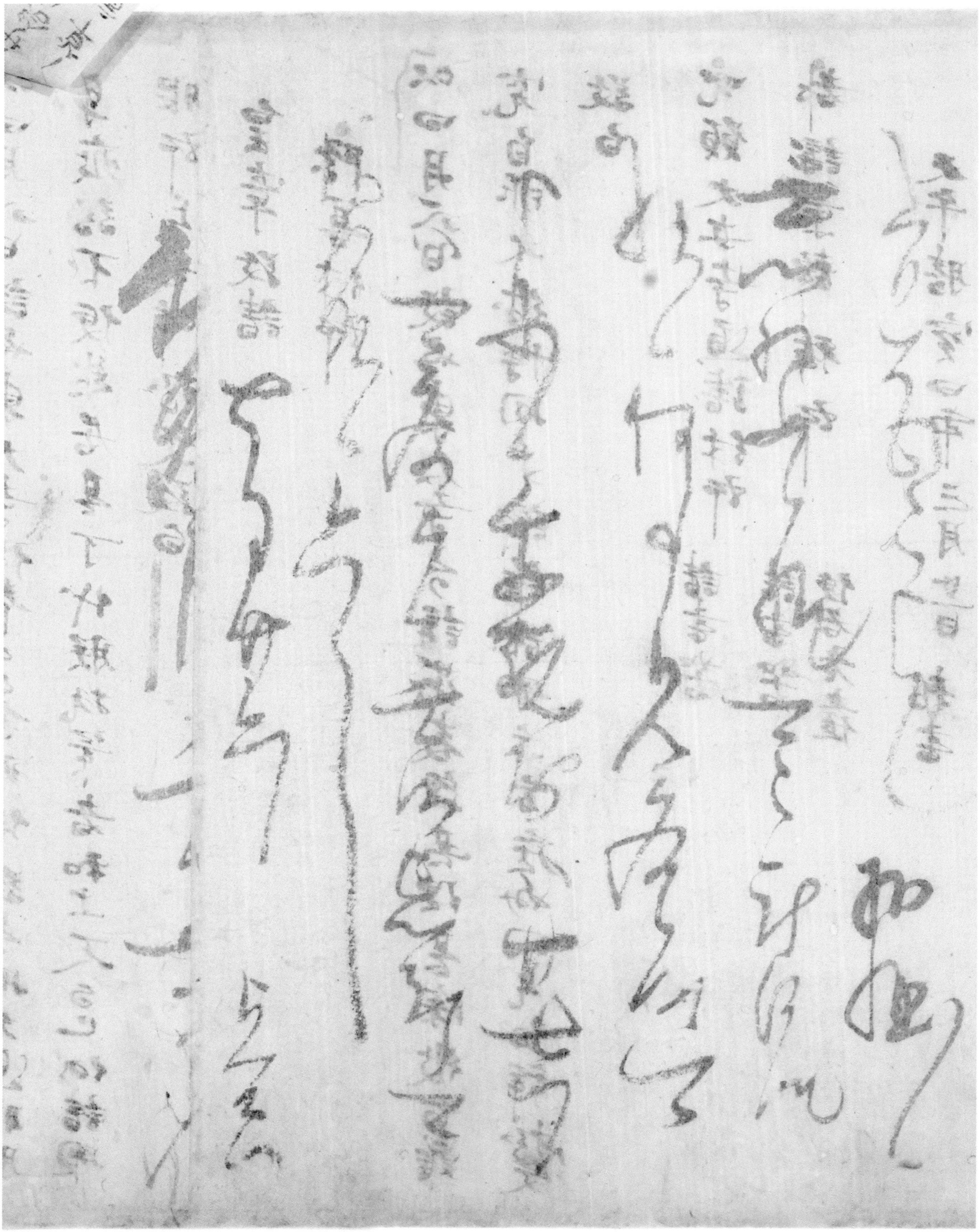

第12紙裏

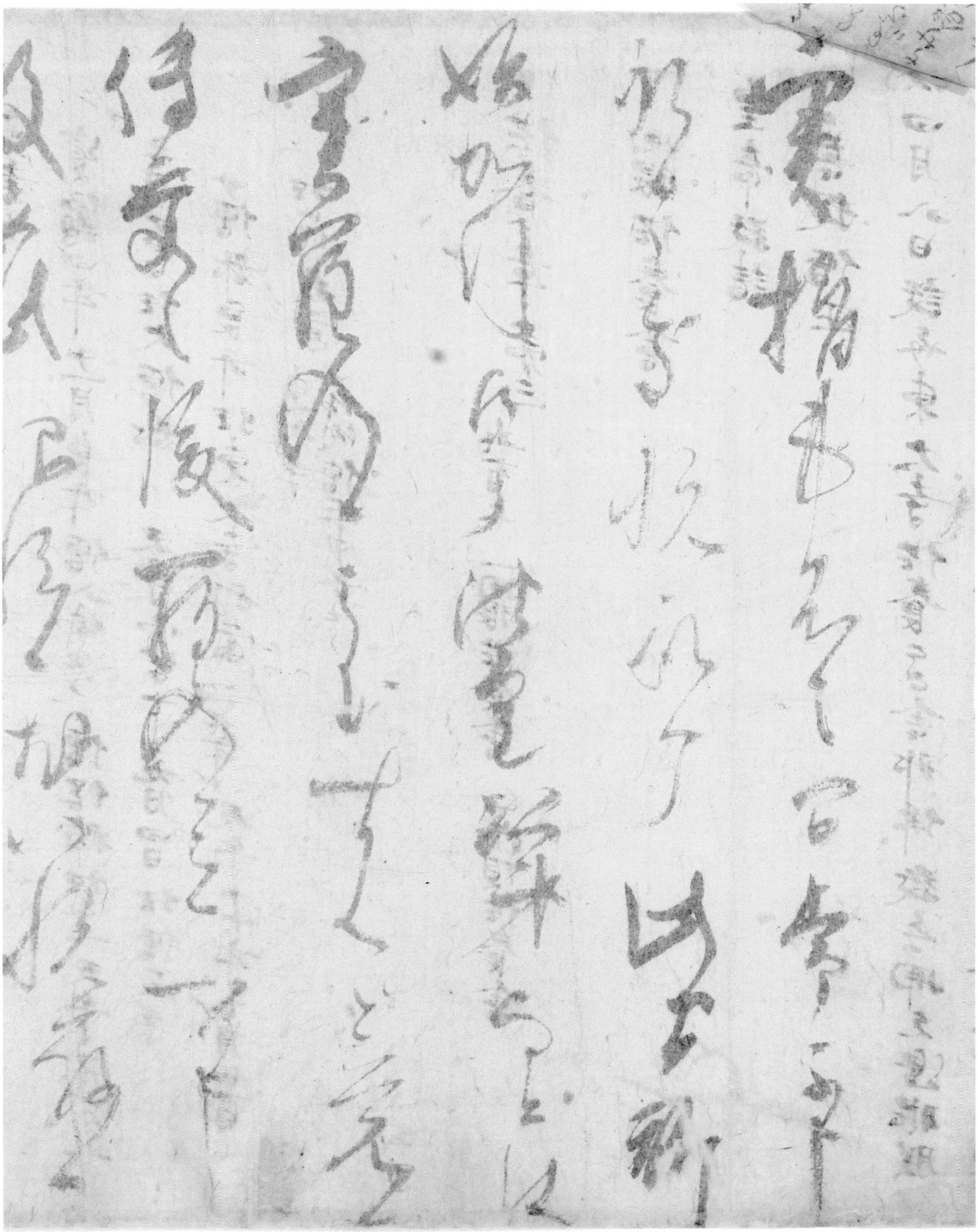

203 醍醐寺本　巻第二裏（第11紙裏・第12紙裏）

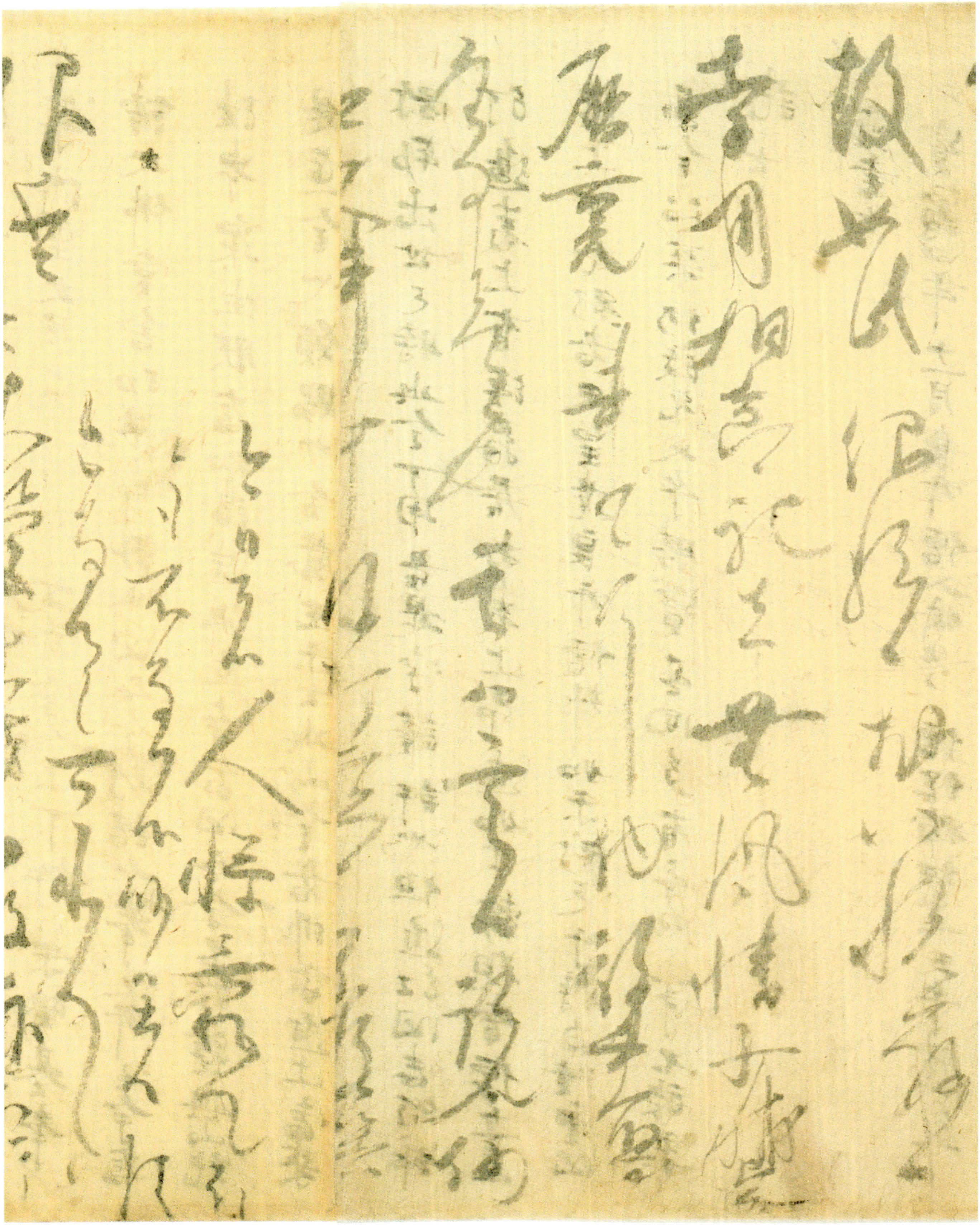

第11紙裏

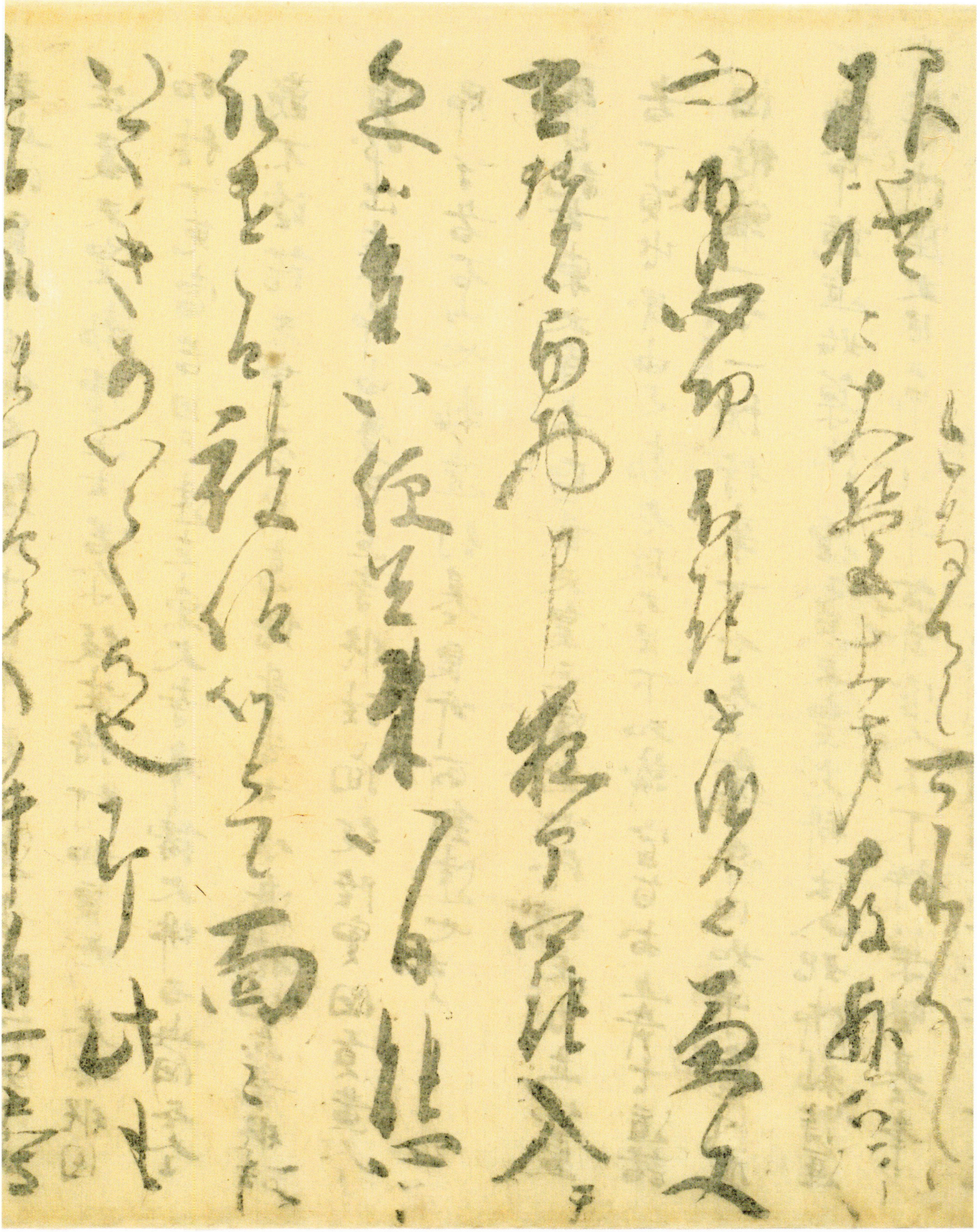

 醍醐寺本　巻第二裏（第10紙裏・第11紙裏）

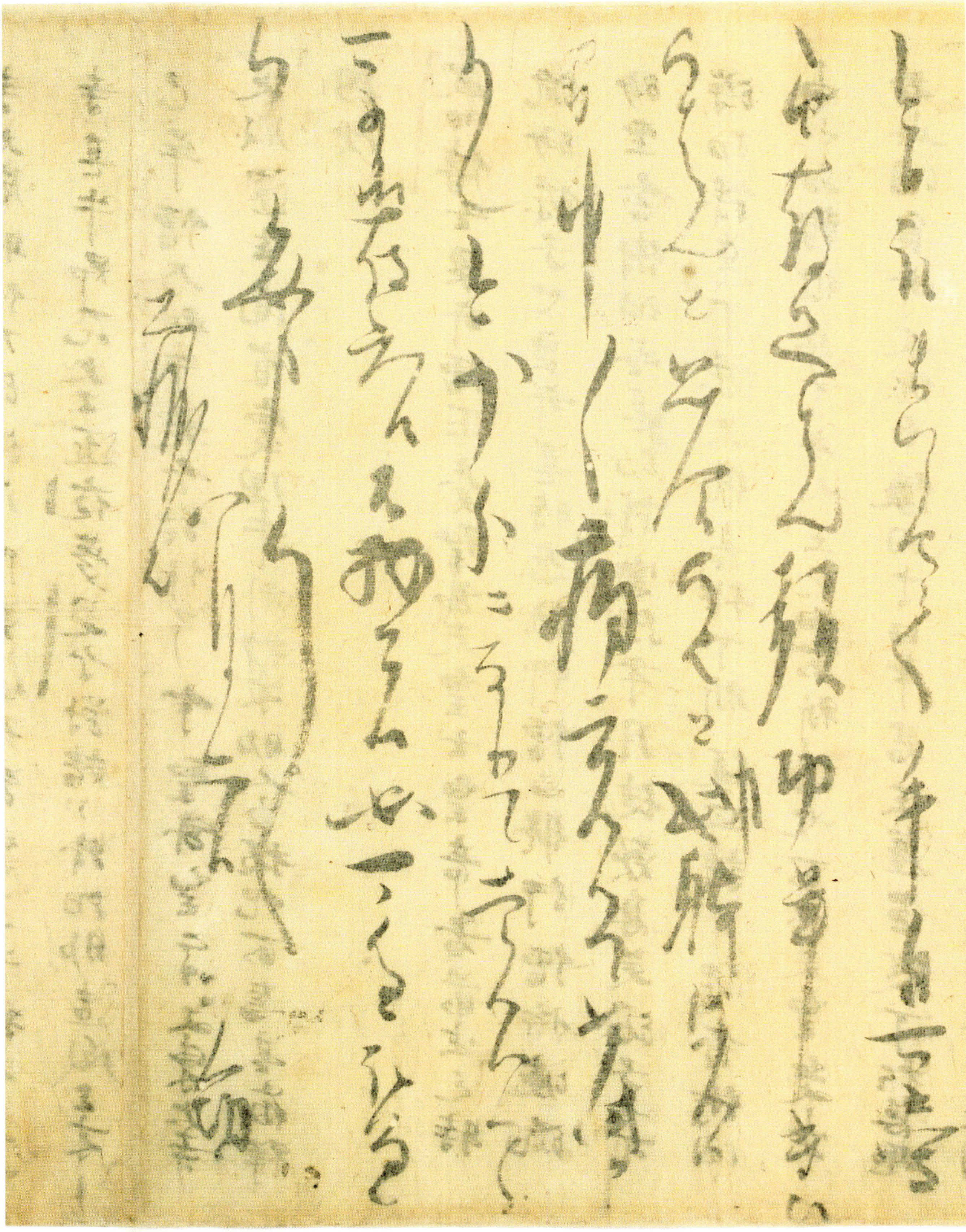

第10紙裏

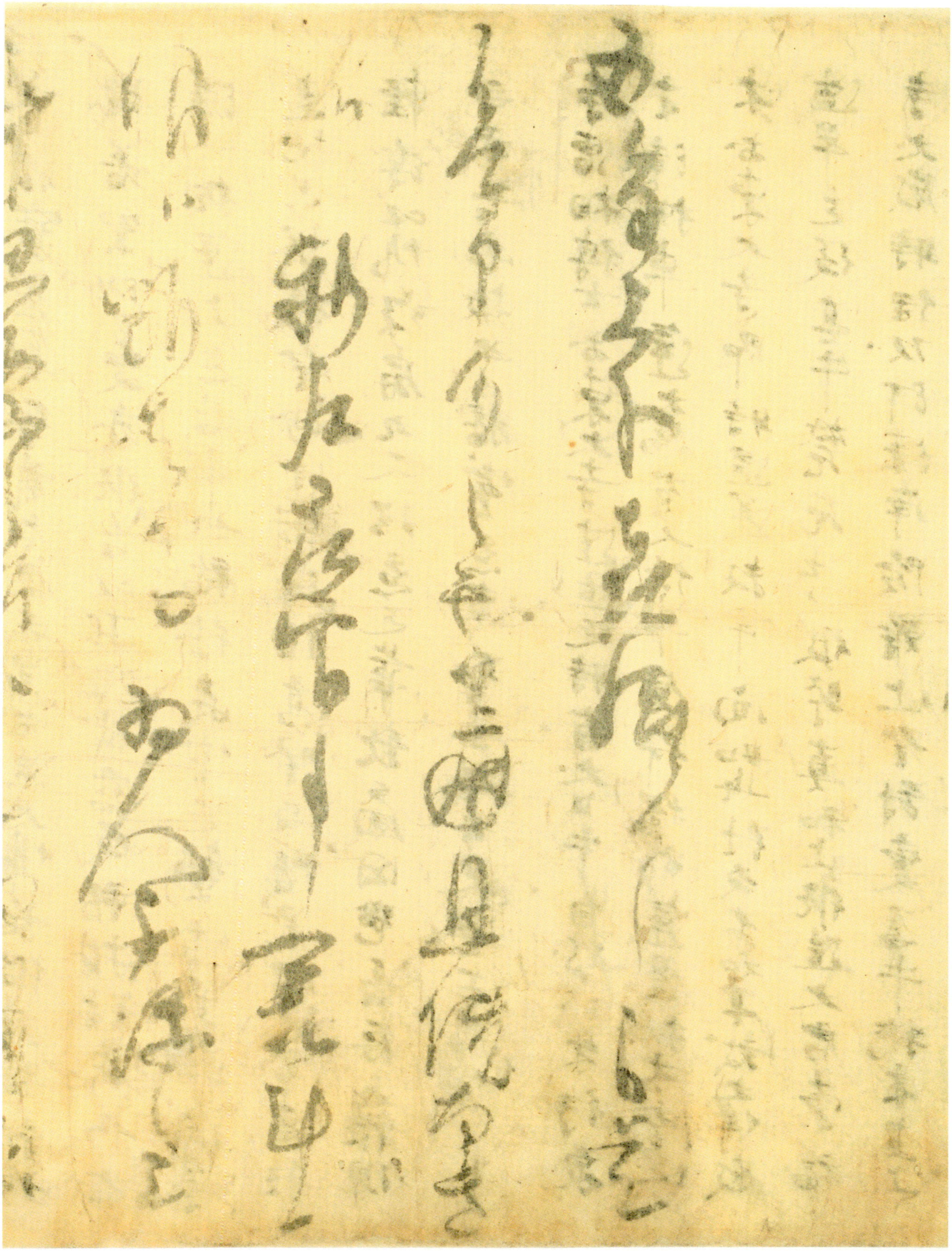

207 醍醐寺本　巻第二裏（第９紙裏・第10紙裏）

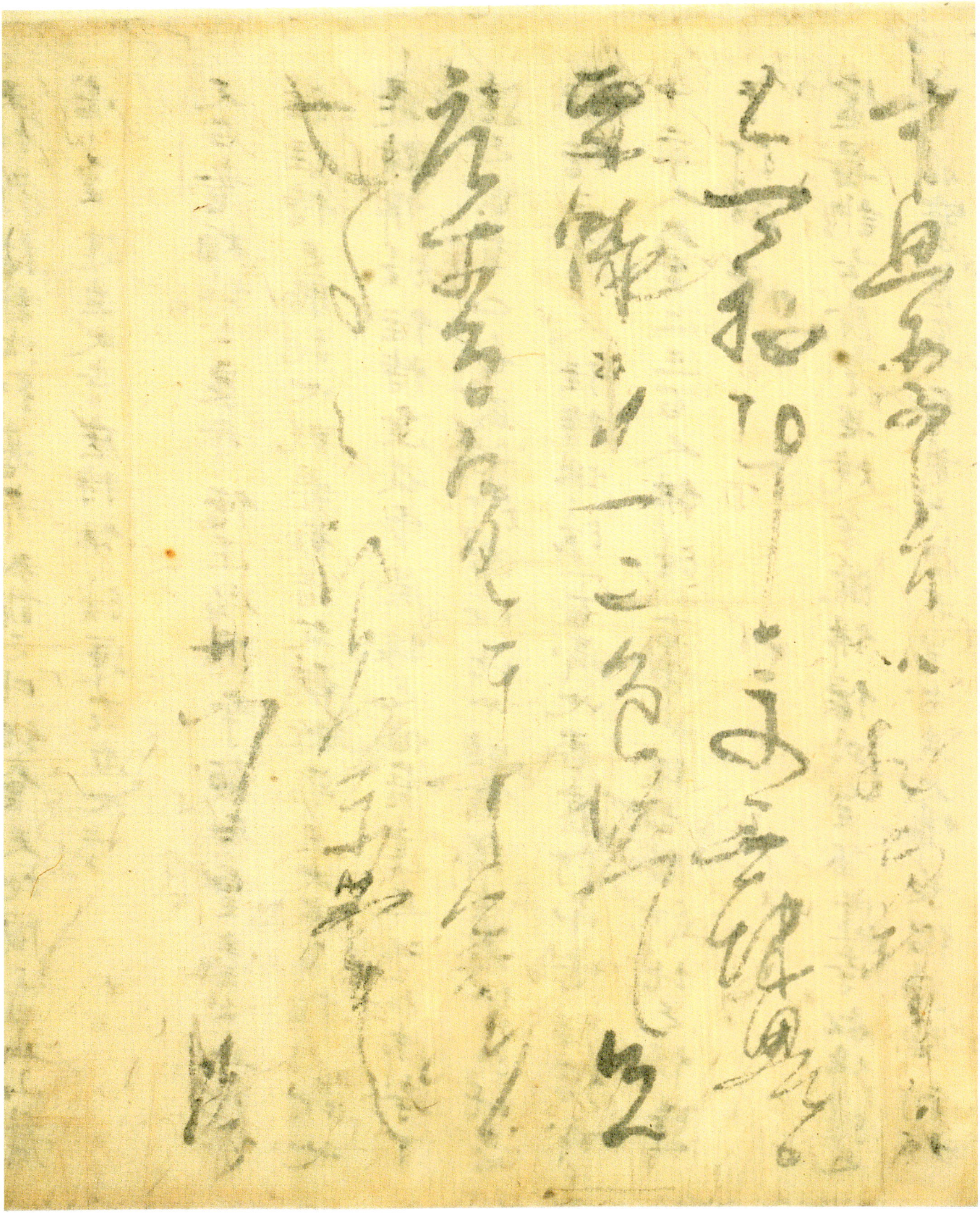

（第８紙裏）　第９紙裏

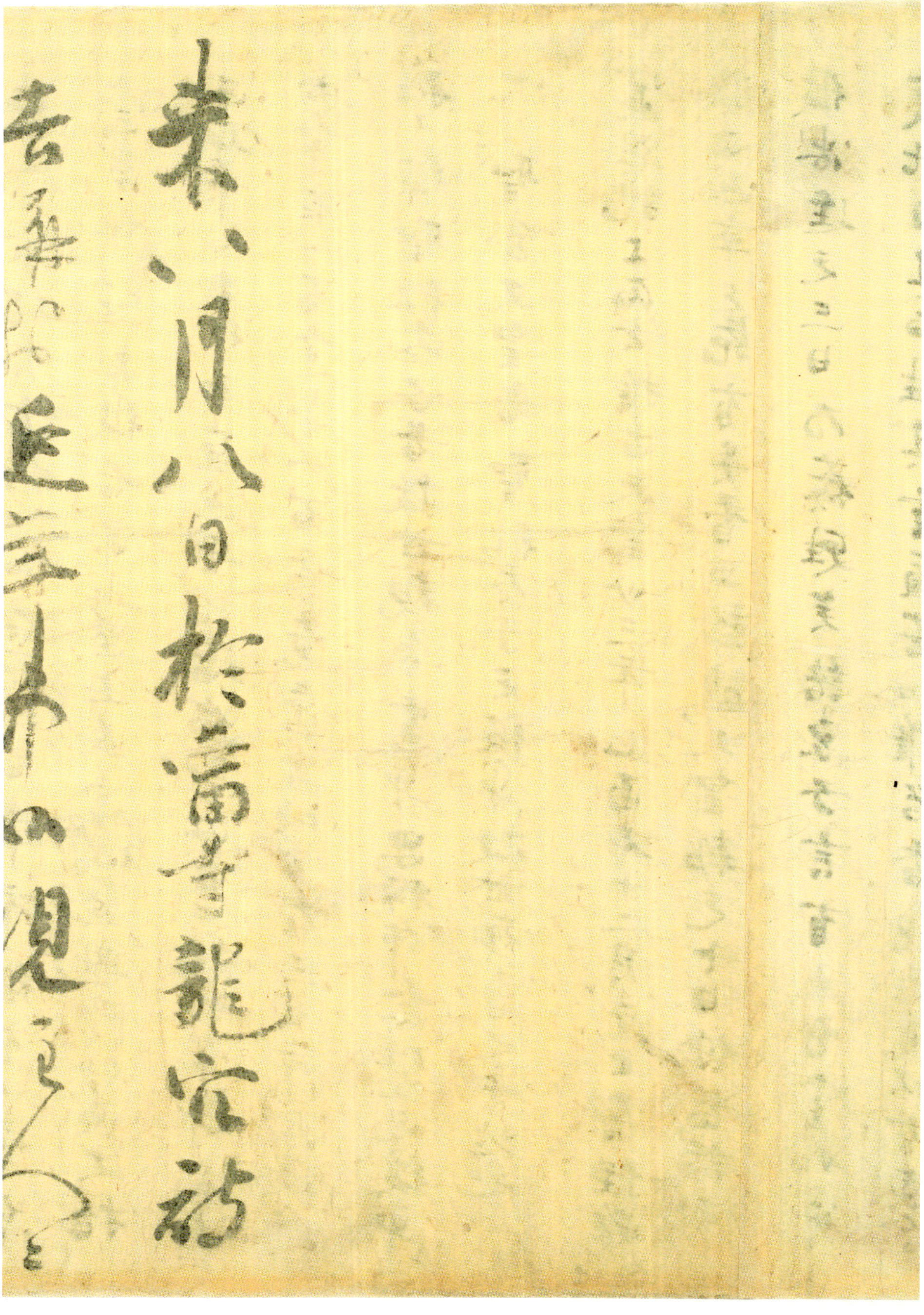
来八月八日於高寺龍宮祈

第８紙裏

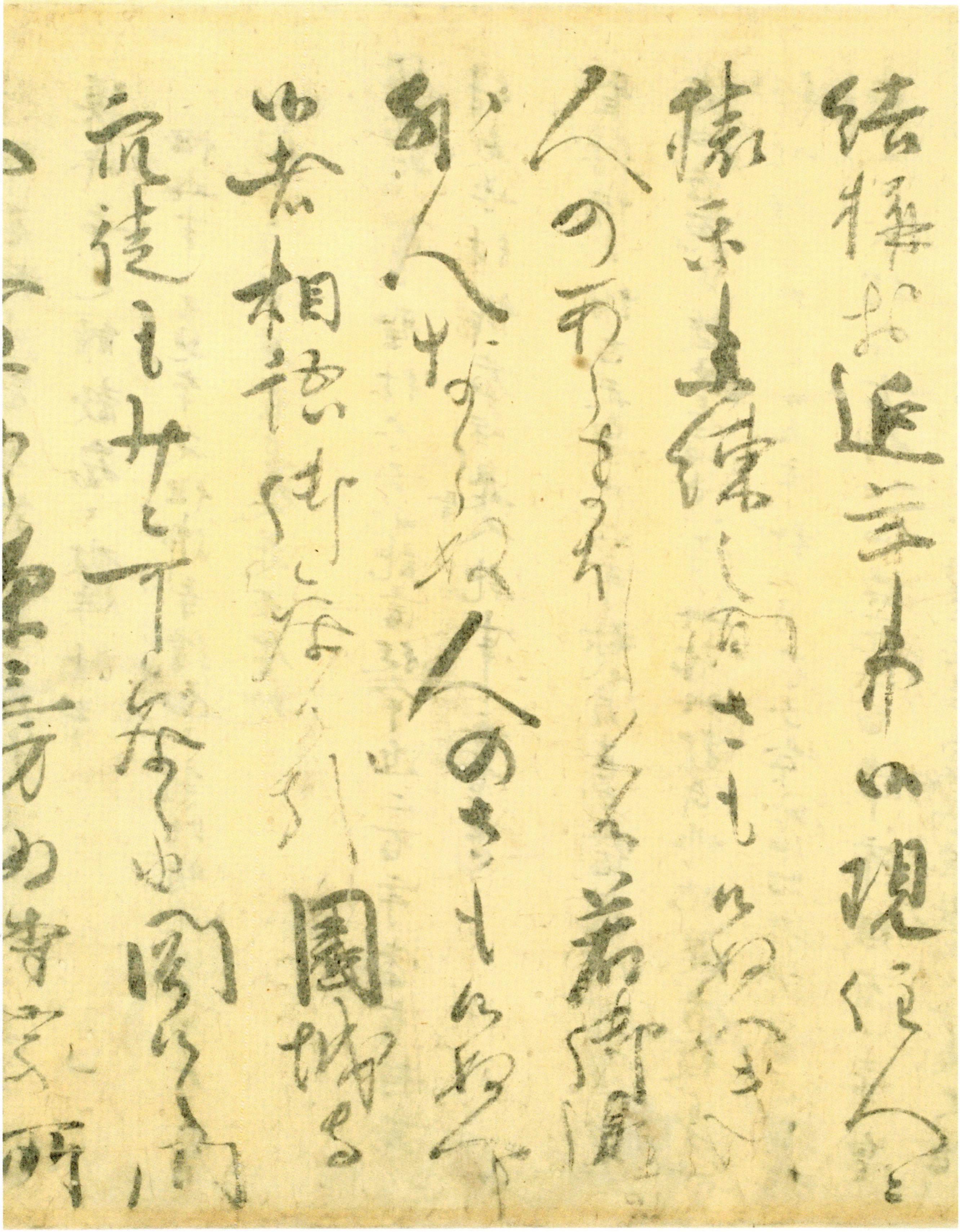

211 醍醐寺本　巻第二裏（第７紙裏・第８紙裏）

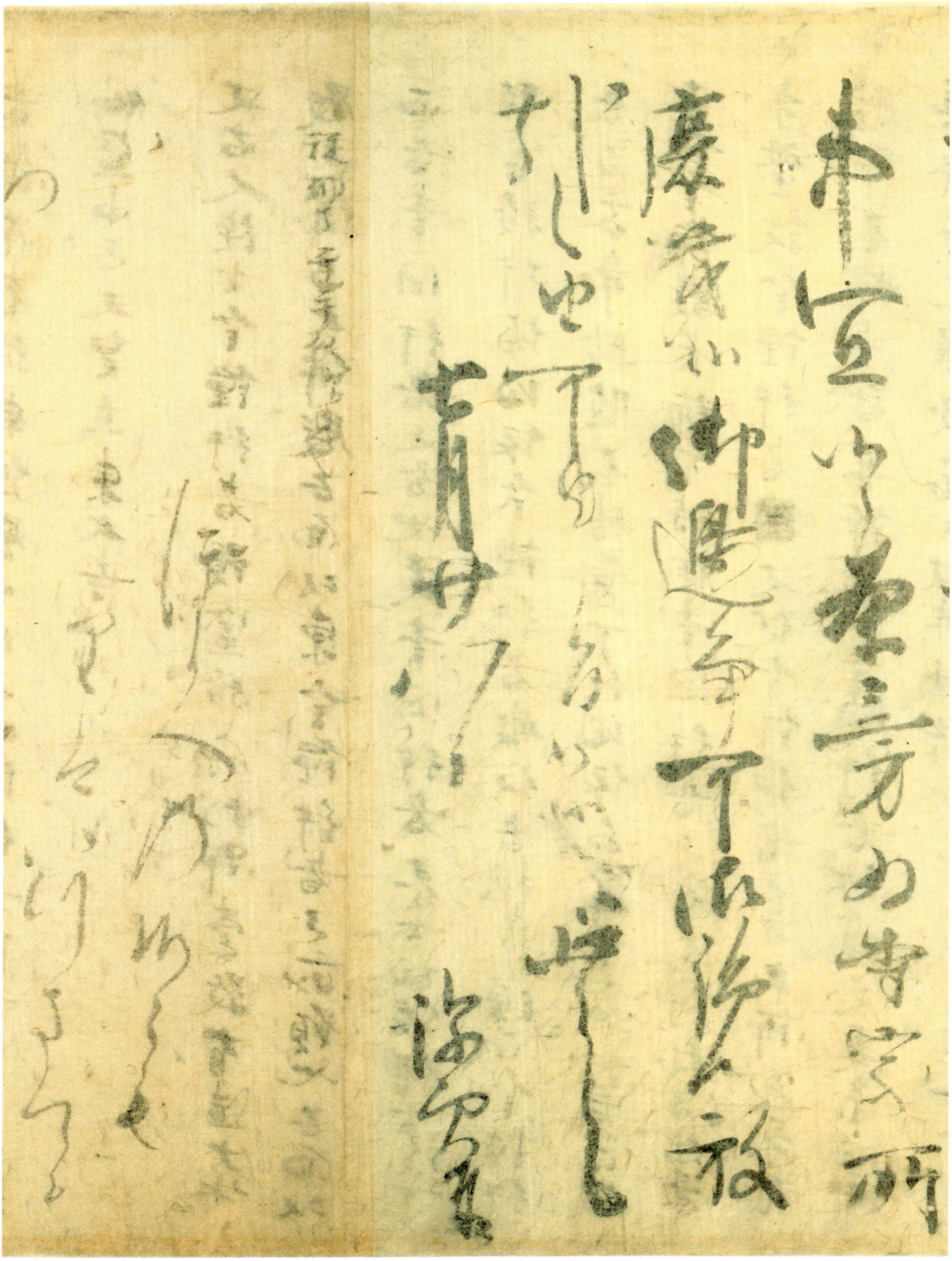

第７紙裏

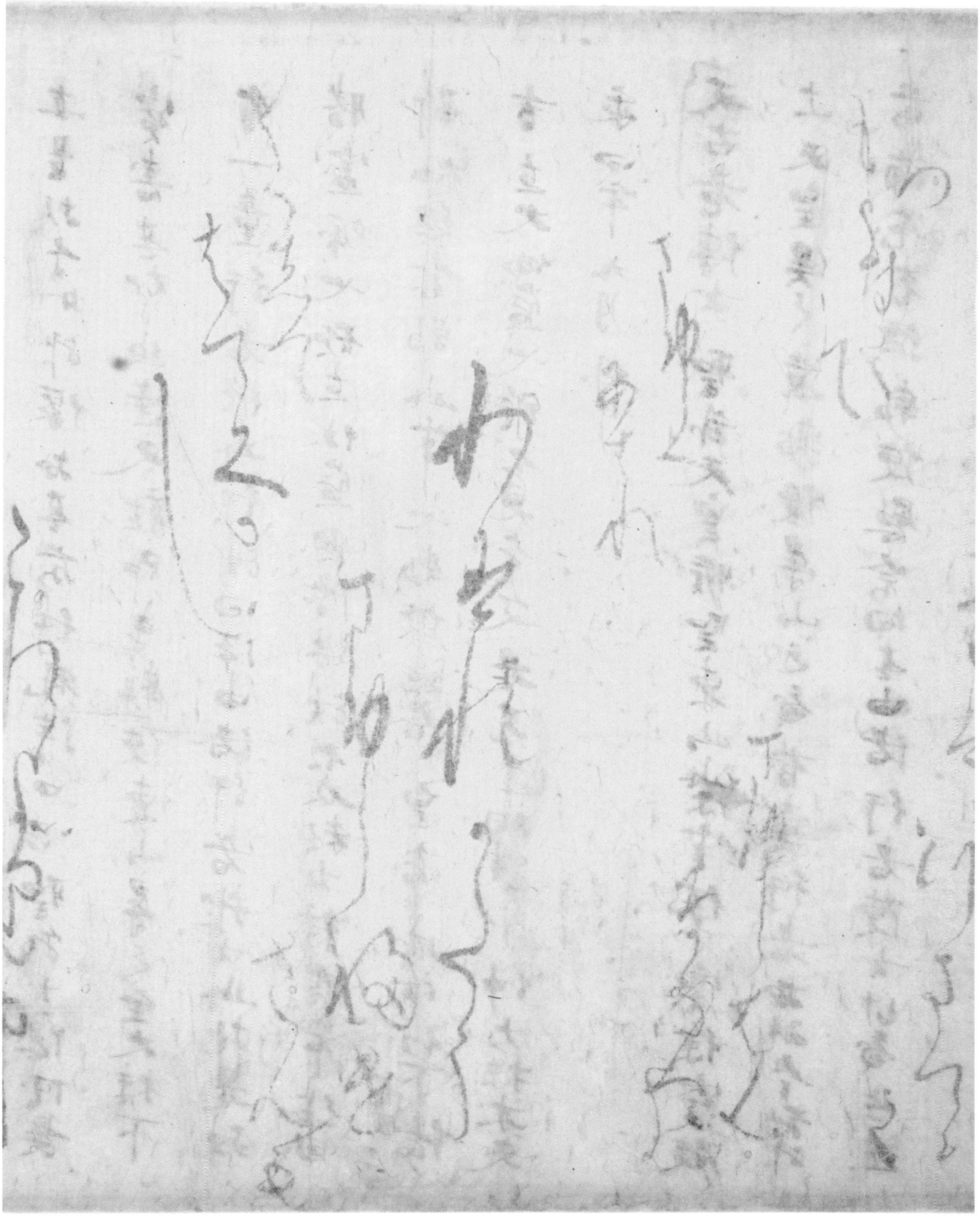

213 醍醐寺本　巻第二裏（第６紙裏・第７紙裏）

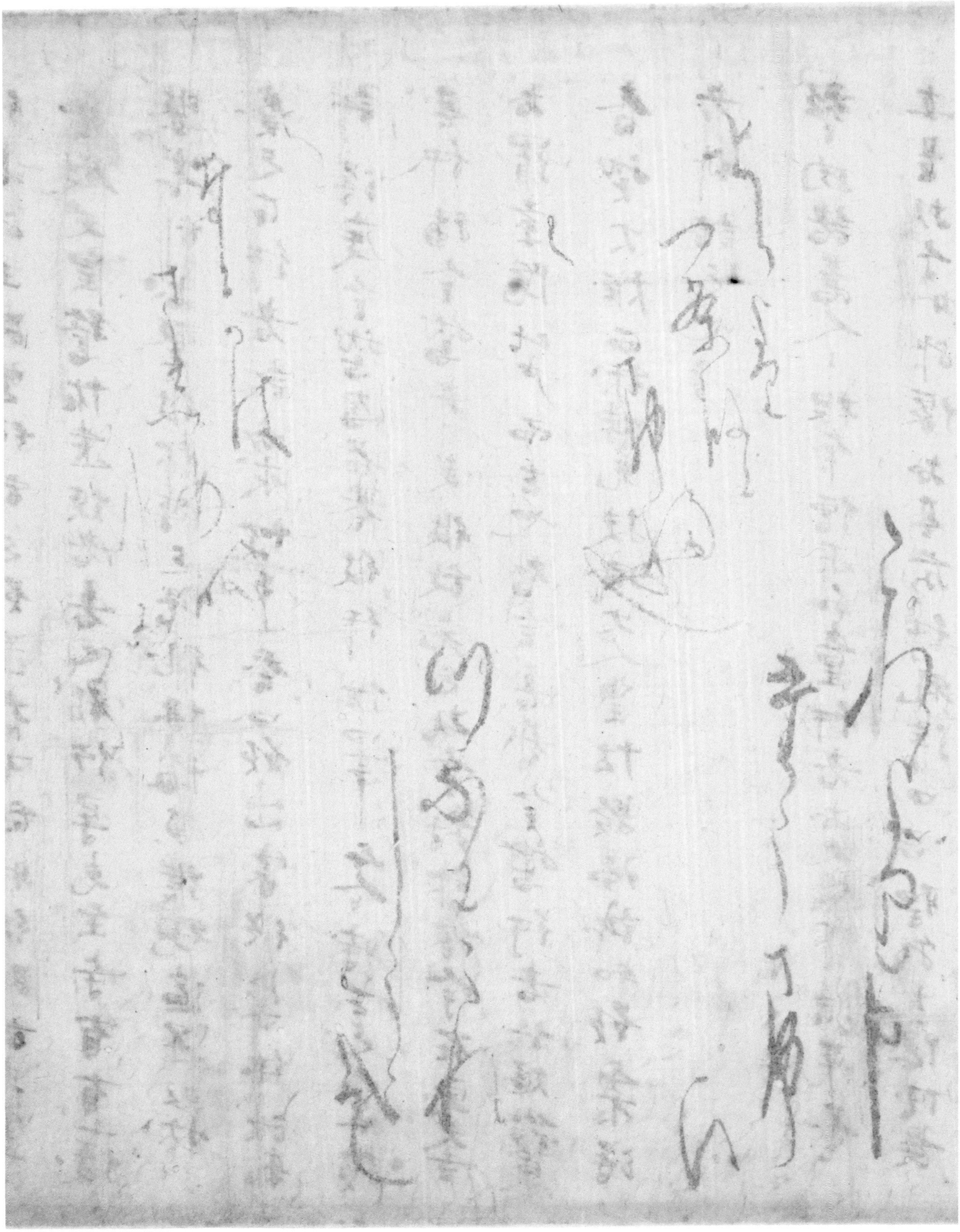

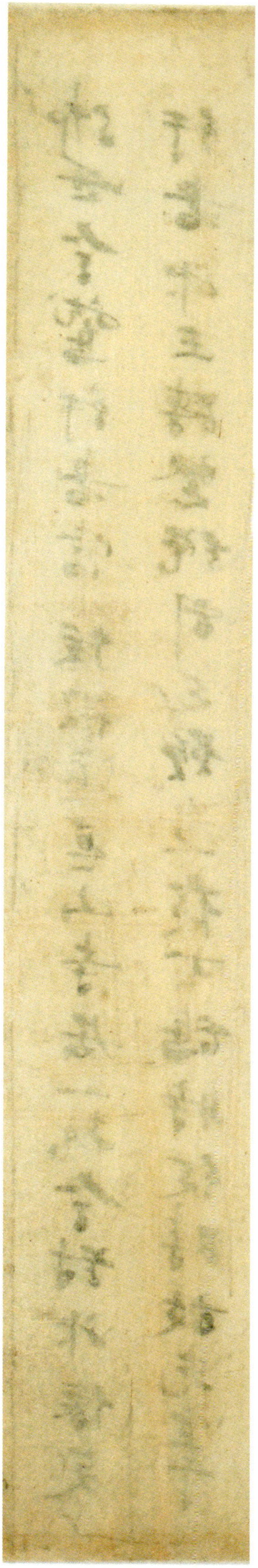

（第６紙裏）

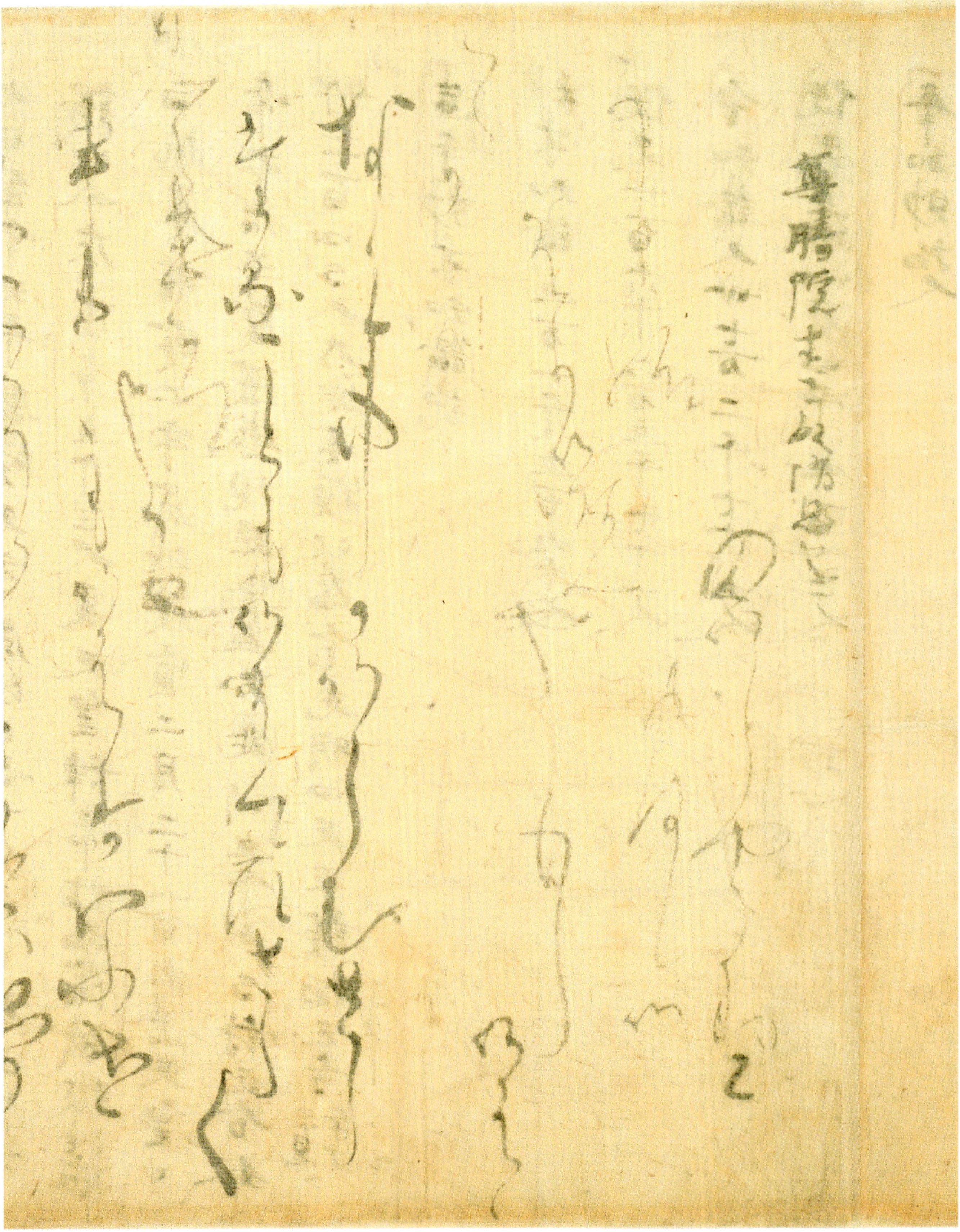

第５紙裏

217 醍醐寺本　巻第二裏（第４紙裏・第５紙裏）

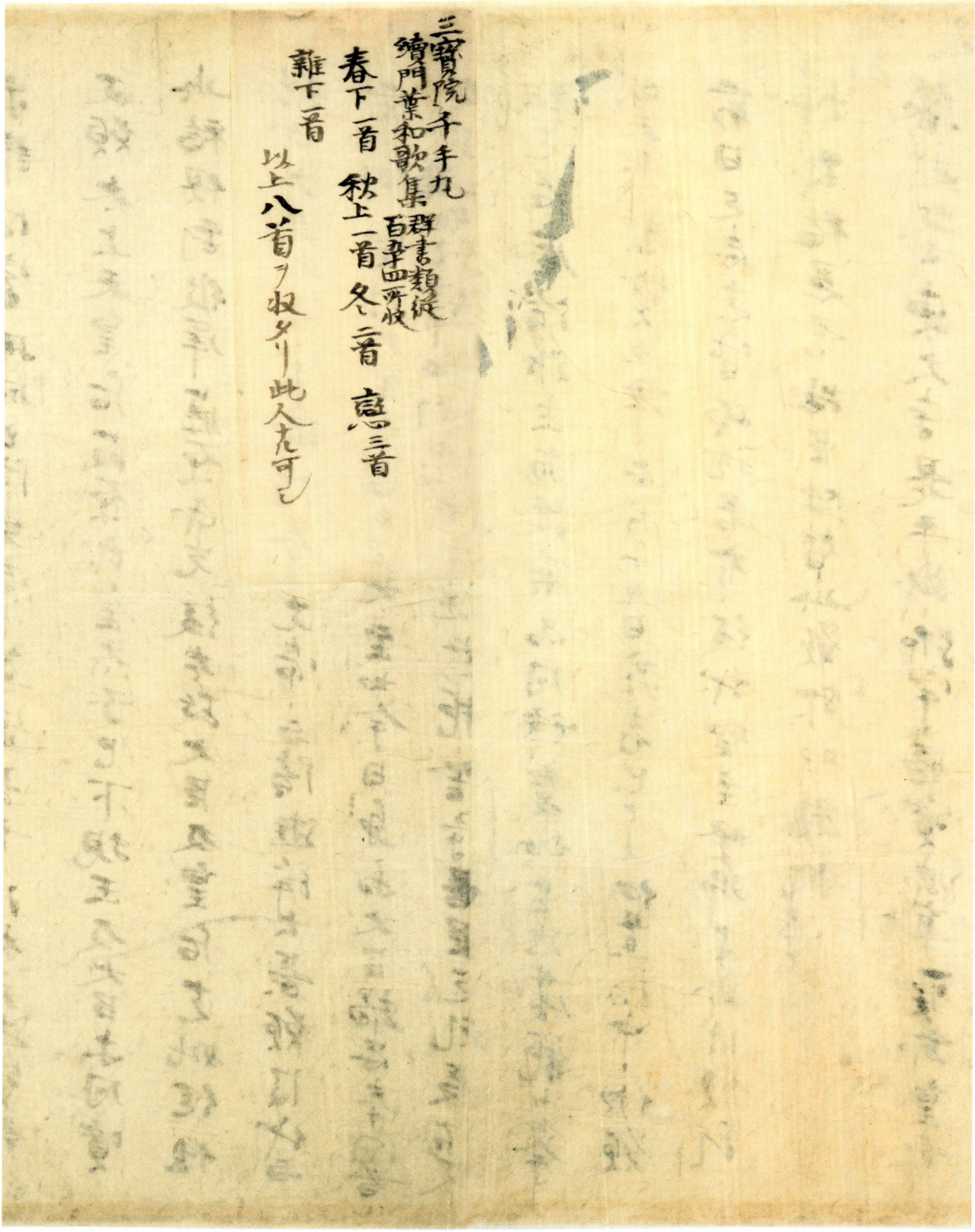
三寶院千手丸
續門葉和歌集 群書類従百廿四所収
春下一首 秋上一首 冬二首 戀三首
雜下一首
以上八首ヲ収タリ此人尤可し

第4紙裏

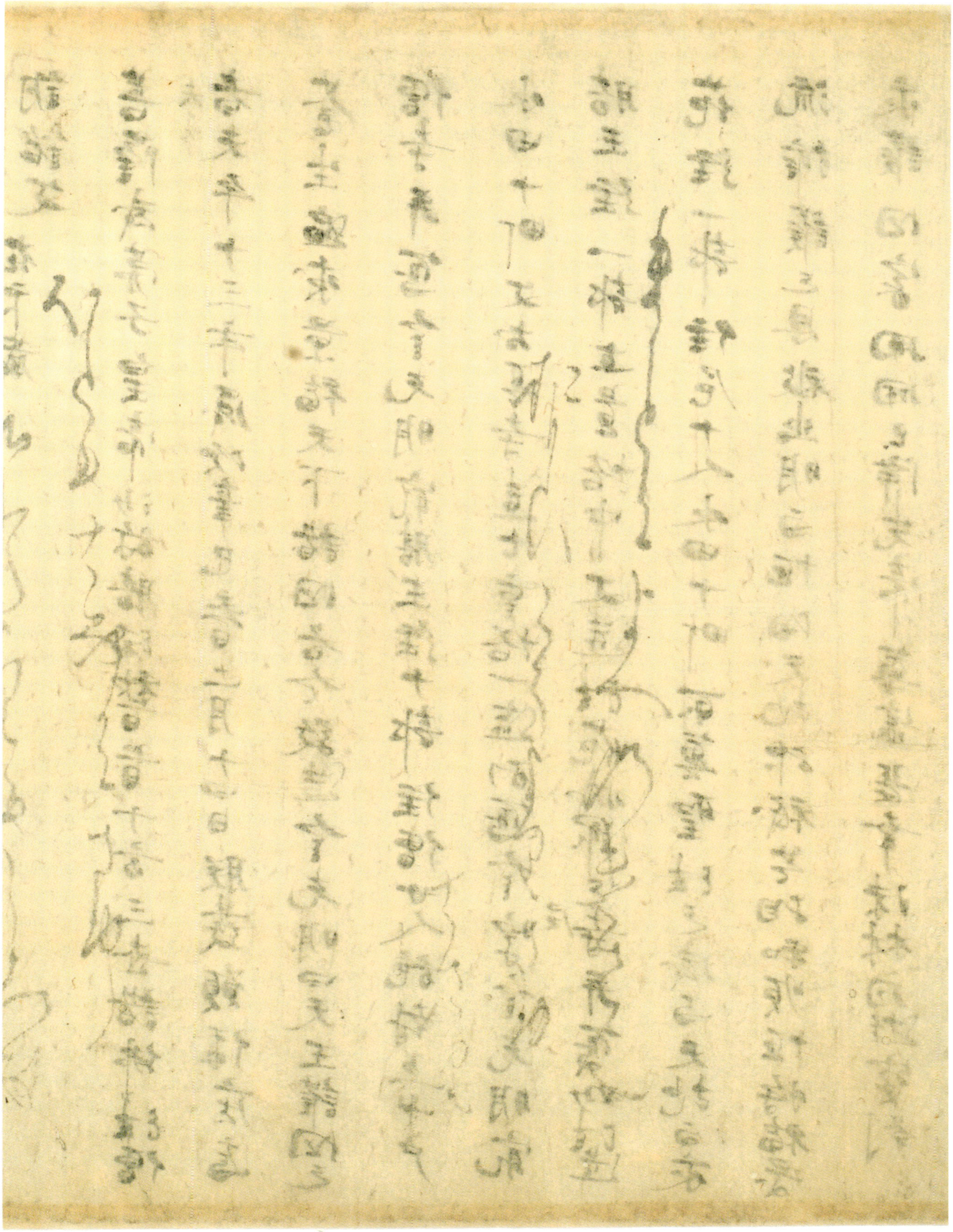

219 醍醐寺本　巻第二裏（第３紙裏・第４紙裏）

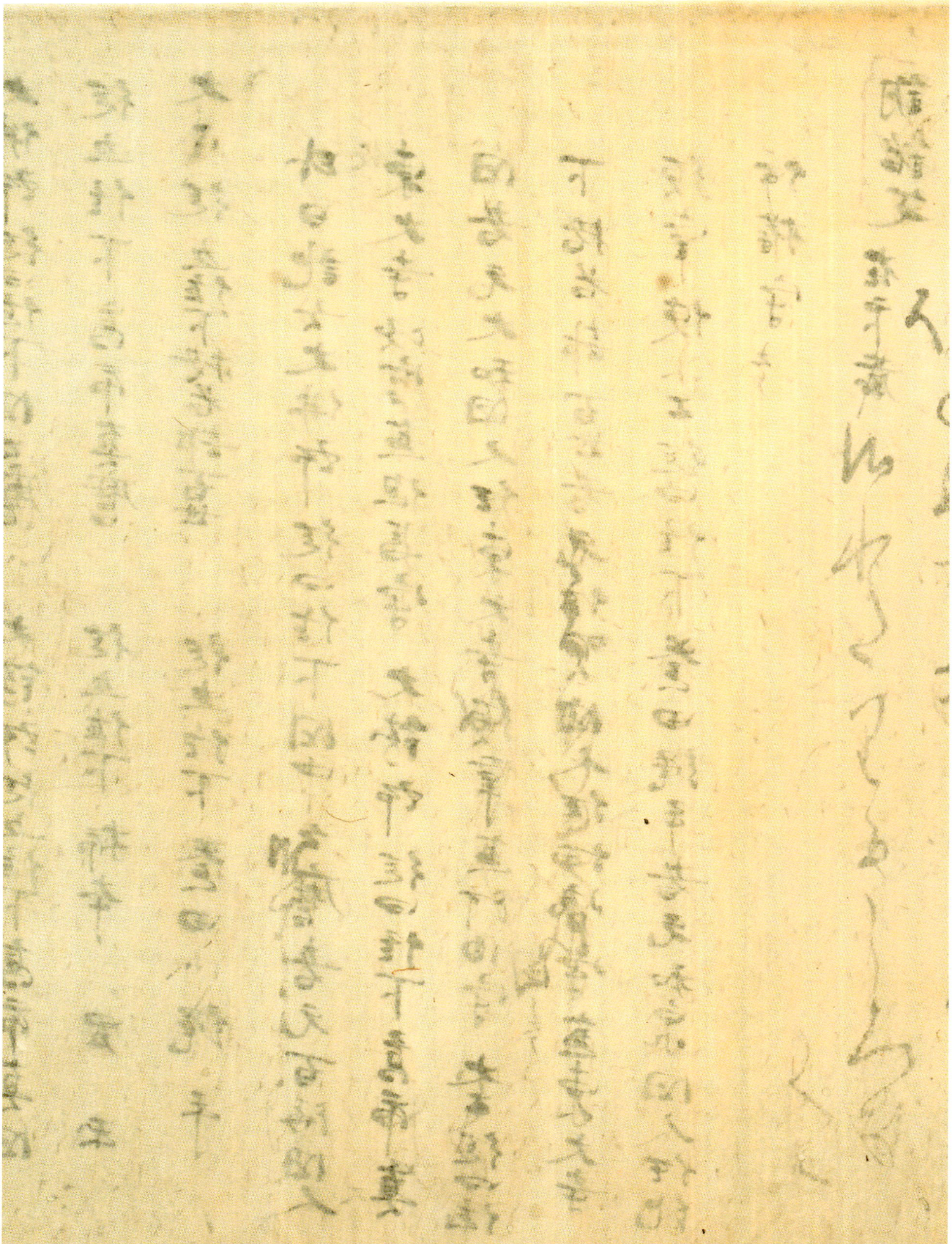

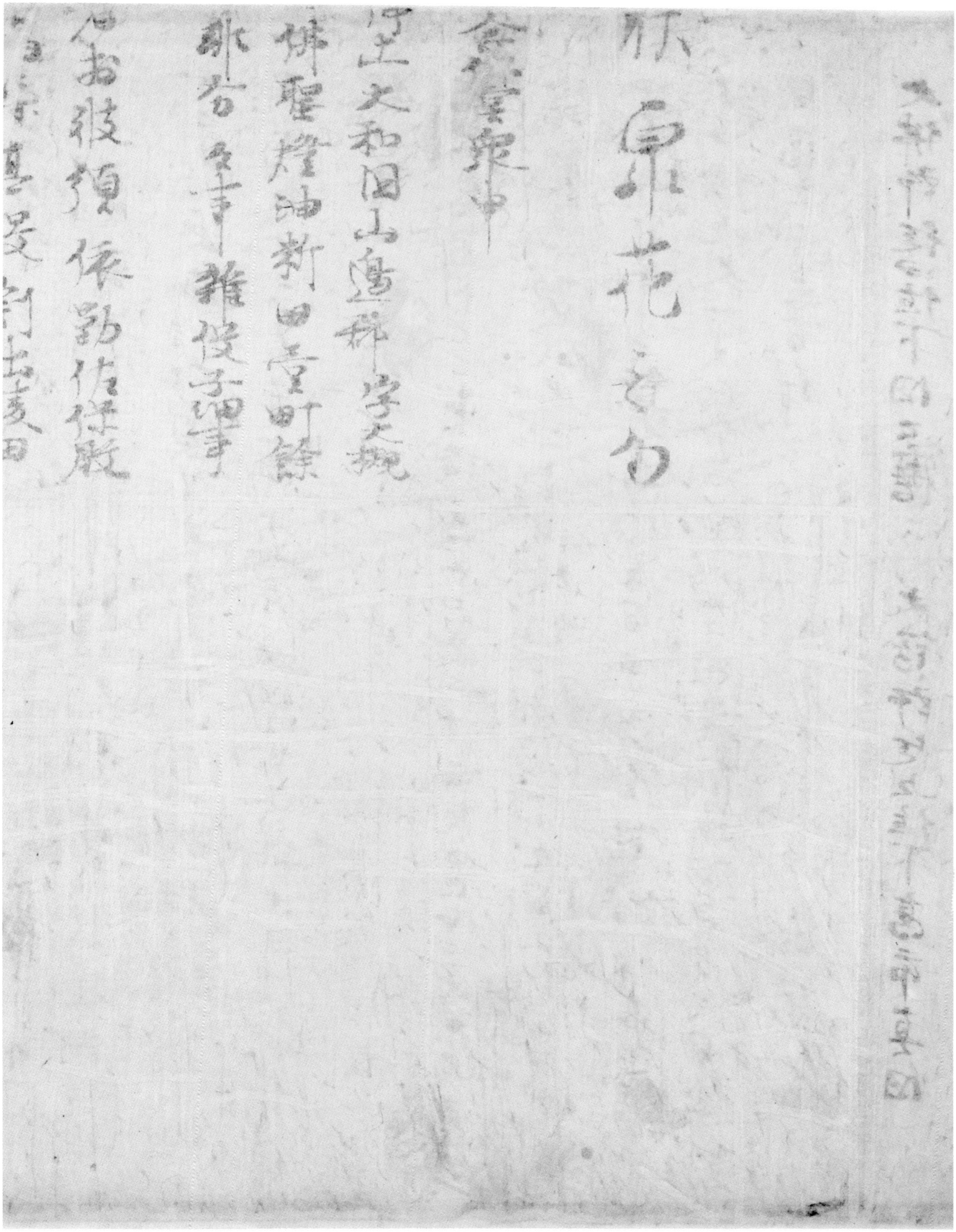

第3紙裏

221 醍醐寺本　巻第二裏（第2紙裏・第3紙裏）

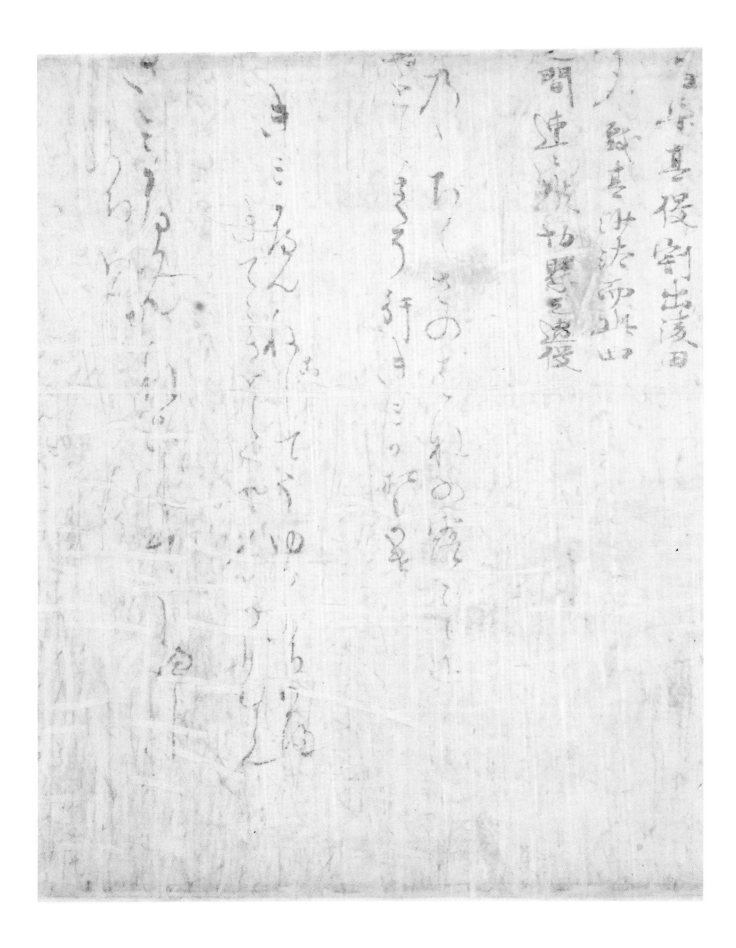

第２紙裏

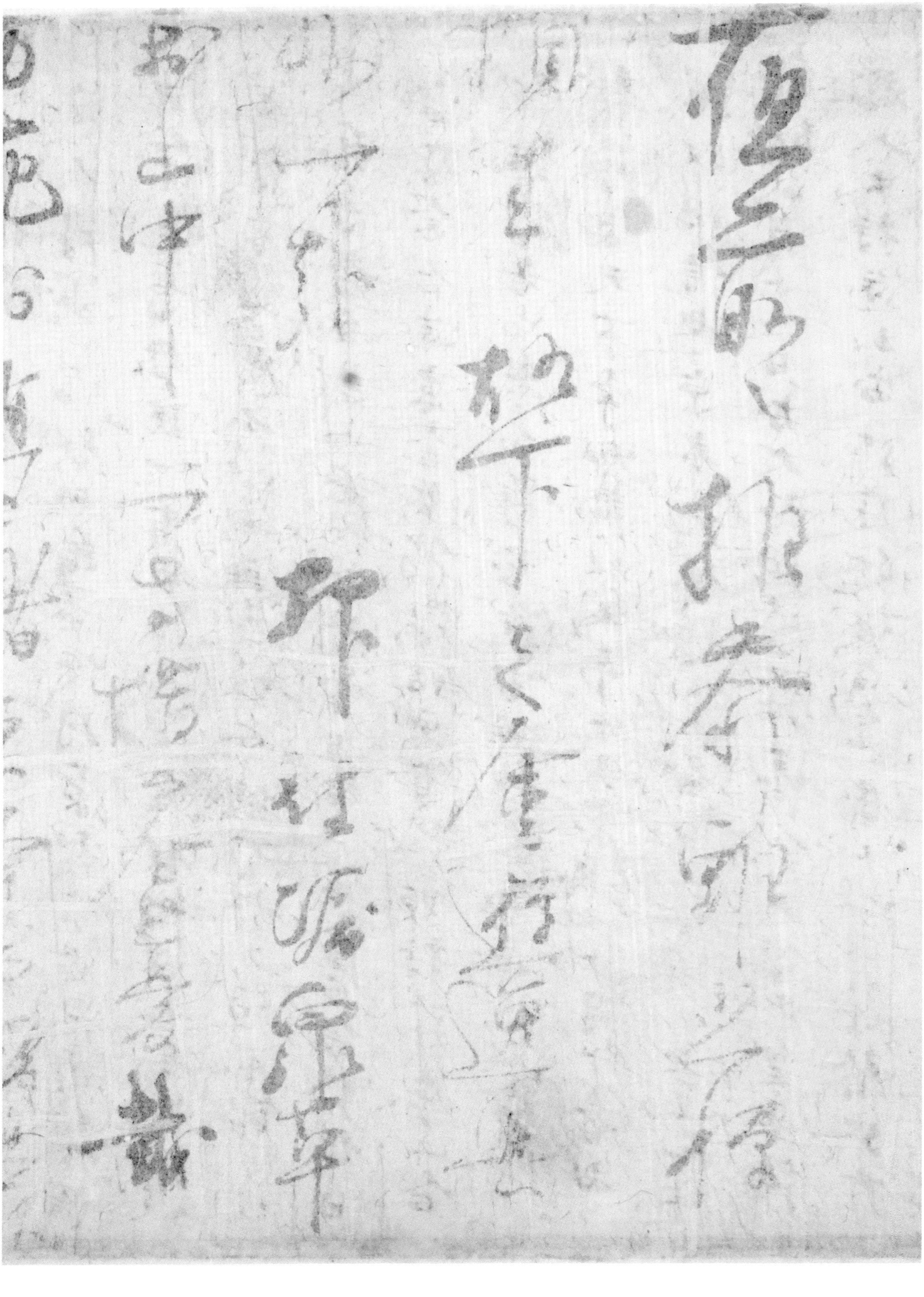

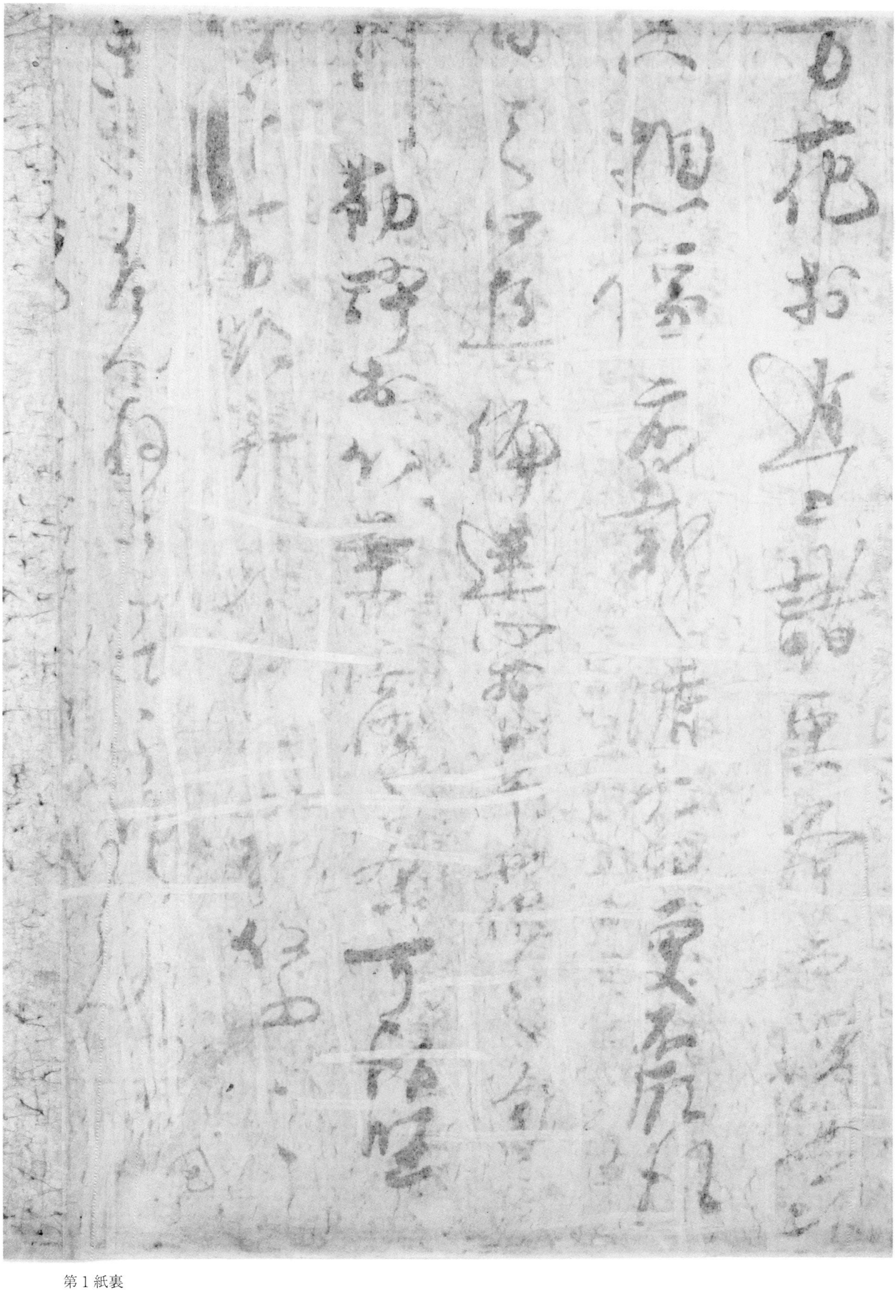

第１紙裏

①

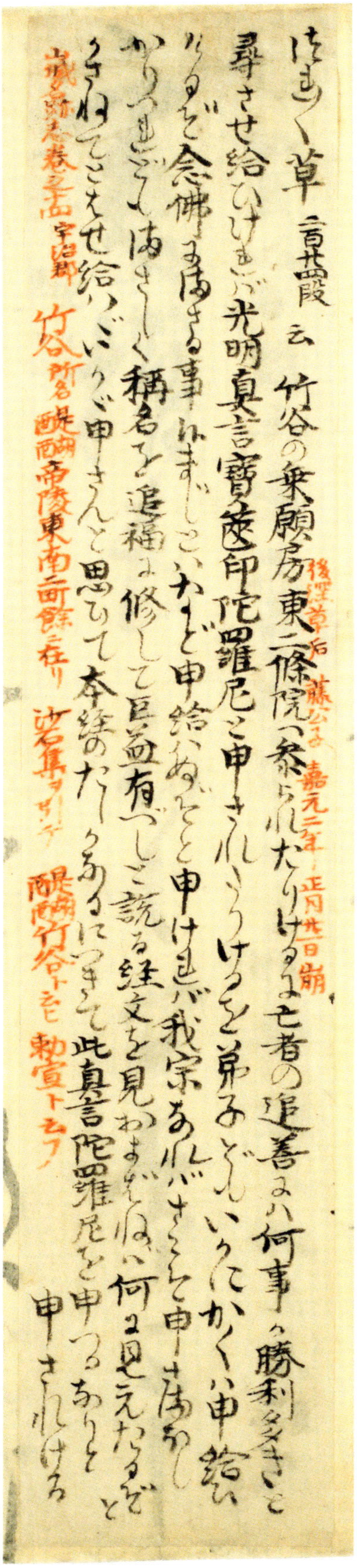

巻第二裏　第11紙裏付箋

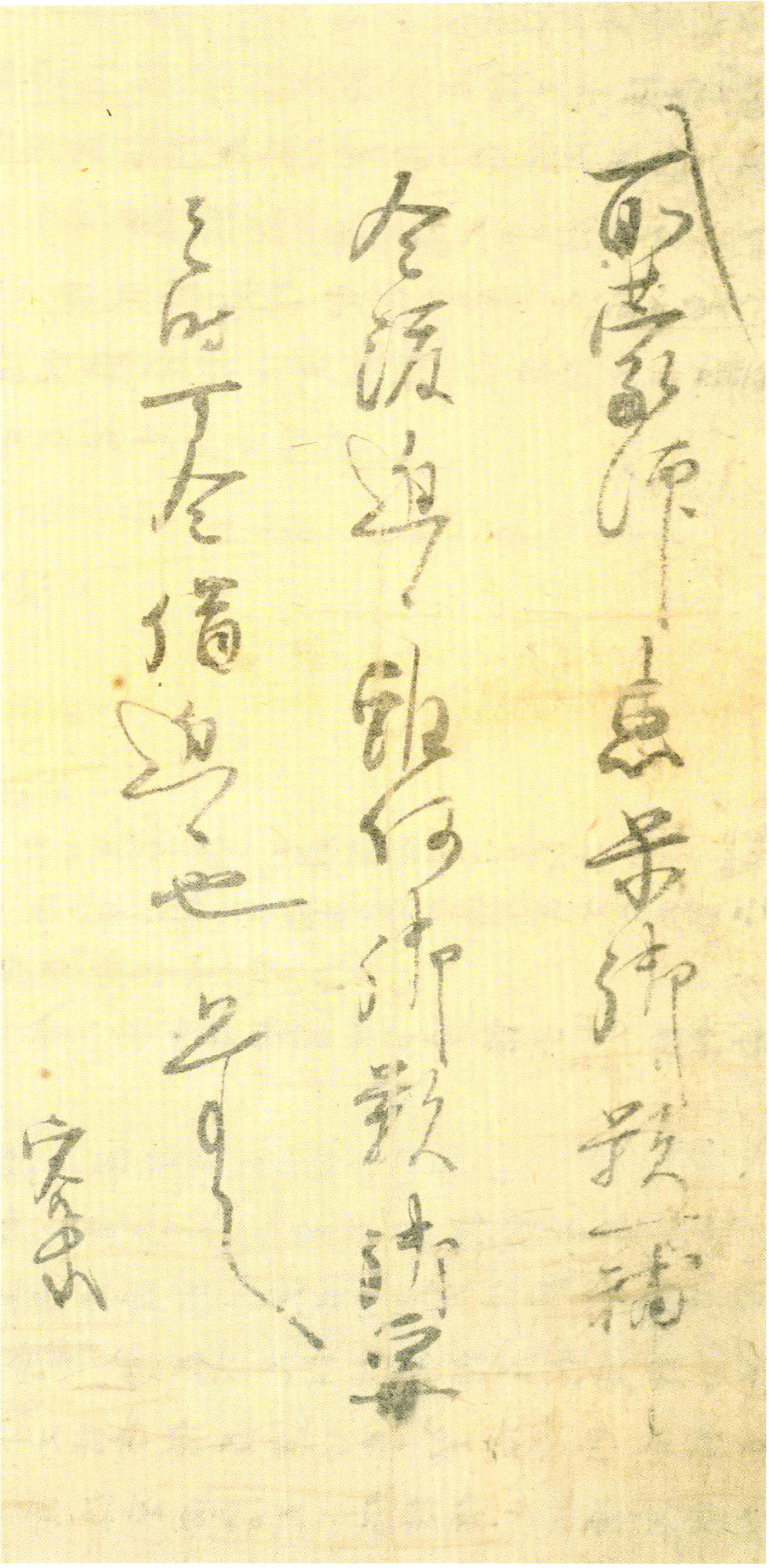

巻第一裏　第26紙裏

東大寺本　巻第一

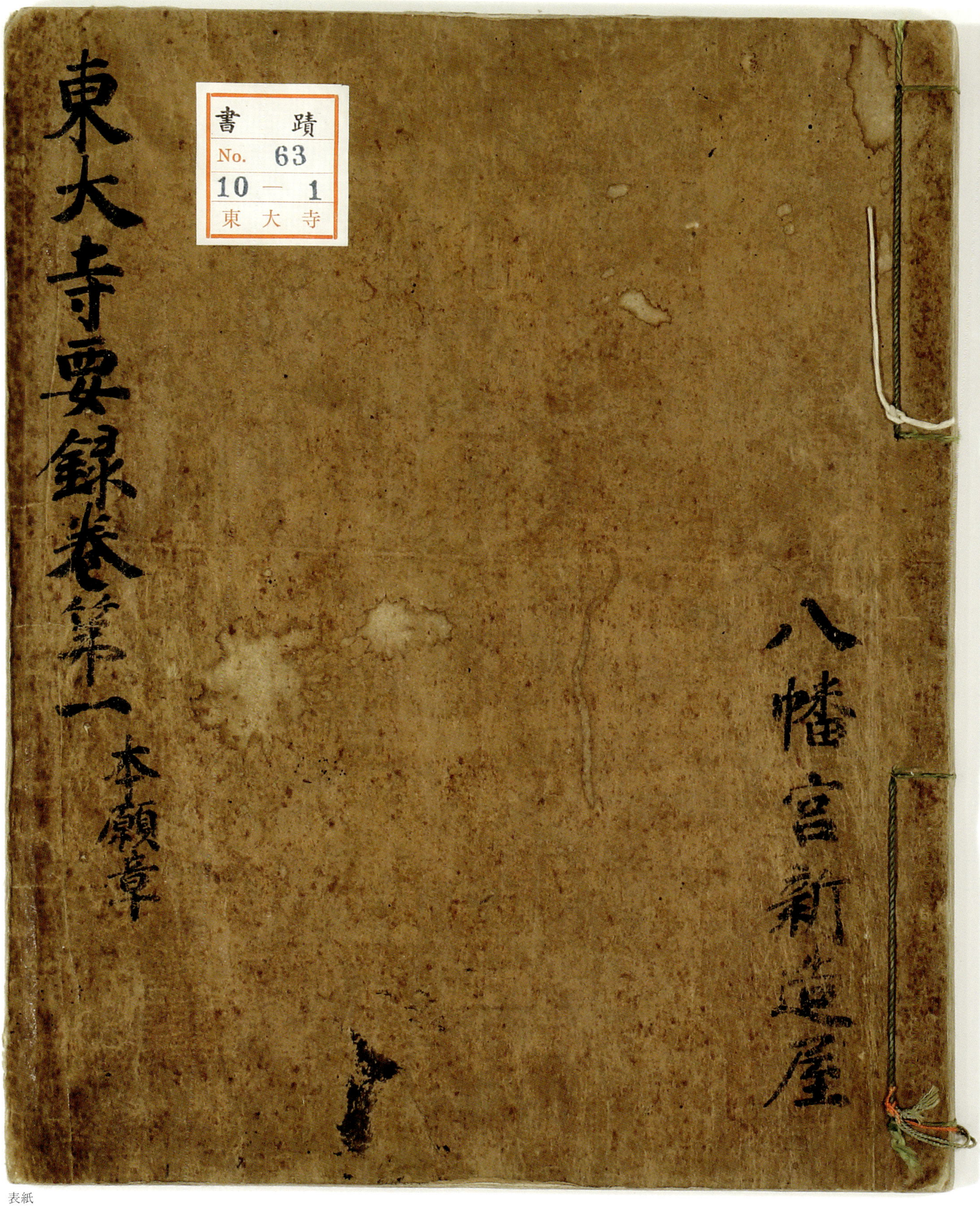

表紙

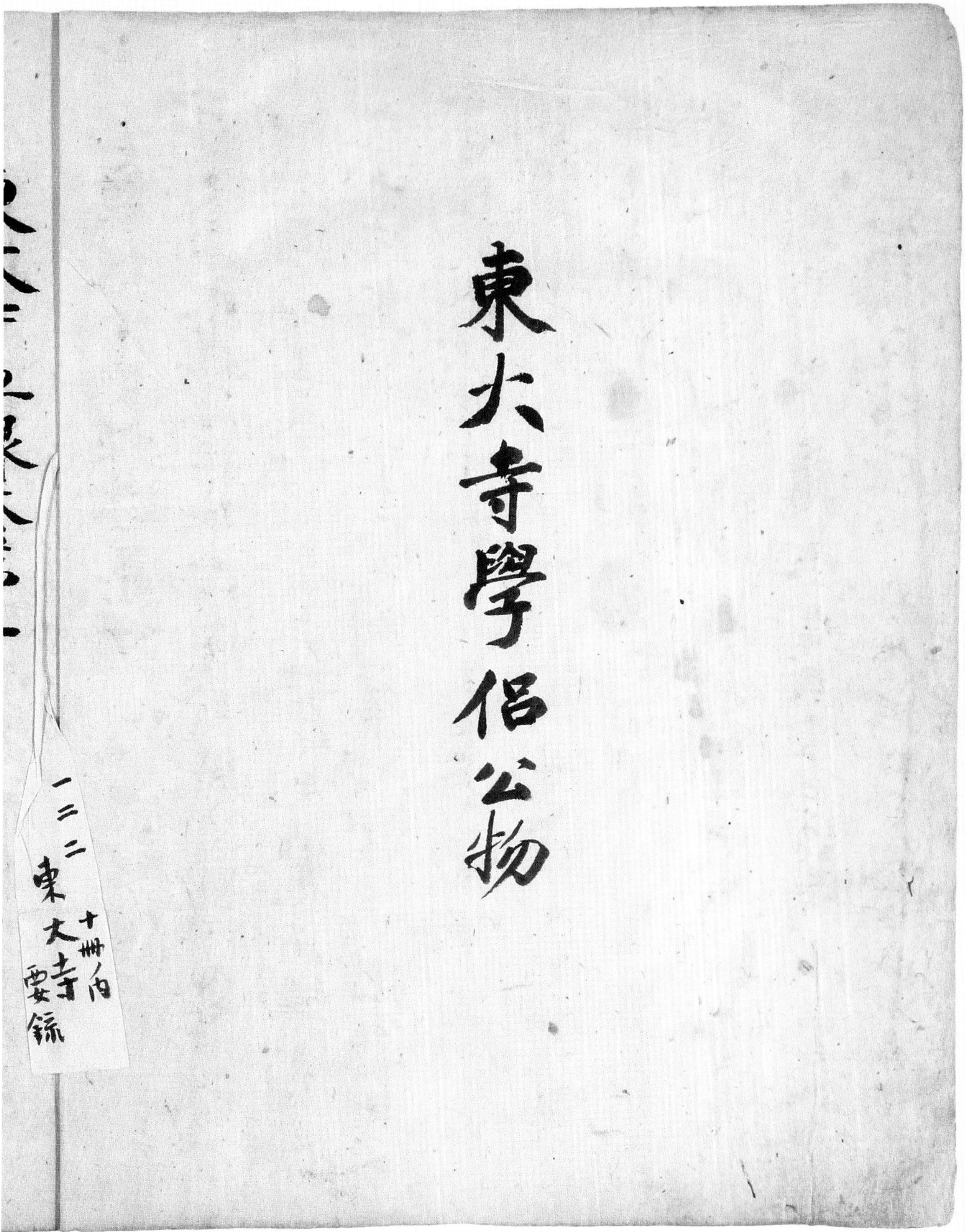

東大寺學侶公物

一二二
東大寺要録
十冊内

見返し

東大寺要録巻第一

夫東大寺者平城御宇　勝宝感神聖武皇帝

御願天下第一大伽藍也変婆娑於蓮花蔵鋳盧舎那之

大像移霊宇於平城宮摸摩尼之宝殿施入水田

一万町以供養三宝割分食封五千烟而撫育衆僧

昔阿輸伽大王之起八万四千塔未鋳大仏於金銅之像

積達多長者之造四十九重殿未施尸羅於黄磨之尊

戸度支那未嘗見聞者矣於是皇帝菩慮為誡

後代邪悪之輩立誓願言若聖主賢卿来成我願

恒将猶慶永護国家若愚君拙臣改替我寺毎起

第1丁表

大禍永滅子孫有既是王賢之據言也豈後代於自
丈神王放光遥耀中殿行者禮遠驚天龍降
削彼大山攝臺閣傾此國銅以鑄佛像是以十世界海
盧舎那佛跏趺臺上之青蓮開瞼千百億國釈迦文佛
結坐葉中之卅葉默肩左方觀自在菩薩妙相濃彩号玉
毫流彩右邊虚空藏高士芳儀宛介芳金姿舒光又復
殿閣達覽樓臺更影金蓋玉鐸映日赫奕繡幡花鎊
随風飄揺凡厥壮麗盡善綺繢究妙矣釈迦維摩之大士
遥渡蒼波之力開眼之導師那婆提之化人忽來蓮
座之為供養之講匠其會庄厳吾情戴聖皇稱讃

舎那之迹郡尼寺泊法雲之永非常寳樹華擁壇之
香未見殊花發之色將乃道俗雲集作梵釈之威
粛尊早呈羅沐仁皇之恵化信是祇洹精舎之盧舎摩
竭鷲峯之儀式也加之地蔵并施薬金石隆更遠數明神
涌香水乎臺嶋遍寺家裏繁示安寧于普天伽藍興複
呈豐豐稔于卒土金光明四天王護國之寺蓋以此稱矣亂
瑞頻現靈異甚多感變之奇難得稱者歟剩乎聖教流
布慈悲恨易開若近相継踏受大佛六宗之學者住此伽藍三學
行人萃此大寺一情興隆佛法之仁祠矣住持遺教之勝處
雪務乃年紀謝伽藍甚苦呈稍推遷流記紛失充爭

第２丁表

爰於佛法訛替靈蹤将絶焉憂女儒目視伽藍年穂荒廃聊拾舊記粗勒寺要遂編集為十巻名東大寺要録其有所不載重見者補之于時嘉承元年孟秋存斯畧記耳

今所要録略有十章

本願章一　縁起章二　供養章三

諸院章四 付神社　諸會章五 付捐折　諸宗章六

別當章七 付和上　封戸章八　末寺章九

雜事章十

本願章第一

天璽國押開豐櫻彦天皇有當伽藍之本發情齎感神

聖武皇帝俗号天帝是也藤原宮御宇文武天皇之太
子也其母太皇太后藤原宮子是贈正一位太政大臣藤原朝
臣不比等之女也文武天皇治天下大宝元年歳次辛丑之本願
誕生平城宮御宇元明天皇和銅七年甲寅立為皇太子
時年十四也庚辰皇太子加元服霊亀元年正月甲申朔
天皇御大極殿受朝皇太子始加礼服拝朝是日東方慶雲
見遠江国献白狐丹波国献白鳩矣已詔曰今秀元日皇太子始
拝朝瑞雲顕見宜大赦天下八月庚辰天皇禅位于氷高
内親王詔曰以此神器欲譲皇太子而年歯幼稚未離深宮
庶務多端一日万機一品氷高内親王早叶祥符夙彰

第３丁表

德者今傳皇帝位於内親王云卿百寮宜悉祇奉以補朕
意矣養老三年六月丁卯皇太子始聽朝政神亀元年二
月甲午元正天皇禪位于皇太子是日皇太子受禪即位時年
廿四也凡治天下廿五年元年十一月大嘗會　二年乙丑正月
請僧六百人於宮中讀誦大般若經爲除災異故也秋七月詔
曰於諸寺院限勤加掃浄令僧尼讀金光明經若無此經者便
轉最勝王經令國家平安九月壬寅詔曰天示星異地顕動
震宜令所司三千人出家入道并左右京及大倭國部内諸寺
始自今月廿三日一七日轉經憑此冥福冀除災異　三年丙寅
六月詔曰夫百姓或染痼病經年未愈或亦得重病晝夜辛苦

朕為父母何不憐慈、宜遣醫藥於左右京四畿及六道諸國救療
此類、咸得安寧、依病輕重賜穀振恤、所司存懷勉稱朕心焉。辛
酉、太上天皇不豫、令天下諸國放生。丁卯、奉為太上　天皇度
僧廿八人尼二人。七月癸巳、詔曰、太上天皇不豫稍經二序、宜大赦
天下、疢疾之徒、量給湯藥。甲午、度僧十五人尼七人。又勅所司
孫太上天皇寢膳不安、敬造藥師佛像挾侍并并四天王像
興福寺之東金堂、奉借養良矣。八月癸巳、奉為太上天皇造寫
釈迦像并法花經訖、於藥師寺設齋會焉。今年行基并造
山崎橋。　四季丁卯二月辛酉、請僧六百尼三百於中宮
令轉讀金剛般若經、銷災異也。閏九月丁卯、皇子薨矣

第４丁表

酉天皇御中宮女皇子誕生赦天下大辟罪已下又賜百官人
等物及天下与皇子同日産者布二端綿二屯稲廿束十一月
己亥天皇御中宮詔曰朕頼神祇之祐蒙宗廟之霊久有神器
新誕皇子宜立為皇太子布告百官咸令知聞庚子僧綱及僧
尼九十人上表奉賀皇子誕育施物各有差代千賜従三位
藤原夫人食封一千戸十二月丁丑勅曰僧正義淵法師俗
姓市往氏也禅枝早茂法梁惟隆扇玄風於四方暢慧炬於
三界加以自先帝御世迄于朕代供奉内裏無一咎愆念斯
若人年徳共隆宜改市往氏賜岡連姓伝其兄弟龍蓋寺
記云大和国高市郡居住天津守婦阿刀氏多年無子祈乞

観音菩夜聞小児(兒)音尋而見之在葉垣上被裹(裹)白帖也菩薩
姉宅悦取養之不日生長天智天皇聞食之号日並智王子
共令移置(置)岡宮遂以宮賜僧正為寺号龍蓋寺矣
五年戊辰八月甲申勅皇太子六根病絶日不令自取三寶
威力何能有脱患者因茲發道於世音菩薩像一百七十七軀
并經一百七十七巻礼佛讀經一日行道縁此功徳欲得平
複(復)又勅可大赦天下以救所患九月丙午皇太子薨王(壬)子葬於
那富山時年二歳天皇甚悼惜焉為之廢朝三日為太子
幼弱不具喪(喪)礼冬十月壬午僧正被聞卒遣治部官人監護
喪(喪)事又賜賻絁一百疋(文)絲二百絇綿三百屯(七)布二百端十

第5丁表

一月乙未以後下位下智奴王為造山房司長官庚申擇智
行僧九人令住山房十二月己丑金光明經六十部帙六百部卷頒
於諸國々別十卷先是諸國所有金光明經或國八卷或國四
卷至是寫頒下隨經到日即令轉讀為令國家平安也
六年己巳秋七月左京職献龜其背有文云天王貴平
知百年仍改元天平始自元年二七ケ年造畢大官大寺今
号大安寺是也右之舒明天皇依上宮太子遺託為遂推古
天皇御願於百濟河側立精舎号百濟大寺次寺付属皇
極天皇如是九代之間相承各加營造天智天王即位二年
移伽藍於高市地改名大官大寺和銅三年又遷于平城京

第5丁裏

聖武天皇奉遵先帝遺詔日夜紹隆此寺遍降綸命被求
良工有道慈法師者乃法門領袖釈道棟梁也問道唐
國十有七年学究五明智洞三蔵即奏天皇曰道慈問法
自唐國求字鈞但有一病念欲造大寺圖取西明寺結構
奉天皇聞之大悦以為我願満也更勅法師以天平元年改
造此寺以道慈任律師並給食封一百戸二七年間營造既了
如天皇歓悦開大法會施入三百町水田得度五百人以祈殺
次供養請僧千人以天平十七年改大官大寺以為大安寺詔曰
令天下大平万民安楽之義也俗呼為南大寺後加造東大
寺高野天皇又立西大寺六月庚申講仁王経於鈞宴

第6丁表

又畫國七道諸國、八月戊辰詔立正三位藤原夫人為皇后
二年庚午藤原夫人光明子發願於興福寺建七築基
建五重塔又置皇后宮職并施薬院　三年辛未詔曰
比年隨逐行基法師優婆塞優婆夷等如法修行者男
年六十一已上女年五十五以上咸聽入道自余持鉢行路者仰所
嚴加捕搦車駕巡幸京中道經獄邊聞囚等悲吟呼之
聲天皇憐愍遣使覆審犯狀輕重悉皆降恩咸免死罪
已下并賜衣服令其自新
五年癸酉公家為良弁創立羂索院号古金鐘寺是也又
有元興寺沙門隆尊律師希志存鵝珠絶求草繫於祇園

中雖有律本闕傳戒人幸遇玄門嘆无戒是即請舍人王子
爲日本戒律未具假王威力發遣僧榮叡隨使入唐請傳戒
師至我聖朝傳受戒品舍人親王即爲渡尋奏勅召件
榮叡入唐右是興福寺榮叡与普照俱奉勅四月三日隨遣
唐大使多治比真人廣成到唐國留學同方知本國之傳戒人
請大福先寺沙門道璿附副使大中臣名代之舶先向日本
擬傳戒已法師赴請天平八年七月庚午自至海東君臣下
流及行基菩道茲蔵多至礼　勅任律師朝參鳳闕夕憩龍宮
出入丹墀俳佪金地從鑒真和上領諸門人爲傳戒律自
竟之来共行壇法後辭律師入芳野現光寺安禪孤棲味

第７丁表

道俗凡命終之前一日有他俗人夢見道場象六牙白象若
白衣白象東而去盡此方知普賢七月十五日始令大膳備盂蘭
盆供養之
之六年甲戌勤治部卿従四位上門部
王令寫一切經詔曰朕以萬機之暇披覽典籍全身延命安民
存業者經史之中釋教最上由是仰憑三寶歸依一乘敬寫
一切經巻軸已訖讀之者以至誠心上為國家下及生類乞索百
年祈禱万福聞之者無量劫間不落惡趣遠離此網俱登
彼岸藤原皇后光明子以正月十一日忌日奉為先妣従一位
橘大夫人往生并敬造釈迦丈六像興福寺建西金堂每年
供養食請僧百口又別施衲袈裟一条如法行道三月丙子

施大四天王寺合封二百戸限以三年并施僧尼絁布
七年乙亥五月己卯於宮中及大安薬師元興弘福四寺特読
大般若経為消除災害安寧国家也
八年丙子二月丁巳入唐学問玄昉法師施封一百戸田一十町
扶翼童子八人律師道慈法師扶翼童子六人七月辛卯
詔曰比来太上天皇寝膳不安聡甚惻隠思欲平復宜奉
為度一百人都下四大寺七日行道又京城内及七道諸国百
寡カ
[illegible]并僧尼有病者給湯薬食粮高年之徒（年老无妻）鰥（年老无夫為寡）寡惸独（久病）癈
疾篤病者不能自存者所司量加賑恤庚午市天竺婆羅
門僧菩提僊那波国林邑北天竺仏哲唐来朝冬十月戊申

第８丁表

施唐僧道璿波羅門僧菩提等時帳
九年丁巳三月詔曰毎國令造釈迦佛像一軀挾侍菩薩二軀
并寫大般若經一部　四月壬子律師道慈言道慈奉
天勅任此大安寺脩造以来於此伽藍恐有災事私請淨行
僧等毎年令轉大般若經一部六百巻因此雖有雷声之
所災害請自今以後撮取諸國進調庸各三段物以充布施請
僧百五十人令轉此經伏願護寺鎮國平安　聖朝以此功德
永為恒例　勅許之　八月癸卯令四畿内二監及七道諸國僧
尼清浄沐浴一月之内二三度令讀最勝王經又月六齋日
禁断殺生丙辰為天下太平國土安寧於宮中一十五處

請僧七百人令轉大般若經最勝王經四百人四畿内七道諸
國五百七十八人丁卯以玄昉法師為僧正十月丙寅講金光
明最勝王經于大極殿朝庭之儀一同元日請律師道
慈為講師堅藏為讀師聴衆一百沙弥一百十二月丙寅
改大倭國大養徳國是日　皇大夫人藤原氏就皇后宮見
僧正玄昉法師天皇亦幸皇后宮皇大夫人為沈幽憂久
廢人事自誕天皇玄昉法師未曾相見法師一看慧然
開悟至是適与天皇相見天下莫不慶賀即施法師絁一
千疋綿一千屯絲一千絇布一千端
十年戊寅正月壬子立阿倍内親王為皇太子四月乙卯

第9丁表

詔爲令國家隆平宣令京畿内七道諸國三日内恃談亮
勝王經
十一年己卯七月甲辰詔曰方今孟秋苗子盛秀欲令風雨
調和年穀成熟宜令天下諸寺恃談(讀)五穀成熟經并悔過
七日七夜甲戌令天下諸國毎國寫法花經十部并建七重
塔九月己亥勅四畿内七道諸國曰比來縁執興擾有不軌
臣命軍討伐頼依聖祐欲安百姓故令國別造釈世音并
像一軀高七尺并寫觀世音經一十卷
十二年庚辰五月一日皇后藤原光明子奉爲尊考贈
正一位太政大臣府君尊妣從一位橘氏大夫人敬寫一切經論

及律荘厳既了伏願憑斯勝因奉資冥助永庇菩提之樹
長遊般若之津又願上奉 聖朝恒延福壽下及寮采共盡
忠節又光明子自發誓言弘濟沈淪勤除煩障妙窮諸法
早契菩提乃至傳燈無窮流布天下聞名持巻獲福消災一
切迷方會歸覺路 十月八日於金鐘山寺良弁僧正奉為
屈請審祥師初講花厳經其年天皇御年四十満賀之
設講初開講時空現紫雲
十三年辛巳三月乙巳詔曰朕以薄徳忝承重任未弘政化寤
寐多慙古之明主皆能光業國泰人樂災除福至脩何政化
能臻此道頃者年穀不豊疫癘頻至慙懼交集唯勞罪

第10丁表

已是以廣為蒼生遍求景福故前年馳使増飾天下神宮
去歳普令天下造釋迦牟尼佛尊像高一丈六尺者各一鋪
并写大般若經各一部自今春已来至于秋稼風雨順序
五穀豊穣（穣）此乃徴誠啓願霊貺（許訪反）（佛之表也）如答載惶載懼無以自寧案
經云若有國王講宣讀誦恭敬供養流通此經王者我等
四王常来擁護一切災障皆使消除憂愁疾疫久（亦）令除差（危カ）
所願（願）遂心恒生歡喜者宜令天下諸國各令敬造七重塔一區
并写金光明最勝王經妙法蓮花經一部朕又別擬写金
字金光明最勝王經毎塔各令置一部所冀聖法之盛与天
地而永流擁護（護）之恩被幽明而恒満其造塔之寺兼為國花

必擇好處實可久長近人則不欲薰臰遠人則不欲勞衆歸
集國司等各宜務存嚴飾兼盡潔清近感諸天庶幾臨護
布告遐邇令知朕意又每國僧寺施封五十戸水田一十町尼
寺水田十町（斷）僧寺必令有廿僧其寺名爲金光明四天王護國之
寺尼寺一十尼其寺名爲法花滅罪之寺兩寺相去宜
受教戒若有闕者即須補滿其僧尼每月八日必應轉讀
最勝王經每至月半誦戒羯磨每月六齋日公私不得漁摸（漁獵）
敎主（殺生）國司等宜恒加撿挍今斷之寺是其一也搆特城東面
曰東大寺　甲戌年　八幡神宮飾封一切全字
最勝王經法花經各一部度者十人封戸馬五疋又令造三

第11丁表

重塔一区擅病携之七月十五日玄昉僧正発願書写仏像
千手経一千巻類聚国史云天平五年辛卯使右大臣正三位
橘宿祢諸兄神祇伯従四位下中臣朝臣名代右少弁従五位
下紀朝臣宇美陰陽頭外従五位下高麦太齎神宝奉
于伊勢大神宮云々 大神宮祢宜延平日記云
天平十四年十一月三日右大臣正二位橘朝臣諸兄為勅使
参入伊勢大神宮 天皇御願寺可被建立之由所被祈也
爰件勅使帰参之後同十一月十五日夜示現給
帝皇御前玉女坐而放金光宣 当朝神国也可奉欽仰
神明給也 而日輪者大日如来也 本地者盧舎那仏也 衆生者

悟解此理當由依佛法也云々 布 御夢覺給也従所聞御道

心給始企件御願寺給也諸末大寺是也 已上 託宣文

十五年癸未正月癸丑爲讀金光明最勝王經請衆僧

於金光明寺其詞曰天皇敬諮四十九座諸大徳等弟子階

縁宿殖嗣膺寶命思欲宣揚正法導御蒸民故以今年正

月十四日勧請海内出家之衆於所住處限七七日禁断殺生

及断雜食別於大養徳國金光明寺殊設勝會

欲爲天下之摸諸徳等或一時名輩或万里嘉賓僉曰人

師咸稱國寶所冀屈彼高明随茲延請始暢慈悲之音

終諧微妙之力仰願梵宇増威皇家累慶國土厳淨人

第12丁表

民庶亦及諦方總詠（該）廣類同業并之業並坐如来之

座像法中興寅（在）今日仍厥知見可不懐哉三月癸卯金

光明寺讃經竟詔遣右大臣橘宿祢諸兄宣詔（就カ）寺慰労焉

儀冬十月辛巳詔曰朕以薄徳恭承大位志存兼済勤撫人

物雖率土之濱已霑仁恕而普天之下未浴法恩誠欲頼

三寶之威靈乾坤相泰修万代之福業動植咸榮（粤）皇以天

平十五年歳次癸未十月十五日發菩薩大願奉造盧舎那

佛金銅像一軀盡國銅而鎔（鎔像）象削大山以構堂広及法界

為朕知識遂使同蒙利益共致菩提夫有天下之富者朕也

有天下之勢者朕也以此富勢造此尊像事也易成心之難

王恣随有労人無能感聖或生誹謗反堕罪辜是故預知
識者懇發至誠各令招福宜毎日三拜盧舎那自當存念各
造盧舎那佛也如是有人情願持一枝草一把土助造像者恣
聴之国郡等司莫因此事侵擾百姓強令収斂布告遐邇知朕
意矣乙酉　皇帝御紫香楽宮為奉造盧舎那佛像
始開寺地於是行基法師率弟子勧誘衆庶
十六年甲申三月丁巳遣金光明寺大般若經致紫香楽
宮比至朱雀門雑楽迎奏官人迎礼引導入宮中奉置安
殿請僧二百転讀一日戊寅難波宮東西楼殿請僧三百人
令讀大般若經冬十月道慈律師卒年七十有余天勅降

第13丁表

百寮始建知識花表列侍十一月壬申甲賀寺始造盧舎那
仏像体骨柱天（天カ）皇親臨手引其縄于時稑（種）々楽共作四大寺々
衆僧僉集襯施各有差　十二月壬辰令天下諸国薬
師悔過七日丙申度一百人此夜於金鐘寺及朱雀路燃灯一万坏
十七年乙酉正月詔以行基法師為大僧正并施四百人出家
八月庚子設之遷大斎於大安殿廿三日　天皇自信楽宮還
廻平城宮於大倭国添上郡山金里更移彼寺創同遷遮
那仏像天皇以御袖入土持運加御座云至元人命婦采女
文武官人等運土築堅御座九月癸酉天皇不豫令京師畿
内諸寺及諸名山浄処行薬師悔過之法奉幣祈禱賀茂

松尾木神社令諸国所有鷹鵜並以放去度三千八百人出家

甲戌令阿倍朝臣安麿奉幣帛於八幡神社令京師

諸国写大般若経各一百部又造薬師仏像七軀高六尺

三千并写経七巻丁丑平城中宮請僧六百人令読大般若

経十月乙卯遣玄昉法師造筑紫観世音寺庚午収僧玄

昉封物

十八年丙戌三月丁卯勅曰世隆三宝国家福田撫育万

民先王之茂典是以為令皇基永固宝胤長承天下安寧

宜令黎元利益仍講仁王般若経去乞伏聞其義以慈為先

情感寛仁事従深恻宜大赦天下三月十六日良弁僧正去

第14丁表

渭書院年為大雄大虫天皇孝謙皇帝仁虫皇后奉関
云家論等疏衆摘其集會始行法花會六月己亥僧正玄昉
忽騰虚空殺之落地死巳更云要骨僧正俗姓阿刀氏靈亀
二年入唐學問唐天子尊昉准三品令着紫袈裟天平
七年隨大使多治比真人廣成還歸賚經論五千余卷及諸
佛像來亦施紫袈裟着之尊為僧正安置内道場榮寵稍
盛九月戊寅恭仁宮大極殿施入國分寺冬十月甲寅天皇
太上天皇皇后行幸金鐘寺燃燈供養盧舎那佛佛之前後
燃一万五千七百餘杯夜至一更使數千僧令擎指燭讃
歎供養繞佛三匝至三更還宮

十九年丁亥三月仁聖皇后縁天皇不豫立新薬師寺并
造七仏薬師像九月廿九日始奉鋳大仏又大仏殿造事
始自今年習　伊勢大神宮禰宜延平日記云天平十
九年丁亥九月廿九日始テ東大寺大仏ヲ奉鋳被奉
鋳鎔未成畢給テ依之可塗件大仏之金天皇御心ニ
不静歎念御之間蒙示夢想御告云近江国栗太郡水
海岸頭山腹有勝地件地遣立伽藍可被行如意輪法者必
金宝者可出来云者即御夢覚之後件栗太郡勢多村
下一勝地尋建立伽藍安置如意輪観世音并執金剛神像
各一躰不知年被行件如意輪法給之程以同年十二月從下

第15丁表

師国参向金出来之由也云々　天平勝寳元年大神宮祢
宜外従八位上神主首名被錫（叙）外従五位下是依黄金出来也
云々已上
此文
廿年戊子叙高太上天皇崩年六十九天平十
三年詔綸旨於七道諸国建金光明護国法花滅罪二
伽藍八箇年間其事悉畢即至天平廿年秋八月更為深
重祈誓勅於諸国夏安居令講説勝王経竟欲使佛法之
妙験兼被率土天神之厚祐及地民之福也於是佛日重暎
照尚（断カ）晴之跡明法流濡潤洗塵労之不竭者也
廿一年正月自陸奥国始献黄金由之改（元）天平勝寳七月二日
甲子譲位年四十九冬十月廿四日至年鋳大佛畢三箇年

八十度又右兵衛督藤原朝臣為勅使率勧請八幡大神
次為鎮守由之大仏鎔鋳之四年　八年丙申五月二日天
皇崩於平城宮年五十六佐保山南陵在大和国添上郡北
域東四段西七町南北七町守戸五烟国忌於大仏殿修之
号御斎会是也　天平宝字二年勅追上諡号天璽
国押開豊桜彦天皇号
或日記云天平廿年戊子正月八日天皇并后御出家
四月八日受菩薩戒若情尚以行基并為戒師云々

后

太皇太后藤原宮子　聖武天皇之母也神亀元年二月天皇即位為大夫人三月為皇太夫人贈正一位太政大臣不比等

第16丁表

之廿也時寶七年七月十九日壬子崩于平城宮佐保山西陵北域東西十二町守
戸五烟國忌於武（戒）壇院修之託潤舎苑已

皇后藤原（京）光明子　諱安宿又号仁政皇后　贈太政大臣不比等之
女也母贈一位縣犬養宿祢三千代也天皇為太子
為后天皇即位神亀元年為一位大夫人藤原宮子之妹孝謙天皇之
母也天平寶字四年六月七日乙丑崩年六十佐保山東陵在大和國添
上郡北域東三町西四町南北七町守戸五烟

夫人贈正二位石河大蕤賓　神亀元年七月薨

縣犬養廣刀自　讃岐守従五位上唐女寶字六年十月薨

藤原氏　贈太政大臣武智麿女

藤原氏　贈太政大臣房前之女天平廿年六月薨故大臣者不比等之長男也称之次男也

皇子

皇太子　母光明大夫人也神亀四年丁卯閏九月生為皇太子五年戊辰薨　壬午葬那富山年二歳

阿倍内親王　母同上

皇子安積親王　母夫人廣刀自　天平十六年正月丁丑薨　年十七

皇女井上廃内親王　母同上　延暦十九年七月詔追称皇后陵在大和

国宇智郡地城東西十町南北七町守戸一烟

不破内親王　母同　初被削籍後復本位後又依男因幡守氷上河継謀

又移配淡路国十四年十二月移配和泉国

延暦僧録文

勝宝感神聖武皇帝菩薩伝　次帝紀文　十二月二日

法名勝満在奈良朝庭御宇上膺天命下順人心廻以万機

府臨地底受佛遺嘱弘法理民故経云自古帝皇皆是諸

佛自古諸佛並作帝聖武皇帝菩薩真諦俗諦雙行皇

猶佛猶應特恭敬三寳欽若保命拯育黎當事同赤子

向佛系玄法名勝満於薬師寺以天平十三年歳次辛巳

第17丁表

春二月十四日甚慶、戒弟子沙弥誓首十方三世諸佛法僧
發願服度、為蒼生遍求景福天下諸國各令敬造金光明
四天王護國之僧寺寫金光明最勝王經十部住僧二十人
施食料〔封戸〕水田十町又於其寺造七重寶塔一區別寫金字金
光明最勝王經一部安置塔中又諸國各造法花滅罪之
尼寺并寫妙法蓮花經十部住尼十人施水田一十町兩寺
相去宜受教戒其僧尼毎月八日必應轉讀最勝王經毎至
月半誦戒羯磨其住僧尼取民男女十二已上欲以下聽
令精進練行操履可稱乃至始終不變乃聽入道誠欲宣
揚聖旨不敢失墜福田增長法門無墜又毎寺淨人男女

三人充儒営労期不塞聖法之感与天地而永流擁護之
恩被幽明而恒 尚天地神祇共相和順恒将福慶永護国
家開闢已降 先帝尊霊長奉珠林同遊覚刹又太
上皇太々皇太皇后藤原皇帝子以下親王大臣等同
資此福倶到彼岸藤原氏先後太政大臣及皇后先妣
従一位贈大夫人之霊識恒奉先帝而陪遊浄土長顧後
代而常衛聖朝乃至自古已来至於今日身為大臣竭忠
奉国者及見在子孫倶因此福各継前範堅守君臣之
礼長紹父祖之名広施群生通該庶品同辞愛網共出塵
籠若有後代聖主賢卿承成此願乾坤致福此即 儒

第18丁表

尼寺合一百廿四所并十二遍度僧一千二百卅人度尼六百六
百廿人又造金字金光明六十二部塔別安一部又造銀金
光明六百廿部法花經六百廿八天皇并后所造並已成
就又於古金鐘寺造東大寺并蓮花蔵世界盧舍那
佛又造盧舍那佛像結跏趺坐高五丈二尺四寸宍髻（完髮）高
三尺自髻際至（至際字恐蛇足）際至頂七尺自肩至髻隆一尺九寸三分佛
眉間一尺一寸佛目長三尺九寸佛目間一尺六寸自目至眉八
寸自鼻前至眉間四尺五寸人中長八寸五分佛面徑九尺
五寸佛頤（頤）長一尺六寸佛耳長八尺五寸佛頚長二尺六寸
五分佛肩徑二丈八尺七寸一分佛肩長五尺四寸五分佛臂

長一丈八尺仏𦠉〔骸カ〕長一丈九尺肱至腕長一丈五尺仏腹一丈
五尺掌長一丈六尺中指長五尺中脛長二丈三尺八寸五分膝
前径三尺〔丈〕九寸〔尺〕足心長一丈二尺厚七尺

台仏座表高五千七百四十尺

奉鋳用銅卅万一千九百十二斤一両熟鋳〔銅〕卅九万一千卌八両白鑞
一万七百廿二斤一両八箇度所用合四十万二千九百斤両
始天平十九年九月廿九日迄勝宝元年
十月廿四日合八ケ度所用
二万三千七百十八斤十二両 自勝宝二年正
月迄七歳正月奉鋳加所用之

右奉鋳尊像仏体所用鋳銅并白鑞如前

仏螺結〔髪〕九百六十六箇 長一尺二寸 径六寸 用生〔庄〕銅九千三百廿四斤十二両 箇九斤 別十両

右始勝寶元年十二月迄三年六月并鑄佛螺髪料件

塗練金一万千百八十七両一分三銖為減金二万五千百卅三両二分銖

右具奉塗佛料件

佛座高一丈〻中　卅八枚　立花　葉七百十七枚又花廿八枚實廿六丸

上座上八丈八尺上周廿一枚〔丈〕四尺中周十九丈五尺七寸基周廿三丈九

尺一重白石高八尺下階含〔合〕花上鋒周廿三丈七尺敷花下周

卅九丈五尺

合佛座表裏五千五百六斤九尺且充〔宛カ〕銅廿二万三千九百

廿九斤九両白銅一百八十三斤十三両

以前八歳七月以往行事且勘洼〔注〕如前佛殿一宇十一間高

十五丈殿端東西石数径卌二丈六尺南北径廿丈五尺金銅鋳成坐身高
五丈二尺五寸座高一丈八尺周匝千花々々各別百億四天下左
右挟侍并及四天王像所住佛殿高十五丈周廊鳳刹門
楼門屋講堂食堂廚坊戒院儒房静室山居禅室寮居
院堂閣併修事々周币流渠走水池沼荷花書一切経論
数部鋳鐘高四八丈斤重万鈞三下竟擣十支用牡金節
遠振銅輪長息又塔二区各七級度儒万人造立坂衣方領
飲儒万口造錫杖千具食器水田供儒造寺益五六家福料
百年飢利及諸四吉祥梅造天下安居又造像勧立金地
蔵并施黄金出陸奥山郡里巻處々出金此閻浮提外罕方

第20丁表

各有一寶山与閻浮提為四鎮東方瑠璃山出海之高千
由旬南方碼碯山出海之高廿由旬西方白銀山出海之
高廿由旬北方黄金山出海之高廿由旬此四寶山若從
金對地水海際中之十六万八千由旬地祇并化北方金山耶
施金遣陸奧國供聖武并金鋳盧舎那佛用仍差
女儒都良弁及佐伯宿祢令人命遣寺別當文遣等
為銀像一軀又發使大唐使至長安拜朝不拝虔唐至爾
之天地人寶聖武施遣白王帝云彼國有賢主君觀其使尻
趨揖有異即加号日本為有義禮儀君子之國復元日
拜朝賀正勅命日本使可於新羅使之上又勅命衛鎮

日本使於府庫一切寳遍看至彼披三殷殿初礼君王殷
殿御座以常莊飾九層三吏架列積載（戴）府合龍次至御披
老君之殺臺閣女高頭御座莊麦女騰府列合龍盈（盈）酒
四子大玄後至御披釋曲殿宇頭義叢羅珠絕合龍盈皆雜
寶顚填極沉（沈）異香莊援御座高座信情於前以雜寶而
爲増臺之下有巨（巨）贅鼇（鼇 一字也）戴以蓬萊山上列仙宮臺寺戴
寶樹地琵琶（琵琶）之紅頗梨寶莊飾樹花（華）中十一之花中各有一寶
珠地皆砌以文王其殿瑞雜木出錦流香御座及棠絕架寶
莊飾出瑞土坊皇帝又勅撰孔有義禮儀君子使良大使
劍使歌於葉藏中以讃遣遣大使藤原清河拜持遣副使

第21丁表

大伴宿祢胡麿（麻呂）并銀青光禄大夫光禄卿副（副）使吉備朝臣
真備并銀青光禄大夫秘書監及衛尉卿朝衡不致没之用
元皇帝御製詩送日本使　五言　日下非殊俗天中嘉會朝
念余懐義遠矜尓畏途遥（遥）漲海寛秋月帆駛夕颷因驚彼
君子王化遠昭々持老鴻臚大卿蔣挑捥送至揚州看（者）取為別
條淮南勅處置使魏方進如法供給送遣其大使稱請揚州
龍興寺鑒真和上求度海将傳戒律（戒律）自勝宝六年二月四日
至聖朝勅安置東大寺即其年四月勝宝感神聖武皇
帝於盧舎那佛前天皇并請鑒真和上登壇受菩薩戒（戒）
皇太后皇太子亦随天皇受菩薩戒後為沙弥澄修等受戒

卅友傳戒事　同王共年五月大和上鑑真即貢如来舎利
二千粒西国瑠璃瓶咸（感）金珠菩提子三斗青蓮花葉二十
茎玳（珉）瑁畳子八面玉環水精手幡八條（條）王右軍真跡行書一帖
小王献（獻）之真跡行書三帖少僧都良弁及佐伯今毛人共進
内裏之帝以勝睨（覞）荊王平逢其僧法進即傳道宣律師
行事抄六巻大覚師抄批義記十巻（巻）思託即傳大脱禅
道苑弁又唯（沙）門法礪（勵）疏高岳嗔（鎮）国道場記三本勘天
皇昇之揚化聖武皇帝宣傳帝録天受雄圖撫御乳
坤明均日月化家為国志康雷雨之長翼兼天呆龍
經綸之乗六龍感御八表惟宰握鏡垂仁懸大明之下燭

第22丁表

斷流摂伏夢花胥〔華胥カ〕之年上乃施長綿〔綿〕莫樹華雲加之古詠
出積人永満軒臺　天平仁政皇后光曇洪福五岳耽
之勉嚳〔轂〕心於佛乗中崇福於仙鶴劍慈金地之末岸切
克日就功忌辰赴慶莫我並聖帰斯正日妙果瑞暉周
化蓮於浄回玄珠契道擁大寛於普池福不盡之盛霊岳
云壇〔疆〕之福祐勝寶八歳之次丙申五月二日崩於平城宮矣　已上　備後文
孝謙天皇　諱阿倍　高野姫天皇
平城宮御宇　聖字称徳孝謙皇帝者則聖武天皇
之女光明皇后之子也仮高天皇治天下養老二年戊午
誕生天平十年正月三日為皇太子時年廿一也天平勝寶

元年己巳七月二日甲午受禅即位年卅二十一月大嘗會

目墻
弄作

治天下十年天平廿一年四月自陸奥国之年献黄金由之

勅為天平感宝同年七月二日天皇即位改感宝為天平勝宝

元年二月二日大僧正行基於生馬山入滅生年八十弟子三

千一百九人大僧正者百済智鳳之光子也文殊之化身也

市

天竺婆羅門僧正為礼文殊自天竺到五台山老翁遺

告曰文殊乃利生和日本国行基是也云々二月廿二日太

上天皇行幸東大寺三月八日始奉造大仏殿採士観音

虚空蔵二丼像又請国分講読師之日於九月期感寺八

代達立安居法会講法花最勝両部妙典永為鎮護

第23丁表

國家之崇基　十二月丁亥大神宮祢宜尼大神朝臣社
女其輿紫色一同乗輿日　拝東大寺天皇太上天皇大后同行幸是日施
東大寺封四千戸奴百人婢百人二年二月壬午増置大和国金
光明寺封三千五百戸四月廿二日布施天竺菩提法師任僧正
三年建造大仏殿畢四月廿二日元興寺隆尊任律師
自勝寶元年迄三年六月奉鋳大仏御螺髪畢四年
三月十四日大仏始塗金未畢之同四月九日備大會齋開
眼五月一日少僧都良弁始補東大寺別當八月二日請律
師隆尊令講花厳経於上宮三ケ日同為祈〔祈ツフ　嚴カ〕激次輪達弘
明玄旨至基永修麦旨慶俊求為聴衆之五年九月

第23丁裏

四日鑄東大寺大釜廿八石料用鐵三千斤於大唐天
寶二年榮叡普照二人受勅命至揚州大明寺禮大和上
跪其足下云佛法東流至日本國雖有其法無傳法人
本國昔聖德太子曰二百年後聖教興於日本今鍾 鍾
此運願大和上東遊興化大和上云昔聞南岳惠思禪師遷化託生
倭國王子興隆佛法濟度衆生誠是佛法有緣之國也我同
法中誰應遠請所傳默然無一人答時祥彥云彼命雖存安 對
達遠境是人所儔云對也和上諫云是爲法也何惜身命 是
諸人不去我即去耳處思詫等廿一人願同心去要須已早天 耳
平勝寶六年甲午二月四日和上初至日本聖武勅安

第24丁表

是東大寺即令行壇法四月五日太上天皇於盧舎那佛前請
鑑真和上登壇受𦬇戒鑑真即任大僧都皇太后皇太
子同受𦬇戒次沙弥四百四十餘人授戒五月一日被下戒壇院建
立宣旨 七年乙未於盧舎那仏前行授戒九月戒壇院造
了十月備盧舎僧春良同廿五日始行授戒鑑真任大僧都
八年丙申四月於盧舎那殿前太上天皇十八種物令唐僧
作鶏糜五月二日午時授太上天皇崩六月廿一日令帝陛
下於太上天皇七々忌辰以國家種々珍宝米并供養盧舎
那佛 六月辛卯太政官府下太上天皇供御米塩之勤
並充唐和上鑑真禅師法榮二人永以供養九年七月

駿河国益頭郡人金刺丸献蚕成字 仍改元天平宝字元
年十一月廿三日勅施鑒真和上新田部親王旧宅以為戒
院今招提寺是也 并施備前国水田一百町 二年戊戌八月一日
庚子禅位年四十一五月廿七日奉造大仏殿已天平像 三年
八月三日鑒真和上奉為太上天皇建招提寺 四年庚子
二月廿五日菩提僊那入滅 閏四月十八日隆尊律師遷化年
年五月日大安寺道璿律師卒 春秋年有九 六月七日乙
丑天平仁政皇后崩 七月癸亥詔皇太后七七日斎於東大
寺并京師諸小寺其天下諸国毎国奉造阿弥陀浄土
像各於国分金光明寺礼拝供養 又於諸寺僧始授満位

第25丁表

五年正月廿一日下勅於下野薬師寺筑紫観世音寺始建
戒壇行授戒　六年詔官寺備前永納封戸五千烟為女居
倉料　七年五月六日鑑真入滅　八年九月十一日大僧都道鏡
七尺金銅四天王像並立伽藍西大寺是也　実忠和尚立露
寺別院文絵具等事乃為称徳令造三重小塔一百万基
高各四寸五分径三寸五分露盤之下各置根本慈心相輪
六度等陀羅尼是四年分置十大寺供事官人已下
仕丁已上一百五十七人爵各有差称徳在位六年　天平神護
元年乙巳正月重即位時年四十八在位五年　宝亀元年庚戌
八月四日癸巳崩西宮　年五十三陵高野在大和国添下郡

地域東西五町　南北三町　寺戸五烟　矣

（裏）

表書云

東大寺唐僧和上戒壇建立之後及七十年　弘仁十二年壬寅（戒）

天台傳教大師下立戒壇之由奏聞　云衆乃和上奏僧綱

七大寺義　云衆件事留了　六月四日傳教入滅五十六　其日同

奉僧綱　入滅之後天台座主義真有弟子之重奏　并

戒始行

恵運僧都　記録文

貞観三年四月廿五日皇太后并北佛長亦剃頭也衆合道

第26丁表

令出家和上長講師爲羯磨阿闍梨也　五月廿五日啓奉令
受比丘尼大戒大政大臣爲崇重進天等勧進皇太后令受
大乗戒賜菩薩僧道鏡比丘大戒不必小乗戒任受菩薩戒之業有大
小別之令爲大乗心受大乗戒則并戒也加之令法久住利益有情
并用心者也今世之人面柔口柔執自是非他惟有名利之貪
都無護法之志是故秉大乗而授之戒偏捐小乗戒令前
人退心由茲彼此互爲讎嫌息慨付人不弁是非偏納此言
恰如仁王經說末法依人無依法次隆之一人數之如一人之
一識令　殿下受比丘尼大戒賜布清遅之戒深重無隆天下
緇徒僧之端律戒聖人筆加被　殿下文論孝儒左進啓筆

勝宝元年 孝謙女帝宝寿長遠年 陛下允許請沙儒尼

伝戒師 於五條宮以文武五百大戒賜右大臣已下百人大徳御令御

先令人管原町為首五千余人皇太后諱律本光明御息所

初漢諱法忍文武之日改為立揆云々

裏書云

天智天皇八年十月内大臣中臣連鎌子 古記 鎌足 改姓為藤原氏

即天児屋命廿三代之孫也云々

尊卑云内大臣改姓之日同共為藤原氏文武天皇二年秋 内大臣廿二子也云々

八月詔曰藤原朝臣之姓宜令其子不比等承之 天下揃撲

延暦僧録文 後生頌補

仁政皇后菩薩　諱安宿媛　号天下應真天皇

出家尼名光明子沙弥

皇后俗姓藤原朝臣氏又贈一位太政大臣藤原朝臣史氏之女即勝宝感神聖武皇帝之后也皇后在室語父大臣莊端高人用相稱人于時日本未行稱人新從大唐浮稱人而及皇后入帝号姿人用稱人又曰當助国宣風權衡稱人小久名流天下後帝納之册為后号天平仁政皇后辨才明順靈瑞探奥祥書呑赤王之璞別有黄雲之靈奇縦後天后室諸形回風坐軒轅宫之方物忠明法鏡堅献龍珠辨妙全對除地為竹林在處情在全地及聖武皇帝崩未

大寺需未及平羅於浄居太后鏡前在舊別當大儒部
良弁佐僧今元人附而修人事須及平天皇三日特就（飩）慶賛
直兼偶皇夜充四名赴東大寺助捶方應飾梵庭圍羅
鳳剱幢幡刷日峯底陵雲妙閣㑹開還（還）際月啟香爐四起
天落天花前後充羅嫖花万計厨藷香積佳脂（脂）千般百請
納衣錫鐸鈴錫俱持貝葉競演貴花於色競之振羽沐
蘭質於慈風磨之窗王薩壞树於道樹法王應供施香峯之
良田并奘香勢六銖於海岸南行莫梵名刻龍泉之底
廊布四廂用椽善提之衆茲勝以加磨惟指靈山之亦韻
伏幹勝海并逸步浄居駁仙雲於苑梵寂音覚福（善）嗟僉

第28丁表

云々造即天平仁政皇后之能事也皇后又造香山寺金
堂仏事荘厳具足東西楼(樓)接(扶)殿帯左右花釵廬敬雅
瀟灑若皇后又造香薬寺九間仏殿造七仏浄土七軀請在
殿中造塔二基東西相対鋳一鐘口住僧百余僧所田薗会
料(料)白皇后又立薬院給諸病苦皇后又給料(料)供毎年三文武(戒)十
師経之施薬至夫劫時不逢疫病劫施食不逢飢饉劫皇
后舎悲敬二田与建三宝具四不壊信後九分法身敬信
正行供養三輪清浄云希求推為利他不寄為己白皇后
以情更六年於東大寺大仏前伏膺和之時令真言文武菩薩
戒并行弥善不(自)資(畫)遠未来劫行并行有情(畫)害友救

乃依仁政皇后又振六宮存年取利請々若綏數三宗衆
即施大衆納綱在生死流度人天莫道涅槃岸海
大哉解脫服　云相福田衣　被奉如戒行　度利諸天人
天平仁政皇后稟天靈淋靜履出閑育聖慈仁感聽汁々
光衆甍識發於無數異碍山之無崖々是乃崇讃供養王功象拔
亂紛起又母西邊須臾門無之住程有障許漢合度葛常流
流採末來芳而示哉自天平寶字其年六月七日真筆上表
閑官長辭清發自遠崖之留金拔爲寺年不老云々　已上僧録文
根本僧正　諱良弁
僧正者相模國人漆部氏持統天皇治三年己丑誕生義

第29丁表

則僧正者子金鷲菩薩也天平五年建金鐘寺
天平勝寶三年任少僧都　年六十三　同六年十月十三日
爲法務　年六十六　或擅供養貢　同八年任大僧都　年六十八
寶亀四年補僧正　年八十五　同年閏十一月十六日入滅
同十九日拾遺骨送宇多郡賀幡山云々
吾老相傳云根本僧正若嬰兒之時於坂東内鷲爲被取未
知行方依之父母大歎流浪諸國了件児被落山城國多賀
急迄婦人取之養育則次成長即根本僧正是也　沛寺
建立之時爲聖師職補之住東大寺其時彼父母尋来
陳此由之間爲験御下有験于不陳有寛之被取鷲事

之并合仍始知父母及子悲喜満胸啼渡情絶云々
又相伝云良弁僧正孫勤并之化方云々見八嶋寺記云々
法花会縁起見部音化方之由
法花会縁起云敬惟僧正陛下佛法棟梁釈門摠摂幼離
九属親文縁仍禅林長吏六和尊衆研尋恵業遂称秀當
時於任伽藍別當欲遂讓前後寺内寺家統領僧綱操
行作果因修六度回摂希弥勒如是云々脇然後回時入節住於
伽藍長等僧房僧之礼全如春二釈給浄人之宸再如一子恩
云変僧之事有釈迷分不又六宮三世学之七兩寺條僧府
九数八珠之貯浴苑殘庄家貝閑之道俗陳随寿付

第30丁表

還老少同證大統果圓鈴之章山寺豊鏡説求信取此
寺行放此時綾急催人捻了　こと

兼和十三年

東大寺要録巻第一

表書云
癡瘂侏儒腰背折一支之類為癈疾
二支癈両目盲之類為篤疾　私云癈疾篤疾有謂也

新禅院本云

仁治二年九月十九日於東大寺千手院

以故慈恩院法印御本令書寫之畢

三論宗真言兼學沙門阿闍梨覚樂

判

一交了

第31丁表

第31丁裏

見返し

裏表紙

東大寺本　巻第二

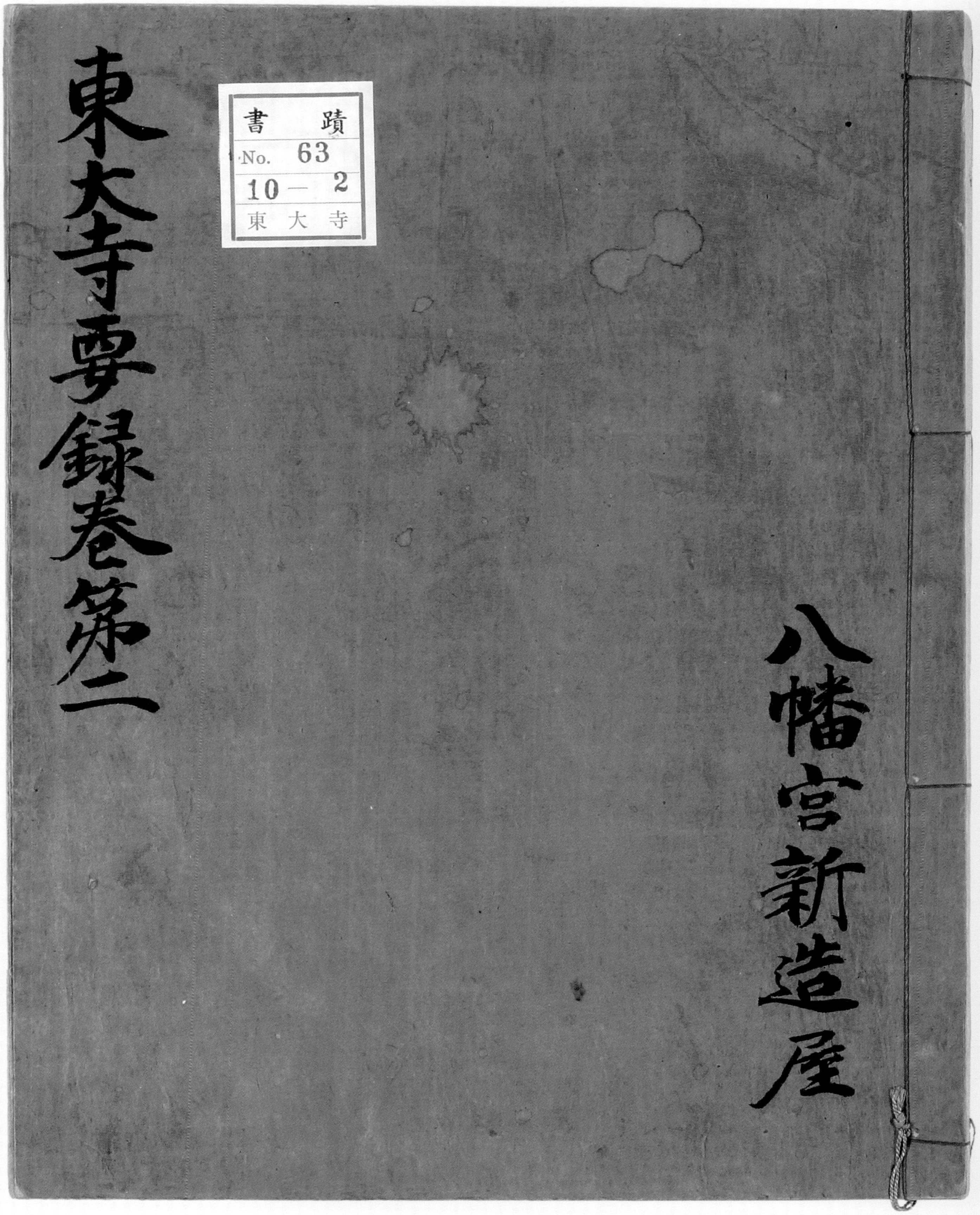

表紙

見返し

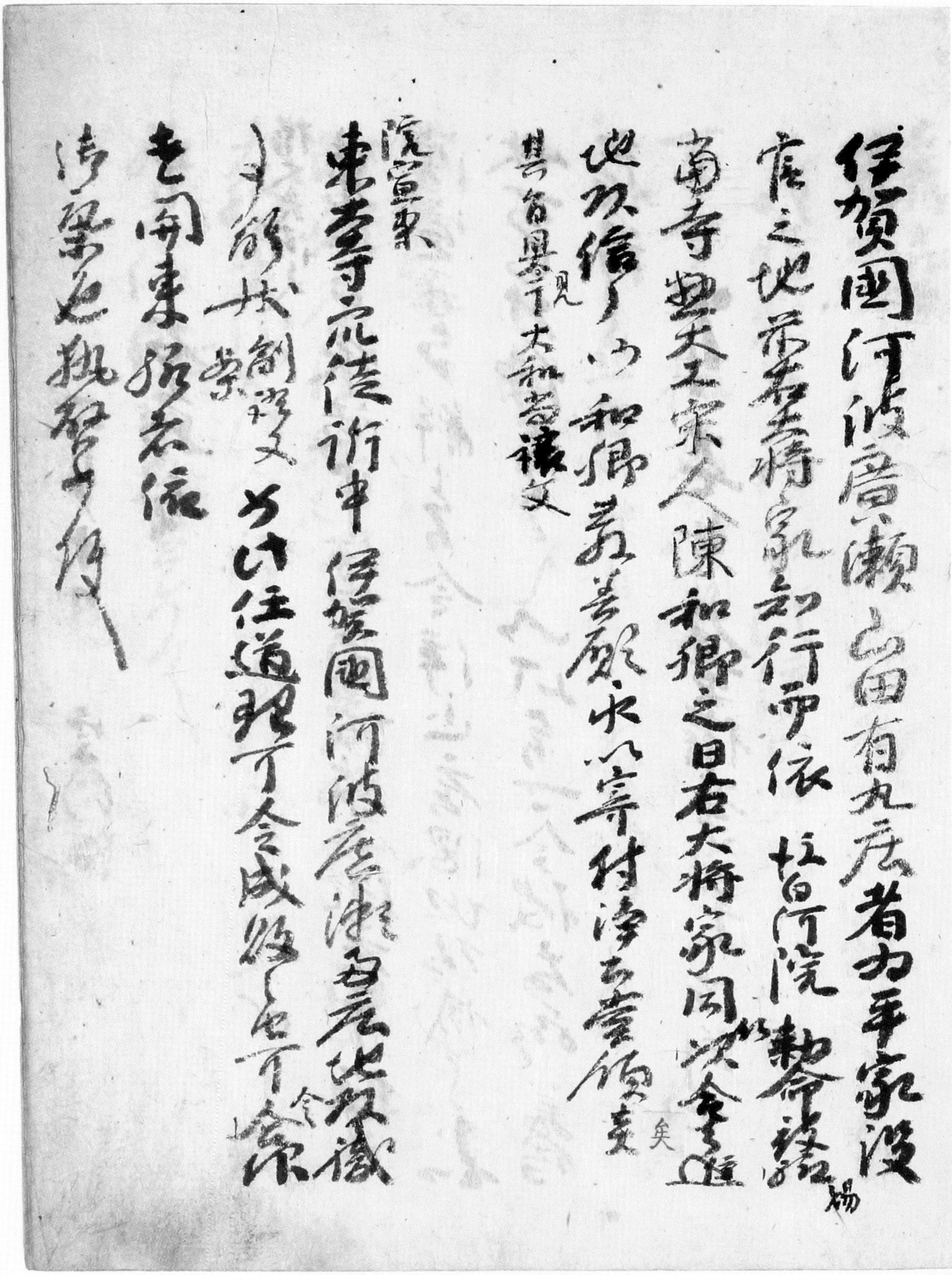
伊賀国阿波廣瀬山田有丸庄者、平家没
官之地、并右大将家知行所、依　故白河院　勅命被寄
東大寺也、大工宋人陳和卿之日、右大将家同以令進
地頭職了、以和卿為其寺長、寄付浄土堂
具旨見于大和寺譲文
院宣案
東大寺浄土堂領伊賀国阿波廣瀬山田庄地頭職
任和卿状副譲文、如此任道理可令成敗給
之由所候也、仍執達如件

第１丁表

二月十日　定俊奉

謹上　右大将殿

権大夫請文

東大寺衆徒申伊賀国阿波広瀬両庄并任

院宣并寺解之旨、令停止広瀬地頭職事

状可然候、仍使者令下向候、只今彼方成奉候　義時

宜御披露候

二月廿七日　右京権大夫　在判

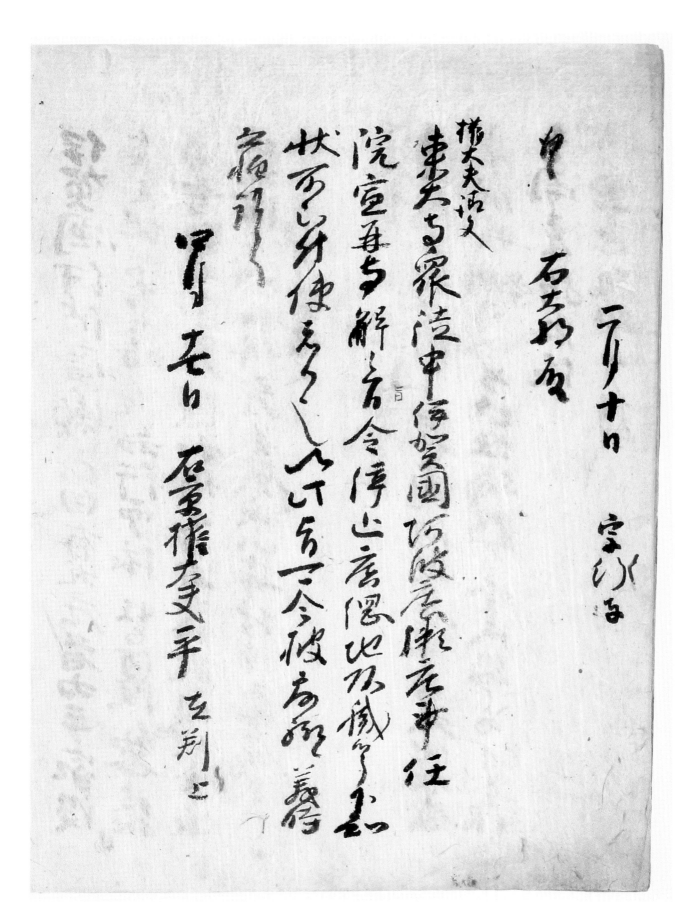

第1丁裏

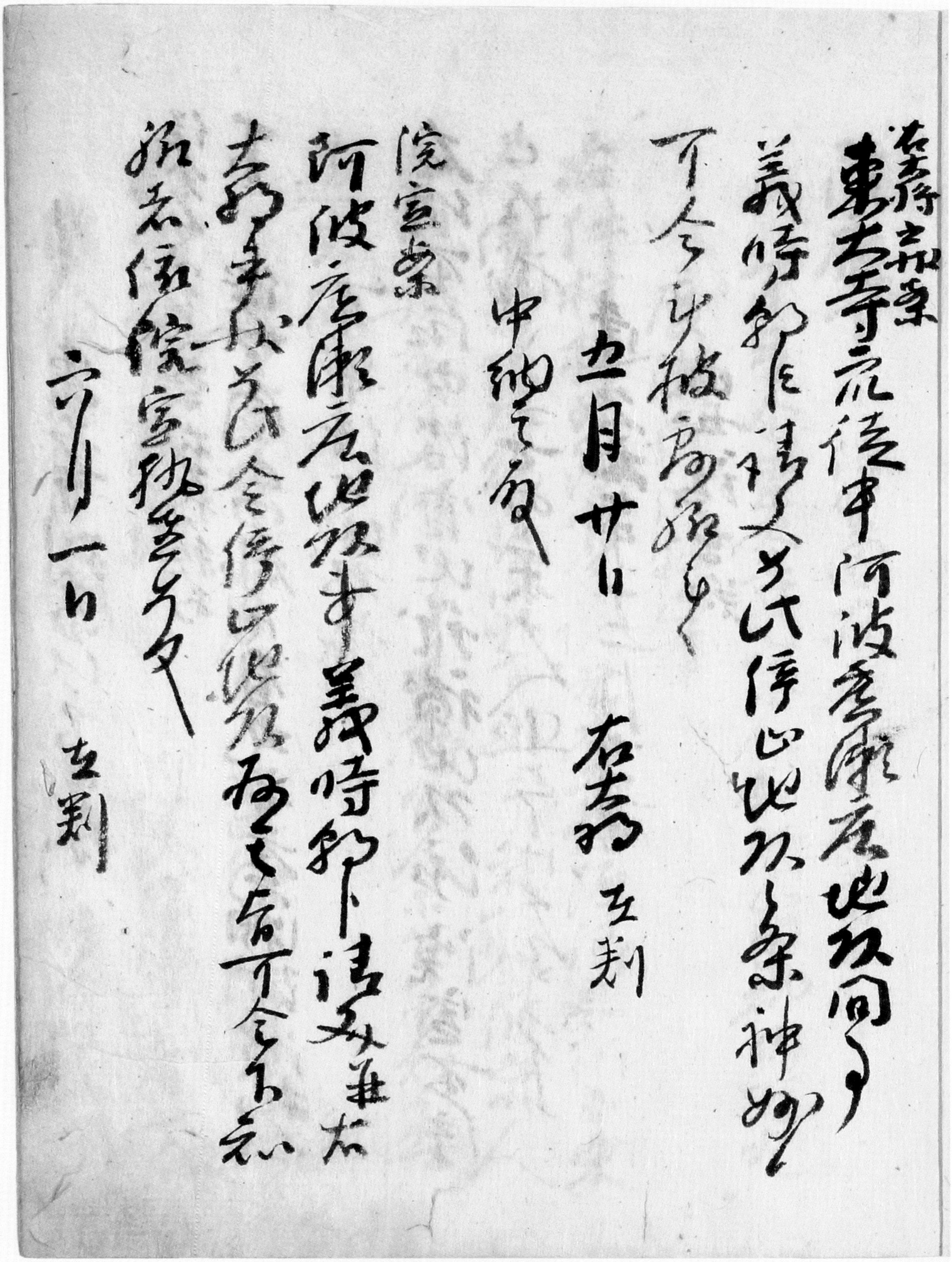

第２丁表

小　東大寺別当法印御房（清房）

従先々下文案并新券等

下　伊賀国山田郡内有丸并広瀬阿波杣山

可早停止地頭職事

右件所者、為没官地、雖補地頭、依院宣所停

止地頭職之了、可令宗人（近与）了状如件、以下

建久元年十二月十二日

因幡守在判

第2丁裏

院廳下　伊賀國在廳官人等
可早令東大寺宗人知行山田郡内有丸
廣瀬阿波杣山事
右件村々、為役官人比、前右大将源朝臣知行、而宗
人依重請状被成下文、早〔早カ〕者可令彼宗人
知行之状、所仰如件、在廳官人等宜承知、勿
違失、故下
建久元年十二月　日　主典代安陪朝臣在判
別當左大臣藤原朝臣　判官代備後守藤原朝臣在判
權大納言藤原朝臣　判　參議右大弁藤原朝臣　判

第3丁表

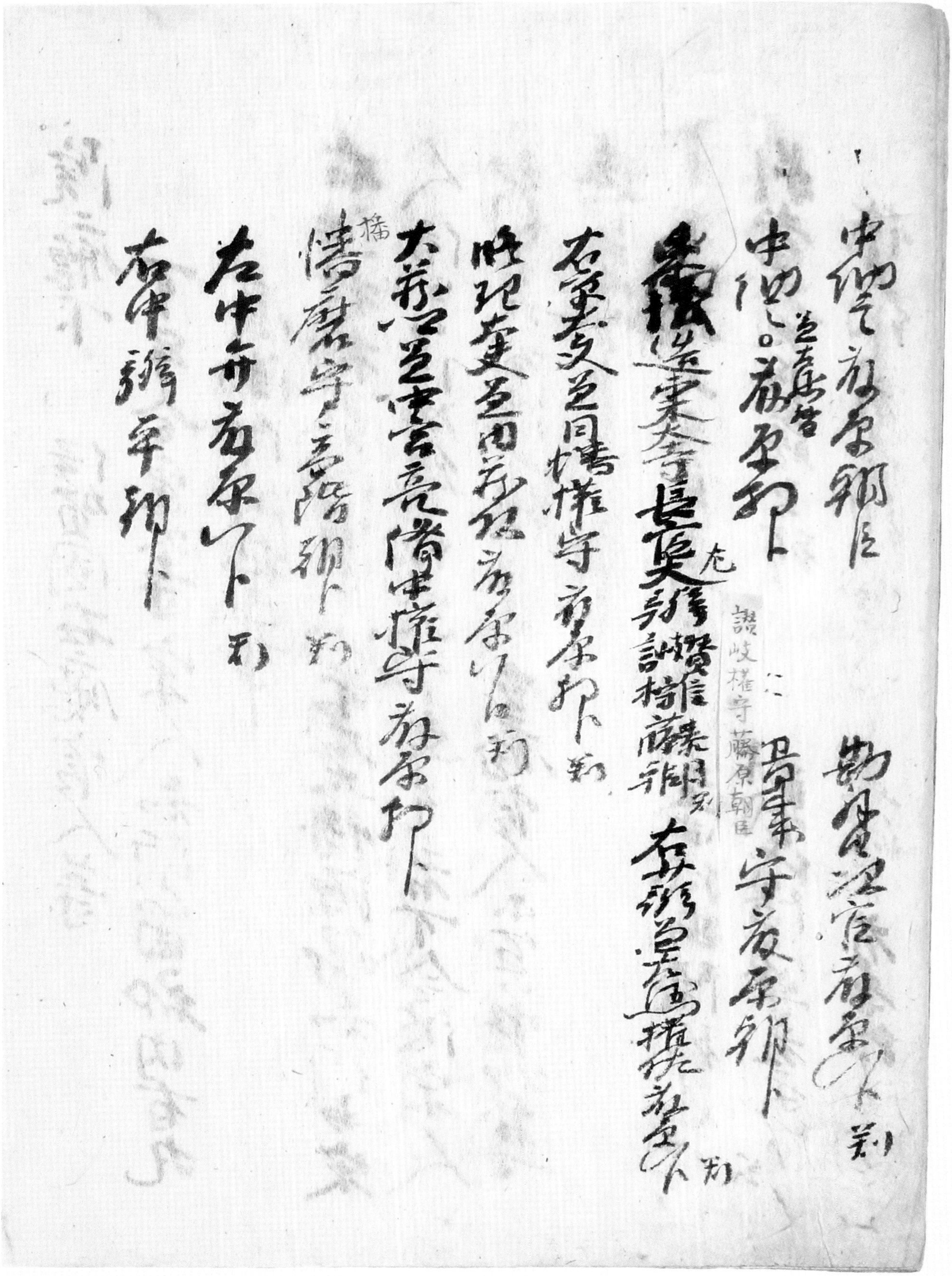

第3丁裏

播磨国大部庄者住古寺領也 然為廢倒無寺而
南無阿弥陀仏 後白河院充賜和卿即成下
宣旨彼庄也官使役打四至牓示已後専為一円之
地又其相交之方 和卿同以寄附大仏御領一向為
南無阿弥陀仏進止至于年下 官符充募諸役断
被官符未載諸役停止之 初了之
備前国根野庄者雖為寺領 破倒之年久今以
天平勝宝之 年募無実之日任旧跡改四至之
即改打四至牓示了 去建久七年 至于年下 官符充是大仏殿

第4丁表

中納言藤原卿上　　勘解由次官藤原朝臣下判
中納言兼左兵衛督藤原卿下　　摂津守藤原朝臣下
参議従三位兼大宰大弐左兵衛督讃岐権守藤原卿判　　右兵衛督皇后宮権大夫藤原朝臣下判
右京大夫兼同讃岐権守藤原朝臣下判
修理左宮城使兼内蔵頭藤原朝臣上判
大蔵卿兼中宮亮備中権守藤原朝臣下
〔播〕備磨守兼春宮亮藤原卿下判
左中弁藤原朝臣下判
右中弁平朝臣下

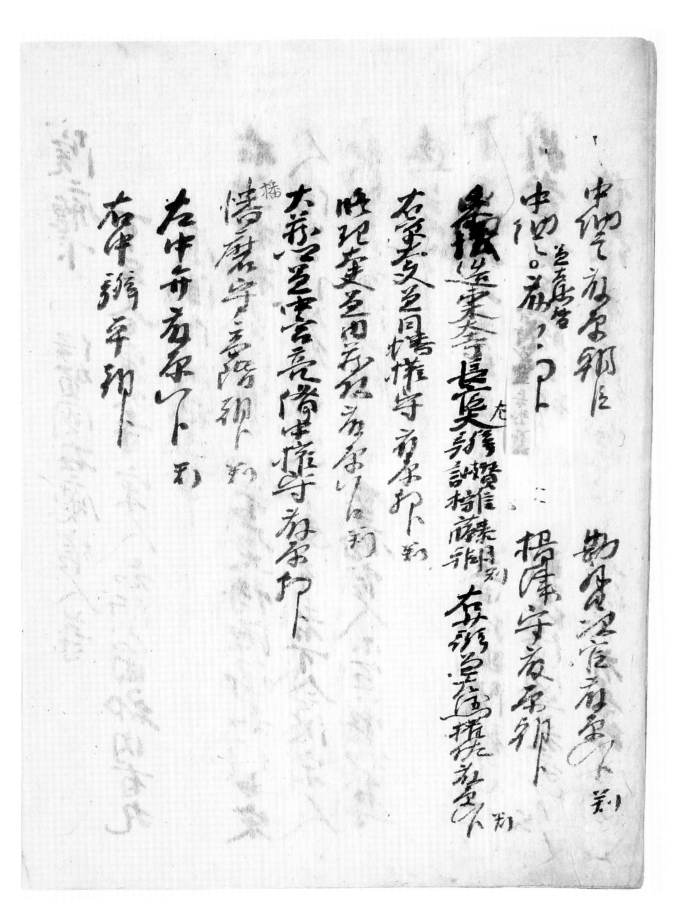

（第３丁裏）

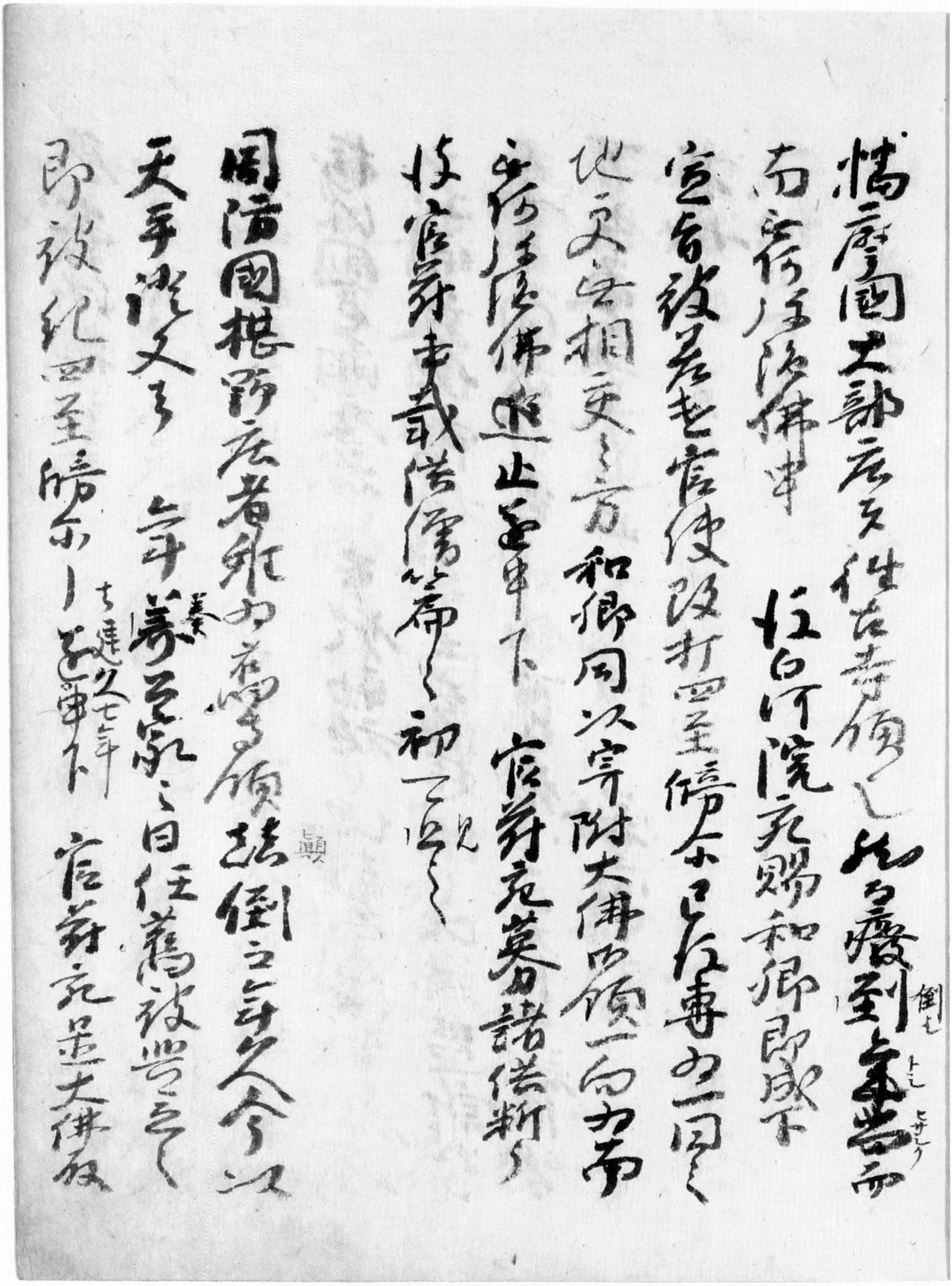

（第４丁表）

所寄借料矣

播州国赤穂居者　寺院勅願之地而寺根本之領也

六所明神地鎮社之司土寺建保之比致豊許野

上古之間或誤書記録而或誤之三大臣与群臣皆

下知焉為之遣止之也誤　善（養）同之

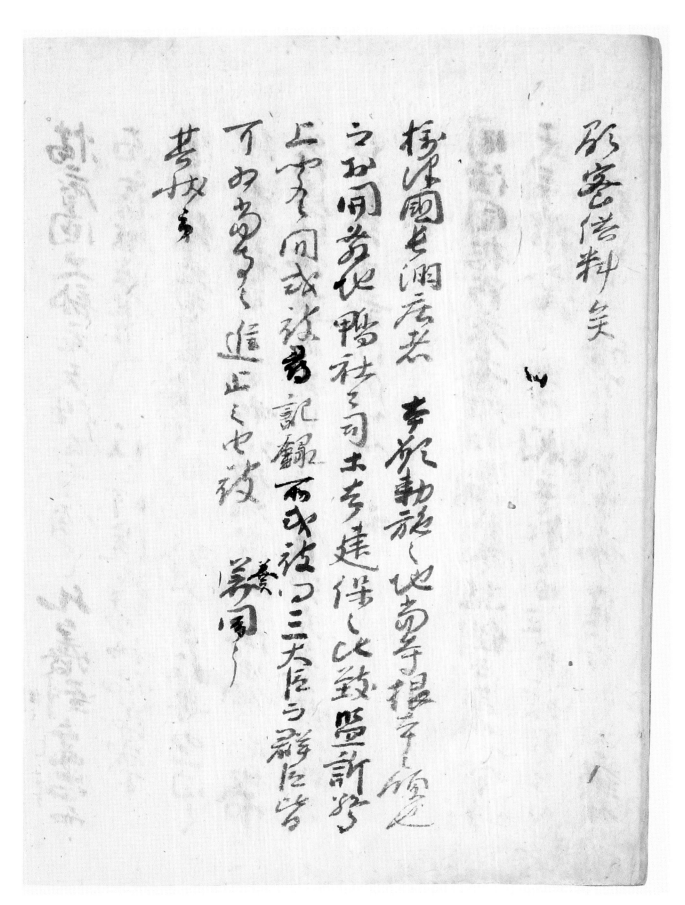

甚哉矣

鴨社東大寺相論長渚御厨事

右件地可為東大寺領之條應徳宮符已職相傳

状嘉保　宣旨兼安祐季請文等已以炳焉歟然

者但尋天平施入之跡且任元永勘注之旨可有

其沙汰歟抑鴨社可為御厨之由見記録所勘

文此事如何社家若有墾開之志者可請寺家将

存公領之由者可觸國司自由之　勅專背格條者凡

鴨社可領田地已久寺中無所見之故也然康和

宣下者猶為四十餘町之外可非寺領歟減勅施

入町段之條雖非無其謂用捨之間宜在　聖断以

第５丁表

此趣可被奏聞之状如件

六月廿日　左大臣　在判

左大弁宰相殿

東大寺三綱与鴨御社之司相論摂津国長洲御厨

開発田事

右如両方申状者、件御厨雖為社家進止、其地

寺領之條無異議、被度之宣旨官符文書

之法文炳焉故也、海濱之所所限四至官地之寺家

頗有其謂歟、但如記録不動中任格文以開発人可

為之領掌、已開発歟、雖加制止後急寺家所行儀也

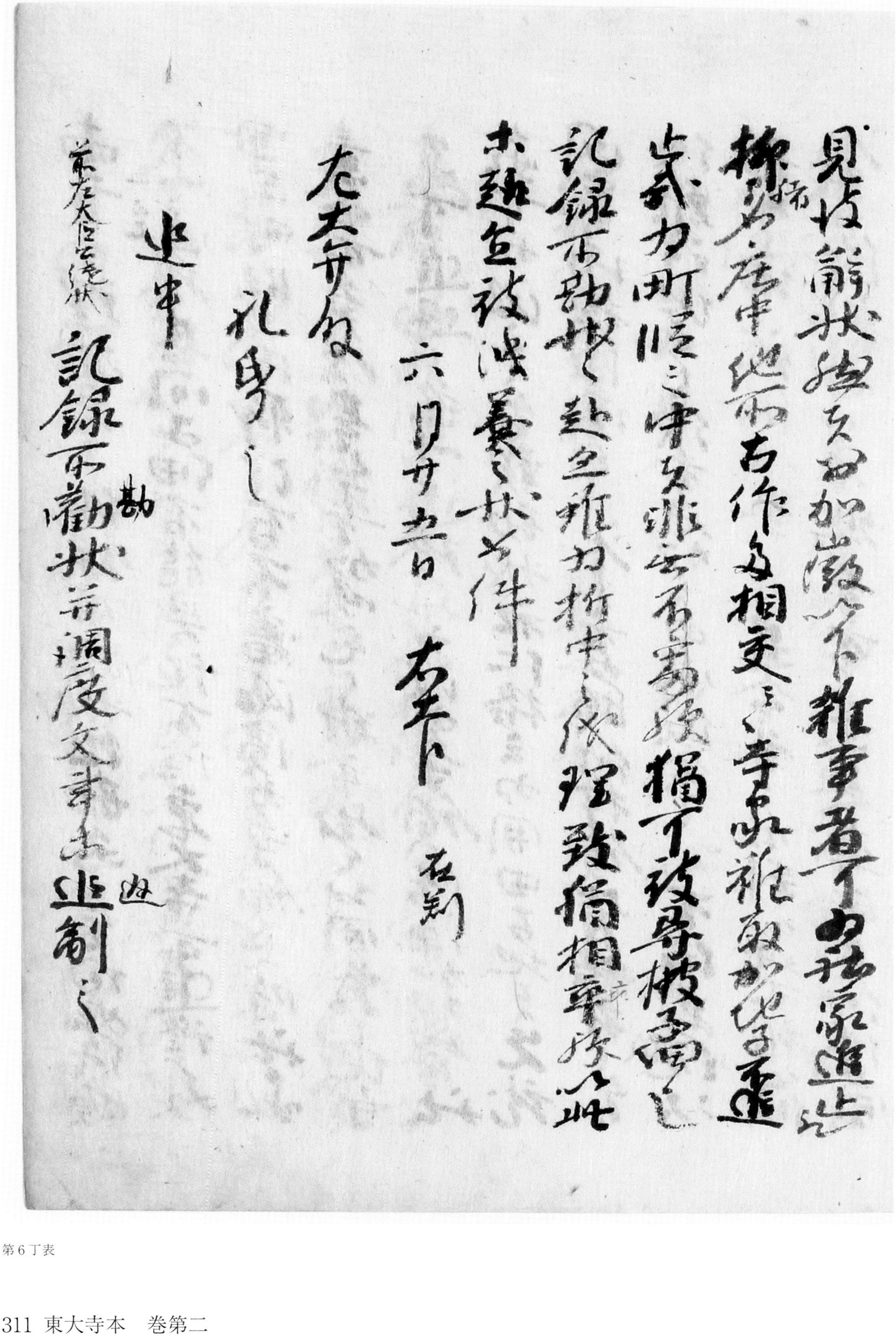

第6丁表

両方之理非見于状銘所勘状以勘文之旨内嫁經頻
不可之煩甚聞子細不能具記可全妻失寺所進證文
罷至所従之同聊注首不審海賓分等領之條荒
素无所争領甚之季加喚元之班手割甘間藉之地寺
家不可進退之条十道理也云注如等領法律加判營此
家可加此之旨勘状私仁格云如用田古地是先読
同申請独後用之云々今之方領似押領皆格帯之旨
何難許比之代帝加之如水假食之所不信其流以
勤加之地設假之家云々是令弟之不判也此所雑復
食之代新加之地賜本主之条是非的也何件用

義寺家進止旨不背理致頗無其謂如件言

上如件

此勘状　九月八日　左判

建保五年　記録所勘状

去建暦ノ比当国大井荘下司職松浦ノ侍中ニ相伝ヘテ

二品家ヨリ此下司職ヲ奉寄三宝ニ被入タリ然ルヲ

其後ヲヌキテ此荘ノツキノ事ヲ領ノ物トモヤトサマタケ

ケツトモ寺ニ寄ラル所ニテ寺ヘ行テ年ヲ経ル

第7丁表

みてうのはくてうことわりとてしんとかんに
そのりよみそてうの御はたをと治　あれハ御なた
こまを御せてゆるいまてとまきさしてそ候はゝ
ゆるしてんてきゆれとかりてくてへまいらせ候
ふかく思てい御申さうとおほしめし候て
よくそ　かしく
進上　いよ殿

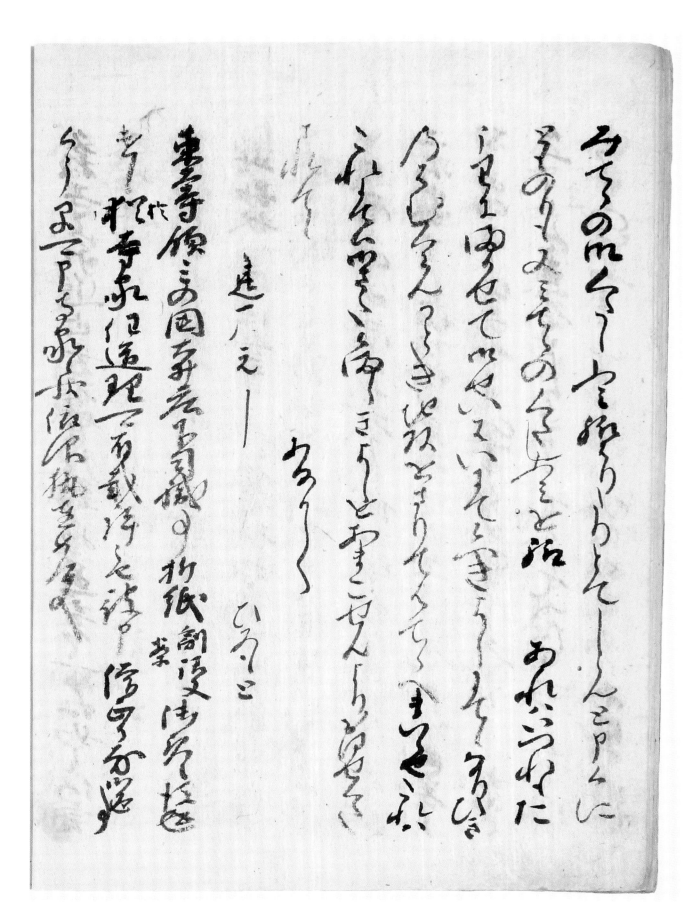

東寺領之内国衙方同職事、折紙剣渡状披覧候、
寺家（於）任道理可有裁許之旨、案内仰下候
の間、可有申沙汰候、恐々謹言、

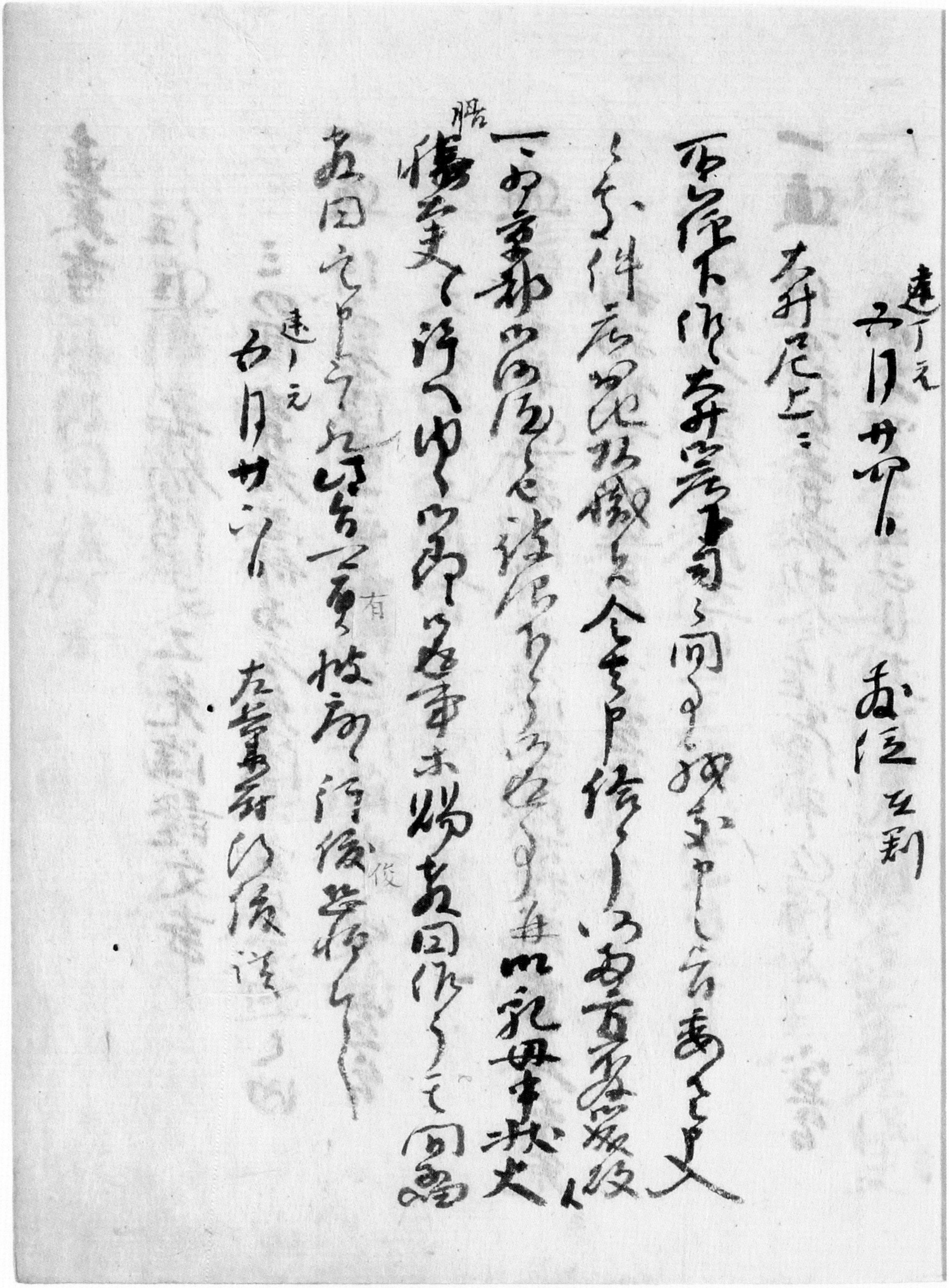

第８丁表

東寺

注進　寺領役夫工免除證文事

三ヶ国寺家并郡両寺免除　宣旨壹通之内

一通　件両寺役夫工米并臨時雑役停止之也　宣旨

天永三年二月七日

一通　国司并造宮使於寺役夫工米不採取寺家庄免

利物催下行之也　宣旨

永久三年三月十一日

一通　件所採取寺家物令作造宮使早返行之　宣旨

永久四年三月廿六日

一通　應任先　宣旨遣官使催促償彼寺庄役夫
工代責取雜物事　宣旨　年号月日
一巻二枚　伊賀國黒田庄役夫工免除　宣旨并
寺家弁請文等　永久二年八月廿日
一巻三枚　諸國庄園役夫工免除　宣旨　嘉應元八月十二日
所謂五ヶ國庄薗并乃両庄
伊賀國黒田　薦生　湯船　玉瀧
山城國玉井　泉木津　木屋所
攝津國猪名　水成瀬　両庄
丹波國後河庄

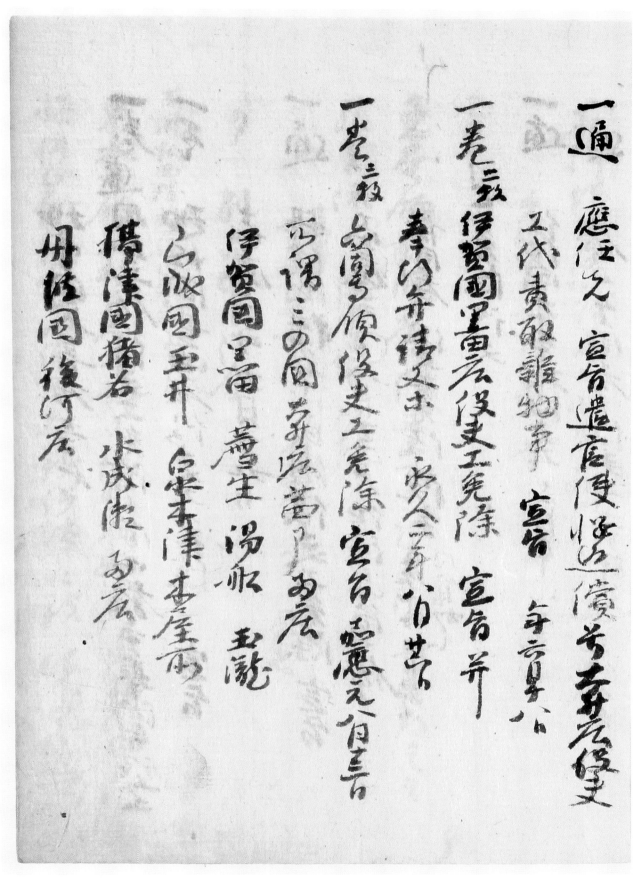

第9丁表

越中国入善庄等也

一巻二通　同庄寺領役夫工免除之同内散在奉行并諸安堵

一通　越前国豊田庄役夫工免除　宣旨

嘉應二年十二月十九日

一通　摂津国猪名北成役夫工免除　宣旨

嘉應元年八月十二日　但彼状之當庄領

諸国庄々役夫工免除　院宣　文治四年七月廿日
同月朔之

同免除請文

一通　紀伊国木本庄役夫工　寺解草　文永□年

一通　寺領之并国庄々役夫工　寺解草　無年月日

右件役免除請所下知如件

文治四年七月十三日　寺主法師　寛信

東大寺領諸国庄々役夫工事役免除可令存知之旨

依院宣執達如件

文治四年七月廿三日　権右中弁　在判

定長

謹上　別当法印御房

西瀧松西塔破損修理新役

東大寺領北杣々人等訴申信楽庄始事申作役事

修理新儀役先例可令致沙汰之状依仰□□

第10丁表

下知此旨給、仍執達如件

康永元年七月五日　権右中弁　在判

謹上　別当僧正御房

鞆田両伊賀木□□案

東大寺領伊賀国北杣百姓等謹解　申請寺家政所裁事

請殊蒙　恩裁停止信楽御庄民新儀妨、任旧被定当杣西堺

子細状

右件元者、寺玉瀧杣之鷹子者、年来為当杣下司之沙汰所令進

也、又自去年始称為信楽庄鷹之也、百余人之輩帯弓箭乱入

杣内、忽令旌野々山沈、恣致狩之狼藉無極々、号鷹手之

替取馬三疋草凡所行之至言語道断之次第也取當國
鷹子々習者縦雖至于他郷他庄付本所之定件鷹業
為玉瀧杣山之家中何始丁稀信楽庄領武備見事之
尋其紀南杣々西壊三下可之押領数十町々杣山之悉
七百歳古轍非可申子細　本願天皇以此杣施入寺家之時
其　湯屋集文云西左右峯々此峯構出谷水其流岸于
東西之人信楽東道玉瀧豊筋雖一流分南方作谷水境之
此峯以西者之信楽郷近江國々此峯以東猶々玉瀧郷
伊賀國也何背舊跡今可私破境哉從去建久之比如今
致令押領之到沼田畠及修行之時　以新儀下任舊例之

第11丁表

乖被停止其後守護代者之例定也呂善論之
詞尚停止之沙汰以只同家子以此趣度々雖言上未蒙
裁許之因當北杣三箇之村及百姓一人不住法領
暇安不存儀所紕請 愚哉早御見包停止信楽
庄之新儀以紀返三之之馬者将仰為衛之貴
無民安堵之思矣以言上如件
建暦三年八月　　日玉瀧御庄百姓等
東大寺
言上　寺領伊賀国玉瀧杣内并信楽庄民等停

〻数十町柈坊甚上欲占禁悪行但胃張七筆子細数

副進

居辞一通

右謹検案内聖武天皇奉被寿鋳之大仏金銅尊像之

日且為相充寺造寺之料地且為令支向後破壊之修

理天平勝宝元年以五箇私永被施入寺家以降一塵不

乱狼藉無有爰信楽庄民不従欲押領当私墾数十

町〻間或入庄家取数走〻馬或溢宗私エ加禁制之詞此

条去寄有之路頂不可説〻狼藉〻根源者 奉頼

之仏〻特也母論之道鮨文信楽之寺又何皆以注

第12丁表

例可致新儀之煩哉、即驚此沙汰、居家来為堵并鋳鑄
出大佛寶蓋、恩顧恒例臨時不斷之寺役、當時如法接去
一寺之愁、万人之嘆、何事如之哉、早任停止彼始致
乱返、可押取之馬、弁急文、可取惡行、背旨張之輩、欲被禁
獄甚、若不然者、遁還寄進奉頒勅施入之文、抑又為四
百餘歳之為寺領、歳已之莫大寺、須付五師三綱、違異
言上如件

建暦三年九月日　都維那法師
權寺主大法師
寺主大法師

第12丁裏

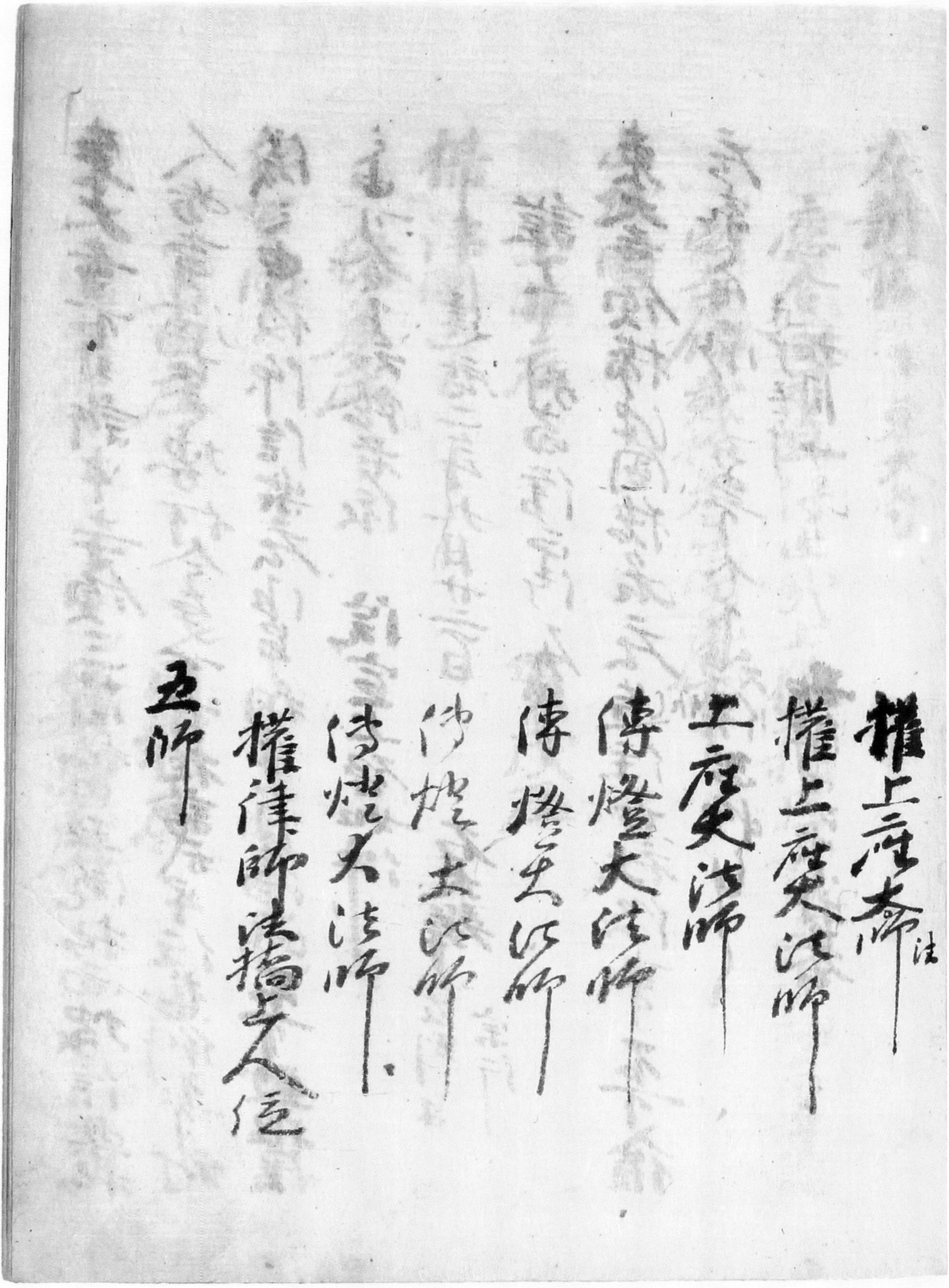

第13丁表

東大寺司新申寺領三箇杣内玉瀧杣西塚信樂杣
人等事往古之境何今更可有相論哉早任舊例可爲新
儀之由被仰信樂庄預早相守舊例不可致濫妨
之由可令下知給者依
院宣上啓如件
建暦二年九月廿二日　右大辨　在判
宗行
謹上　別當僧正御房
東大寺領攝津國猪名庄造住吉社役事不可入綺
庄家之由所々可令下知給候恐惶謹言
建暦三年
九月廿七日　勘解由次官基

第13丁裏

左辨官　下東大寺
應令國司且停止武士狼藉且言上子細寺領諸
國庄園貳拾參箇處事
山城國
玉井庄　賀茂庄
攝津國
猪名庄
伊賀國
黒田庄　同新庄
同出作　簗瀬庄

第14丁表

麓生庄　　玉瀧庄
鞆田庄　　何波庄
廣瀬庄　　山田有丸庄
美濃国
大井庄　　茜部庄
越中国
入善庄
越後国
豊田庄
丹波国

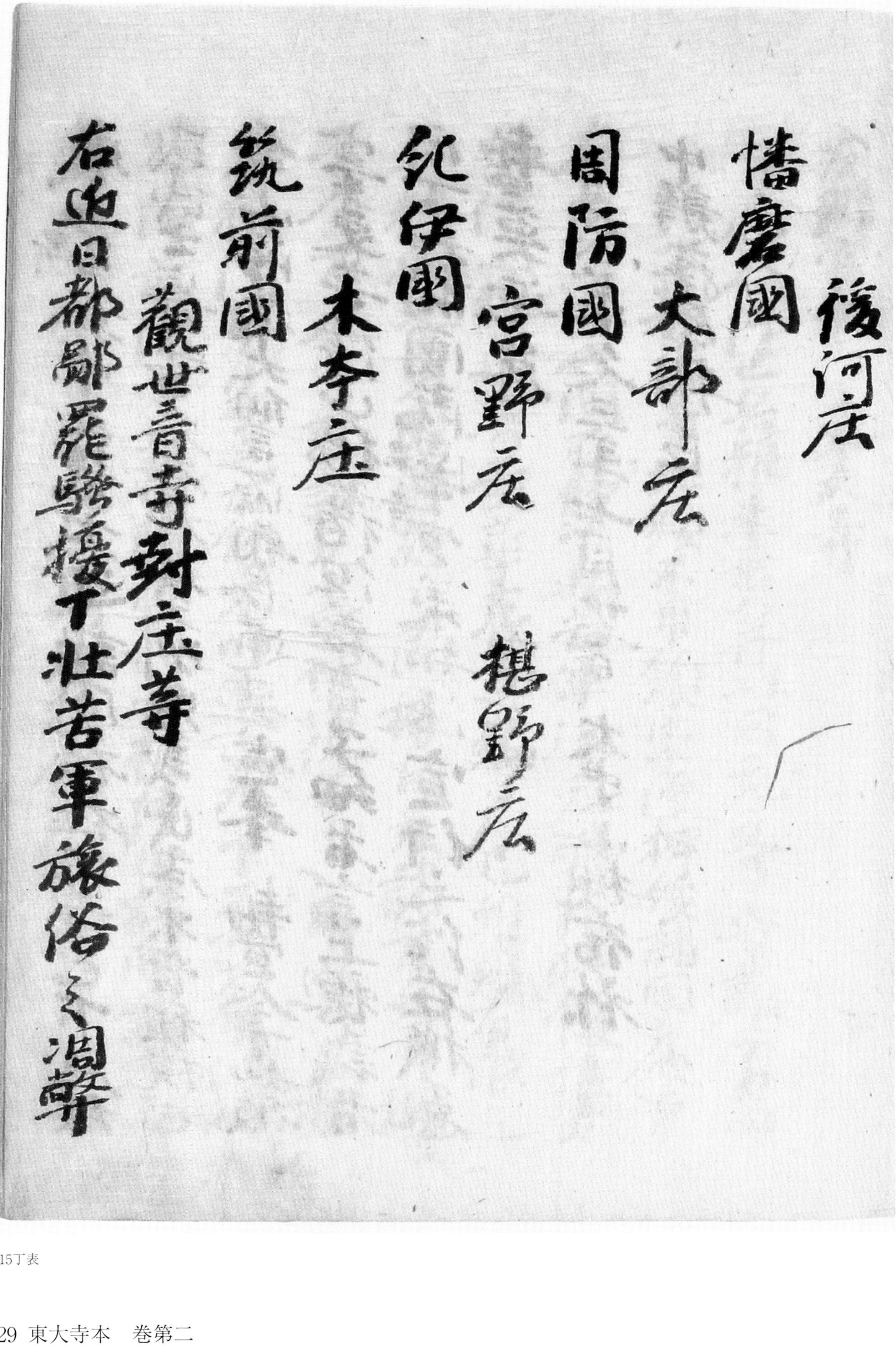
後河庄
播磨國　大部庄
周防國　宮野庄　椹野庄
紀伊國　木本庄
筑前國　觀世音寺封庄等
右近日都鄙罹騒擾丁壯苦軍旅俗之凋弊

第15丁表

職而由〈斯〉乱中五畿七道諸国神社仏寺已下庄領
或武士寄事左右煩費州縣或民庶不営租税已〈已〉
令止停權大納言源朝臣通親宣奉　勅宜令下知彼
宰吏等停止狼藉但若有子細者言上聽裁者
同下知諸國院畢〈畢寺〉宜承知依宣行之停在撥怠
暫莫違怠
建久三年七月廿日　大史小槻宿祢
中辨藤原朝臣

第15丁裏

右辨官下　東大寺

應令停止以兵粮米責并以同充文及守護所自由

下知恣号地頭不用領家使押領諸國寺領事

右夏比以来世間不静下壮若軍旅老弱飛轉饋積資

蓄行之粮道普費華夷之編戸已雖誇（流）有限之

兵粮猶又責取無故之民稼因茲諸方之貢賦（賊）

不全万人之愁訴无盡神社佛寺之用途已多闕

怠權門勢家之所領不叶進止（為上）為下不吾不業仍充

賜備前備中三箇國搭武士被停止諸國諸庄三

升米之濫責加之稱為地頭職不用京下使之

第16丁表

者多有之、號本自帯下文令行頭然々之者不及
子細、今更雖下知證據嫡号之者、又以勿論、或次第
讓有之、自由始置地頭、或以兵粮米之宛文、恣号地頭
如此張行、皆可停止、是豈非庄公落居之基、安
堵之計乎、若背風儀之、自稱有狼藉之輩、尋
注進交名、仰武士可被行其罪、權大納言源朝臣
通具宣、奉 勅、布告諸寺、令知此意矣者、同下知
知諸國既畢、寺宜承知、依宣行之

承久三年六月廿九日　左大史小槻宿禰　在判

中辨藤原朝臣　在判

被　院宣偁、伊賀國鞆田庄者、雖為天平施入之地、非（院宣　七月廿四日　中将判奉）
無地利用望々之間、去正盛朝臣　承徳二年以相傳
證文寄進郁芳門院御領、庄号免了、而寿永二年更
依故家勘奏、如舊一円為寺領之由、勅定畢了、是則院
家知行之間九十餘廻、寺家頻貽鬱陶、寺家進退之後
三十餘年、院家又致執論之條、寔不可不决、然而且任
天平之勅施、且任寛平之格削（制）、以件庄永為當寺領、於
宗別院領、宜停止六条院之舊跡、但彼院本領御
素意不可不憶、償德於若干奉寺、下奉謝白河郁芳門
為院御菩提、抑彼庵院家人令副進　承長二年正

第17丁表

風聞臣重寄進状々同旦同法家巡廻　殿處被寵例
源之後欲下　綸綍々處任俗末稱有裁許々遵扶之
訪聰断之處右僧意忽同旦任々為佛圖造修徒行之跡
不行々令尤以自由也雖須召出張本々早被處罪
歟、科僧衆既令還住　殿情宜存寛宥自今
以後莫令更然
院宣如此悉之謹状
貞應元年七月廿二日　參議源雅請
謹上　東寺別當僧正御房

第17丁裏

院宣事請文

伊賀国鞆田庄事、被仰下候旨、謹承候畢、西

寺家已ニ失代々龍鏡南寺之重宝、天平以来令末

此領、不可有尽棒法教之志、可仰寺家

然者、寺家加侍詞且可有法被成賓

也、謹言上

七月廿日　　信成賓

仍々言上

法華書華院以存之老僧甚居禮念

無限思紙以吾聞之佛法深也之為御

以院宣定不納寺家寶龍遣文作別院

第18丁表

一南寺門々跡院宣　政所法眼御房へ　七月十三日

東大寺衆徒等抱寺訴離寺分散之条甚無
其謂不日之内任如法可開諸堂扉也於訴訟
者一段裁許之処者遅々可令上知給者依院宣
執啓如件

七月十三日　巳刻　　定盛奉

謹上　別当僧正御房

私啓

盂
盂蘭盆供者恒例之御事也殊可令尊行御沙汰候所
雖然仰衆徒可被裁許之処衆徒離寺間忽不

第18丁裏

許

凡我行此法任此墻々後不日可救得ゝ世甚愚

如之ゝ如此者誦ゝ言ゝ言ゝ

政兼寺僧恩 被下也年次五件許

範田居寺已下殿下 院宣不可隆云隆發衆數

伺

日足乃任業任京々持待下向其状文々句ゝ

萱王畳花也ゝ孫言凡世中限一寺之並在三

謂ゝ心中識可察者欲不顧極見ゝ天息悪病

暑

老ゝ身去当日含勅命而赴下寺門即令灌佛

授

法又是令司門ゝ而此京中入寺由ゝ聞甚頽毀

或甚亡遂載以歎曽ゝ聖断既身降入衆徒

第19丁表

中宮非寺務之面目哉、何若叶御寺之三宝哉、
潤佛法繁昌之素意之條、又為寺再耀之明時
乎（歟）、旁可被計被成御状之件、
貞應元年七月廿二日　僧正在判成宝
東大寺年預五師御房
可令早停止東大寺領周防国椹野庄地頭職事
右、如寺解者、承久乱逆之時、高庄住人木工允指料
之字件（改）補地頭之條、難堪次第也、且小郡并賀河
郷者、当庄一所也、而右大将家御時、建久九年冒白

松藤二資俣雖掠給地頭職停寺家之所司十二月
召返御下文下給寺家畢国時奉行云々其如時房法師陳
状者貞応元年給地頭職之由雖載之根元
之子細不分明不守之而寺家所下知也甚無謂歟者早
任先例停止地頭職之状依鎌倉殿仰下知如件

天福元年七月九日

武蔵守平 在判

相模守平 在判

東大寺領周防国椹野庄地頭職停止事

右任去七月九日関東御下知状直停止之状如件

天福元年八月廿二日

掃部助平 在判

駿河守平 在判

以

東寺庄領所職以近江法橋申下 宣旨付宣旨所帯

之間任 勅命補須所職了、而庄務謀所之企閑吉

門之處号別当代、田畠以限申寺家伊何被改置

近領可補之

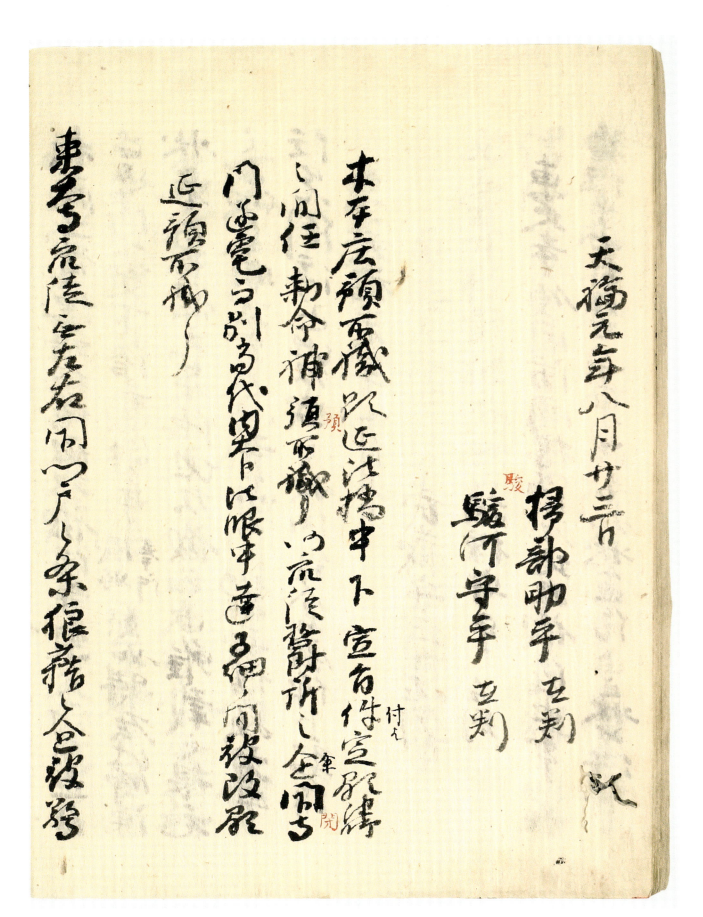

東寺庄園之左右、同門戸之条、狼藉之企被驚

聞令乞受之忽達勅定開門尸可待重斷之鬱
氣徒許謂之趣設写合被之問旦止卧遂預養
可相待望　重斷者天氣之以窺望之役
十月十一日　左中弁藤原
り　四品信部少丞
宣東寺進状
寄進
東大寺鎮守八幡宮
大和国大仏供上庄壹所
右当庄者依都家之喚没官之地并右大将家自御寄附

断

第21丁表

願ゝ示也因茲加賀段法并於精守篇第一
長日轉讀大般若經甲迮新每年下備金年貢米
丗石ゝ但於順承識文悉寄於權僧正相遺
跡幷之傍當如件以寄進如件

貞應三年十一月十日前權僧正平在判

假名文二通之

さりとてもこの文にかきりのあるかきりの文
にまいらせ候の大師のおほせのしりへの
やうたしきかせ給ふところなくもちあそひ花く
人もきこしめすといふ文のまゝにつれてこれき

第21丁裏

こゝろもくるてさくおもひつゝせめてりぬ
くるれはこゝのやまのとほりまきのそこし
まゐらむ

于當在宝豪僧正講堂親信僧正宣親父講堂
海僧正自負三年訓文ニ求四年數十年ニ向領
法藏同祝相承無今ニ訓相續守持宗訓存時
没後法藏定借式部ニ於任人しつ流依年紀
訖許法不可聞而令同不通付書宗不修
以來し

雖

一 溝池事

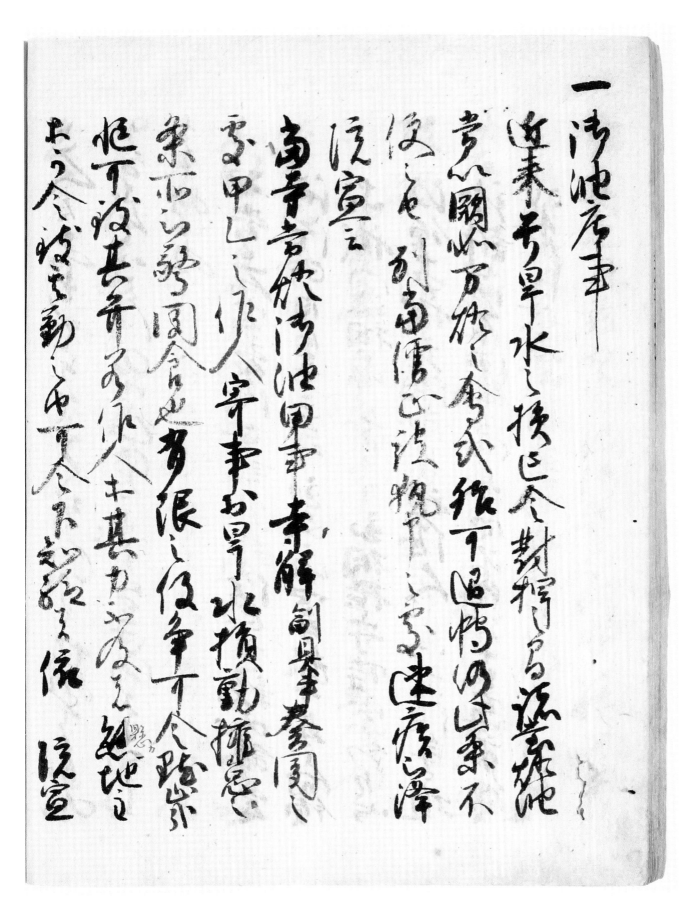

近来旱水之損及令對捍之故築溝池
者以開地之所令新開発之不
後之前領家預所之者迷惑之澤
院宣云
南寺常住溝池用事寺解副具書案開
雲甲乙之作寄事於旱水損頗悦
累石之輩開令也 有限之役年不令違乱
恒可致其弁之作 若其力不及者懸地之
者可令致其勤之由可令下知給之儀 院宣

執達如件

文永七年
六月廿日　左大弁資宣

謹上　東大寺別当僧正御房

一　櫟庄菱池同事

南庄内有池名菱池、中古以来切彼堤引

湛水通古池、々中要水流入南庄、雖役

庄并他方領々主庄民等同心加築彼池堤

湛満流水、可懸〈懸〉他庄々也、依之庄民

〈雖〉

第23丁表

再於寺之僧以數多人之夫築此池之儀
着城并安穢處以何水可耕作乎之訴陳
及數度之間以綸旨被書下之由被書記之
同一条院大堂院御之時築破并申之間
依不及勅裁諸貴人力沙汰雖築池院宣文
切崩之後干潟大佛以為之潟作乞沙汰
自平之後之沙汰ひ之翼年文永八年春之
平數百之人別萬池院之内以并解處解
別當僧正於之執之是上執行定藏法
眼書之訴訟 上當之時 於當池東南寺

第23丁裏

猶以可令追却擬庄一円之用水之由被仰
下之處、一向加当庄設築之条自由也
已被下院宣了、又書之處、已永不可書之
何況上綱之親、以停止彼土新儀之由被
宣下了

東大寺領大和国櫟庄所中用水之事違濫
停止中状　副具書　右、件可止新儀之由
有限知行之家、并院家之含院宣所候也
以状可令被存給之状執達如件
二月廿二日　　左大弁資宣

第24丁表

隋上　橋本所

高橋川一卅三池

右为漑標本庄田穿也

惣井切开用物勘録如左

合役人單一万一千五百九十三人

六百八十八人将領

二千三百七十七人仕丁

七千九百八十六人雇傭

六百二人　人く知識人信

穿 セン 売 ウカツ

漑 カイ 三カス ソソク 水ソソク ヒタス アラフ

用分
銭一百卅二貫四百九文
米三百九二斛五斗八合
塩三斛三斗四升三合
海藻一千四百編
滑海藻一百五十嶋
末醤六斗一升
漬菜一斛八斗
酒三斛八斗
糟酒四十一斛九斗四升

第25丁表

第娘自神護景雲三年十二月十日至于
神護景雲四年四月一日用雜物并役單
功事如前
別當造寺司主典正六位上阿刀宿禰酒主
大和國負外司從八位下楊田連春山
領散位從六位上道祖公麿
從六位上國中連足麿
舎人无位丹比宿禰文德
右検校石城城池々事依紀朝臣
以從　勅裁　仲今書之定申達

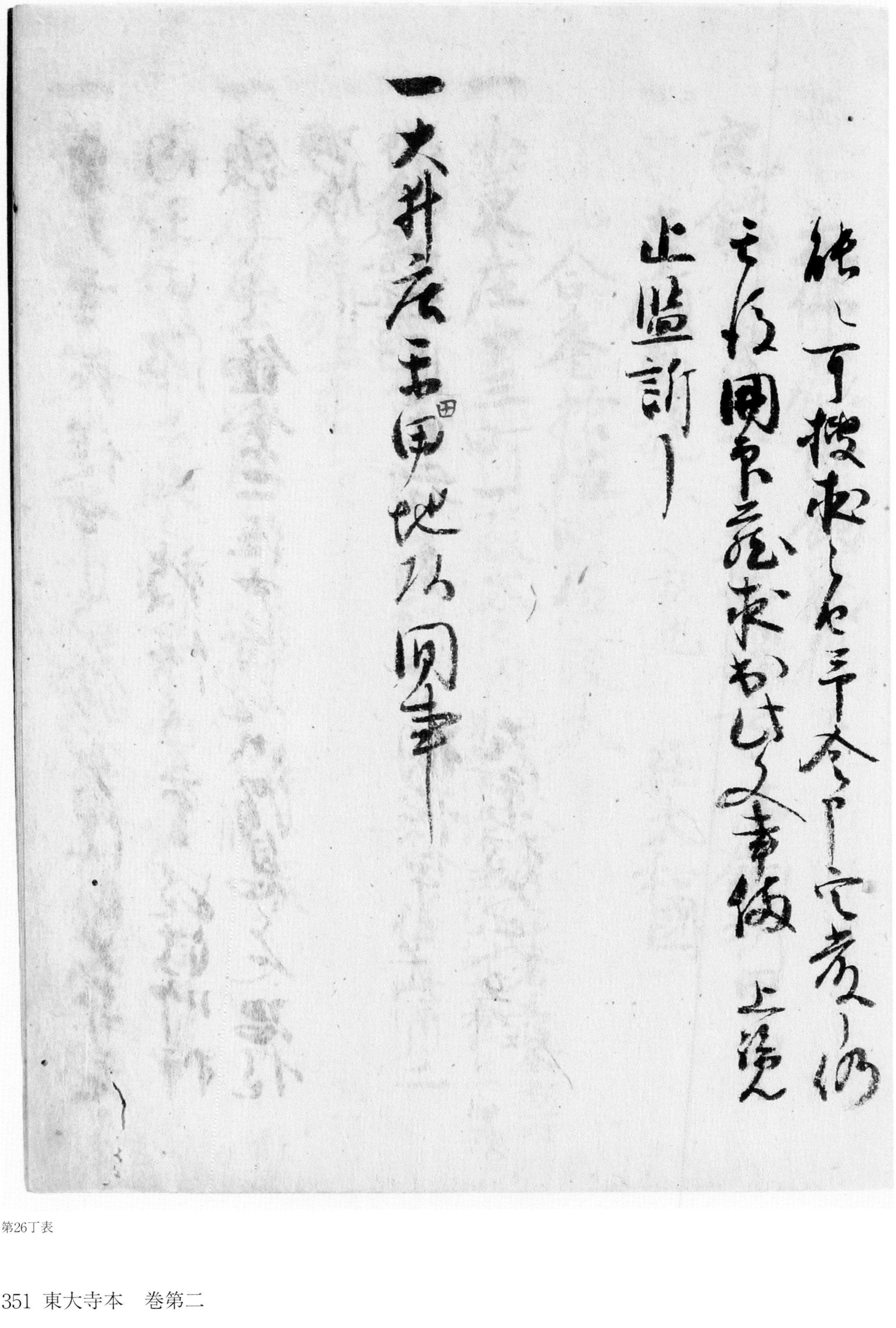

第26丁表

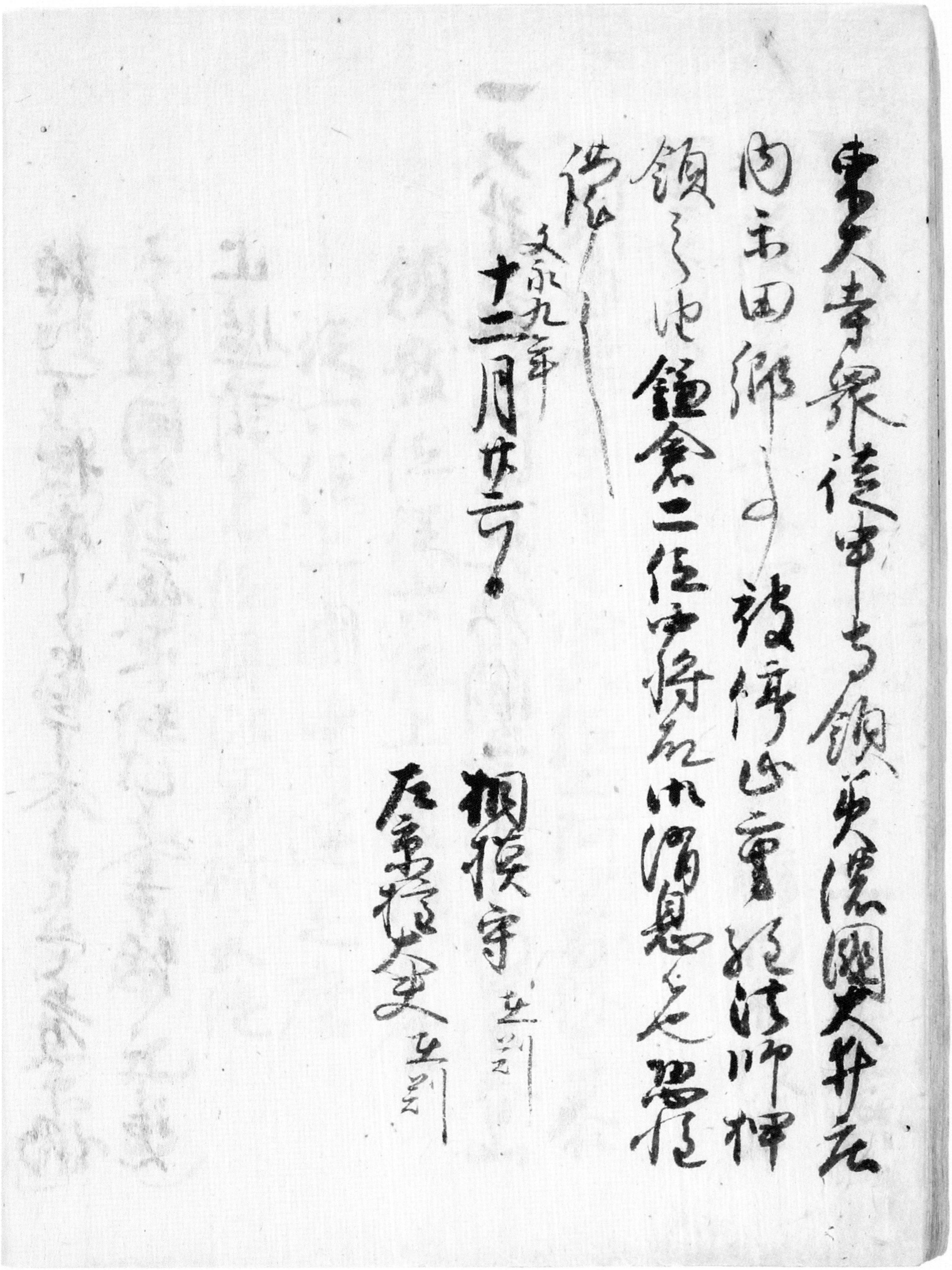
東大寺衆徒中与領家濃州大井庄
内和田郷之事、被停止當庄法師押
領之地、鎌倉二位中将殿御消息之趣如此
候
文永九年十二月廿六日
相模守 在判
左京権大夫 在判

第26丁裏

大佛殿佛餉懸札之

記録　東大寺大佛殿長月佛餉料田事

本願勅施入之田地　在大和國

合参拾伍町伍段大

一 小東庄十三町一段大之内　庄所法人給分本者五段今者一町 并定使給分五段六町大者行康、押領

佛餉料五町六段 八合定 一段別一斗五升八合　但此内二

町者段別一斗宛　字十坪

一 長屋庄一町四段之内　庄所法人給分一段 定使給分一段

佛聖料一町二段、別一斗五升八合　八合升定

一 長田庄三町二段之内　庄所法人一段　定使給二段 半　荒畢

第27丁表

佛餉料二町八段半　一段別一斗五升八合

一大宅庄三町九段之内　庄沙汰人給二段　定使給二段半　一段荒率

佛餉料三町三段半　一段別一斗五升八合

一目安庄五町八段之内　庄沙汰人給三段　定使給四段

佛餉料五町一段　一段別一斗五升八合

一櫟庄三町之内　庄沙汰人給一段　定使給二段

佛餉料二町七段　一段別一斗五升八合

一服庄五町一段之内　庄沙汰人給三段　定使給三段半　又二段是々

佛餉料四町二段　一段別一斗五升八合

右天平勅施入之佛餉田三十五町又三段大之内庄

沙弥人并定使給分田町一段不輸租三十町四段
每日一段々別一斗五升八合 米物八合定 被充金以彼
三万七四百日重僧除錢尚歎四十二以可願以之大
和國河合村住人一王次良紡康作ゝ等所掠
取數之 數信所佛池之宜甚愚癡依押妨六町
三段之佛田也今願以卒三日之聖僧百萬讀經廾
五町一段半 南時定田二万五十一日已及万九
日願以三宝物半用尚依遠施意得安定犯
何况於庶下卑賤之凡人 犯用佛施施入之
物哉 罪定流淥底然其罪免者同年見

第28丁表

同之儀素雖不穏之乎観聴之道信也て
歟之乎矣仍記録之状如件
元亀貳年陸月十二日豊岡大法師定恵

正月　長屋庄
　　　長田庄
二月　長田庄
　　　小東庄
三月　小東庄
四月　至十一日小東庄
　　　十二日以後安足
五月　安足
六月　政所
七月　政所

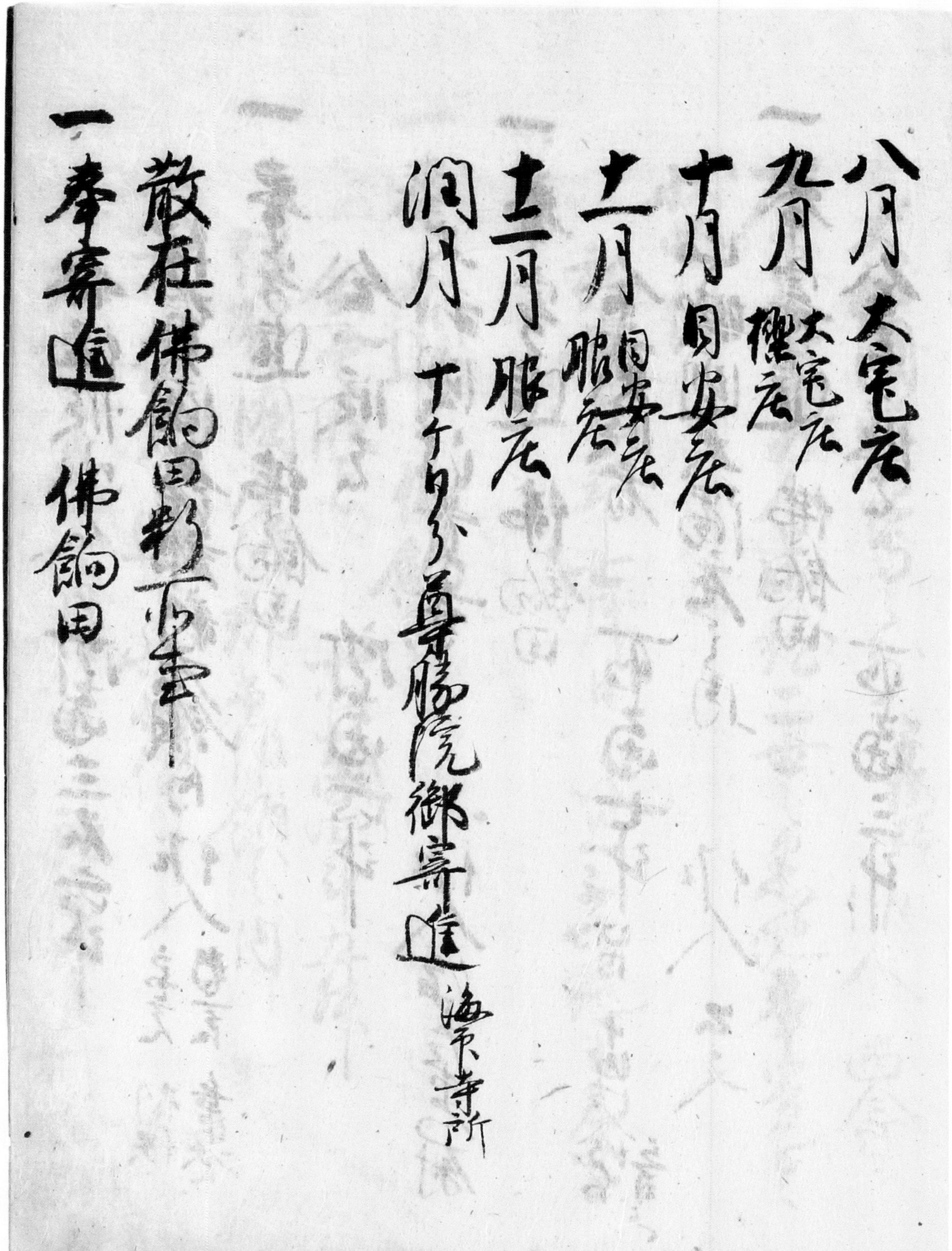

八月　大宅庄
九月　大宅庄　櫟庄
十月　同安庄
十一月　同安庄　服庄
十二月　服庄
閏月
十ケ月ハ尊勝院御寄進　海印寺所
散在佛餉田料所事
一　奉寄進　佛餉田

第29丁表

合伍段小 所当三石六斗

伊賀国名張郡新庄領内 作人 宗元 新旦言 相模 乗澄

一 奉寄進 仏餉田

合一段 所当六斗

大和国法貴寺 作人浄存重厨

一 奉寄進 仏餉田

合弐段者 所当七斗 此内 中所沽人坊 三斗

山城国大隅庄内 作人 公文

一 奉寄進 仏餉田

合壱段 所当三斗

大和國添上郡□□郷　字櫟梅　伍人　西念

右旨趣者、爲令成就二世之素懐、奉寄進之

状如件

弘安元年七月日　□□□施主名字

一　奉寄進　佛餉田

合壹段者　　在□□□年□□

伊賀國名張郡中村領之内

右、所奉寄進之状如件

弘安元年七月日

施主大中臣□□

施厳

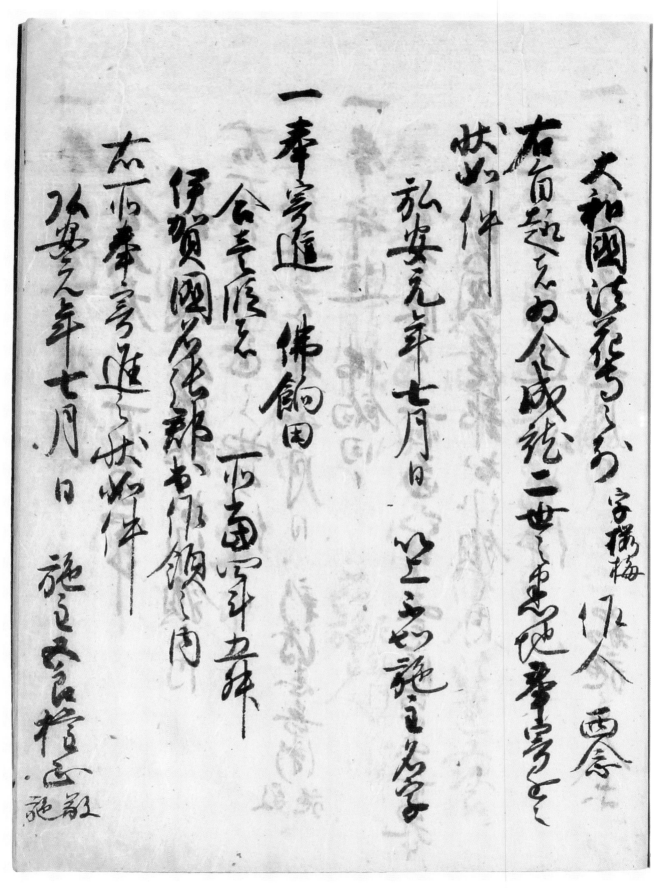

第30丁表

一 奉寄進　佛餉田
合大者　在南畔
伊賀国名張郡於小領之内
右所奉寄進之状如件
弘安元年七月日　新清志無開敬施
一 奉寄進　佛餉田
合壱段者　在南畔　又壱段三百歩字夏見
伊賀国名張郡於小領之内
右所奉寄進之状如件
弘安元年七月日　諸施主人等

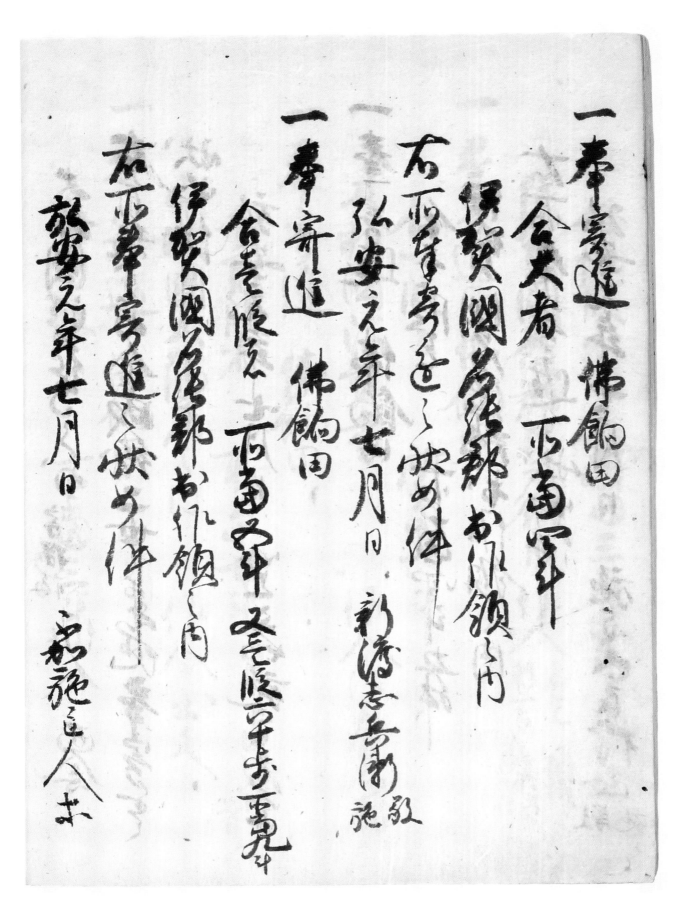

第30丁裏

一奉寄進 佛餉田

合壱段者 所當七斗

大和國 字葛木 東一段 作人 法華文殊

右所奉寄進之状如件

發妥 年十月廿二日

某年月日 施主 人 尼勧阿弥陀佛

一奉寄進 佛餉田

合壱段者 所當七斗

大和國 字和孫

右所奉寄進之状如件

某年月日 施主 人

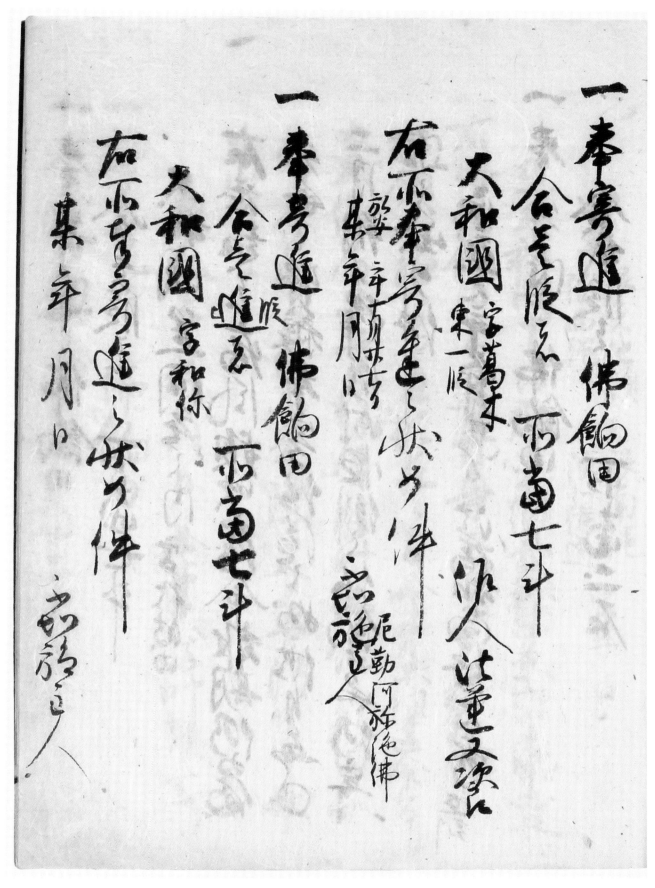

第31丁表

一 奉寄進 佛餉田
合壱段者 小南田七斗
大和國笠間庄之内字於破田
右志趣者、為病風頻吹、露命難期、仍為後
来世之資粮、奉寄仏陀之妙供、自毎年 〔施〕
二月朔日擇從時恒例之仏餉可為也、仍寄
進之状如件
嘉禎元年十月廿日　法橋和尚位定秀 在判

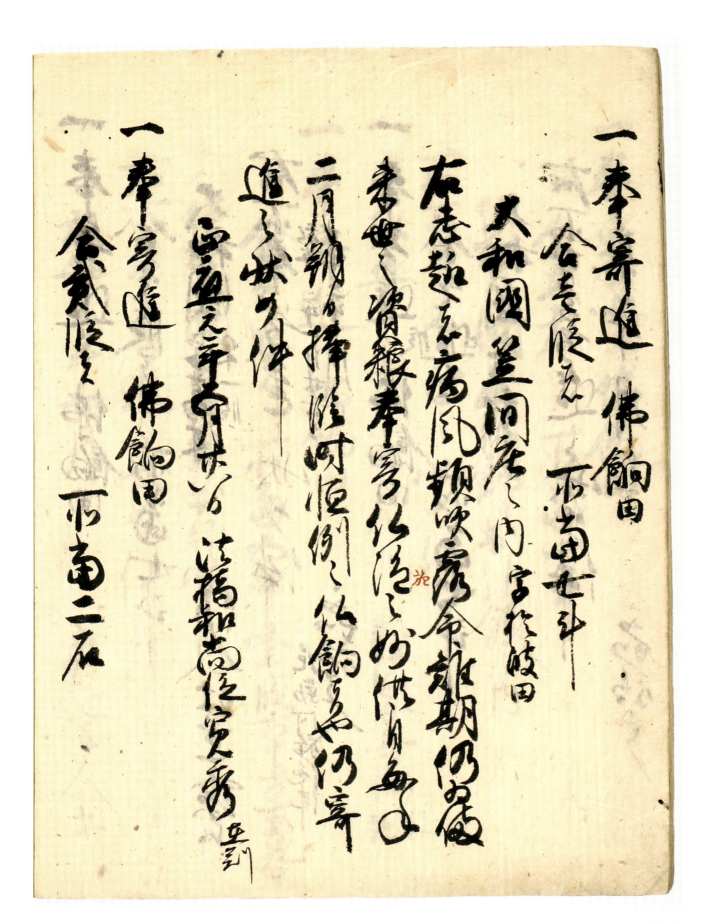

一 奉寄進 佛餉田
合弐段者
小南二石

四至 限東他領 限南縄
　　 限西縄 限北横道 字井口

在大和国十市郡東郷貮拾四条六里縄本三段

右件仏餉田者、信貴尊訳五段 先祖相伝

私領也、然而為亡母菩提今東大寺仏餉奉令

為大仏殿三昧堂彼岸施行仏餉之料田永

奉寄進之處也、末代更不可有違乱之状

如件

嘉元四年五月日 今東大法師快 在判

一 奉寄進 仏餉田

合壹段者

在南田二斗蒔

摘望了政云 皇帝右

第32丁表

河上庄領内　小田
字出　本券両通
右奉寄進者、為悪世當宅還安楽
殊早修不退之実、且為速入善隣
彰海阿無、毎年七月朔日随河佛餉一斗
施入之状如件
正和弐年七月　日　大法師宗禅　在判
一奉寄進　佛餉田
合弐段者　一所田一石一斗
伊賀国名張郡東郷内　字寺

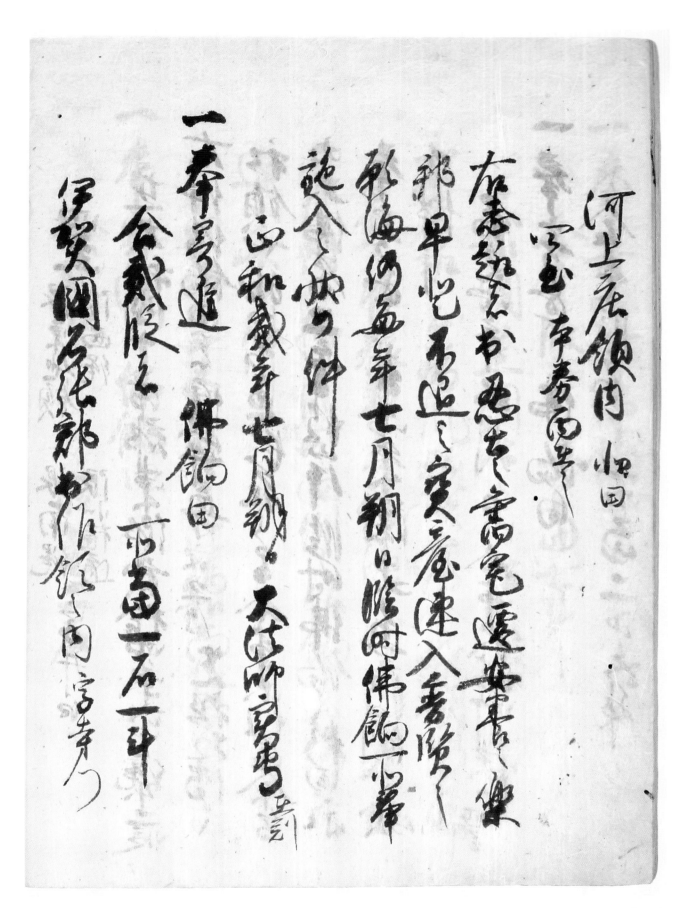

右件飯田者但馬殿無量追善奉寄進
彼料不足也作所善根果報生善
於諸生死後菩提乃至法界衆生
令識園沙界平等利益仍所寄附如件
一不可有違乱之状如件
正和五年九月十日
春若丸 在判
福若丸 在判
春鶴丸 在判
春虎丸 在判
一奉寄進 佛飯田
合壹段者 一所南三坪 字宮ノ坪得清
右奉寄進志趣者爲滅罪現當二世悉地
不可奉寄進之状如件

第33丁表

元亀二年六月十六日　氏女
施歌

一奉寄進　佛餉田
合小石　西畠一斗二升
伊賀国黒田庄之内　作人伝女郎
右所奉寄進之状如件
某年月日　不知施主名

一奉寄進　佛餉田
合大石　西畠一斗二升
河上庄之内　字南同寺前
右所奉寄進之状如件

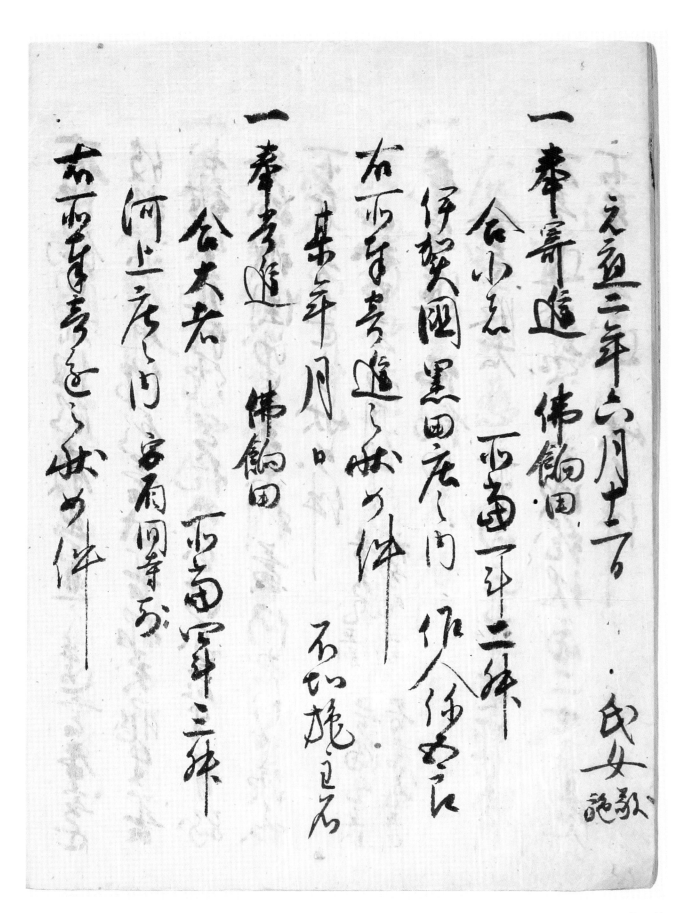

第33丁裏

某年月日　　　　某地主名

一　奉寄進　佛餉田

合壹段者　　　所當麦二斗大豆二斗

伊賀國黒田庄名張郡矢川條、字一井　四至在本券面矣

右志趣者、為成就現當二世之悉地也

毎月四日廿日、為隨時恒例之佛餉料所寄

寄進之状如件

文應貳年壹月十七日　　横尾心誠　在判

一　奉寄進　水田事　御佛餉

合壹段者　字廿角本坪　字地七年代

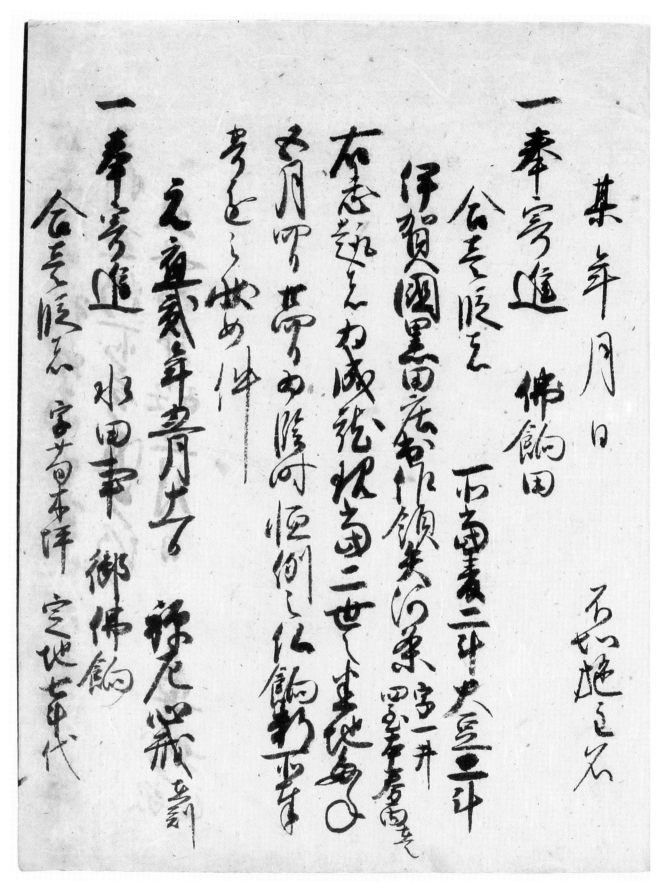

第34丁表

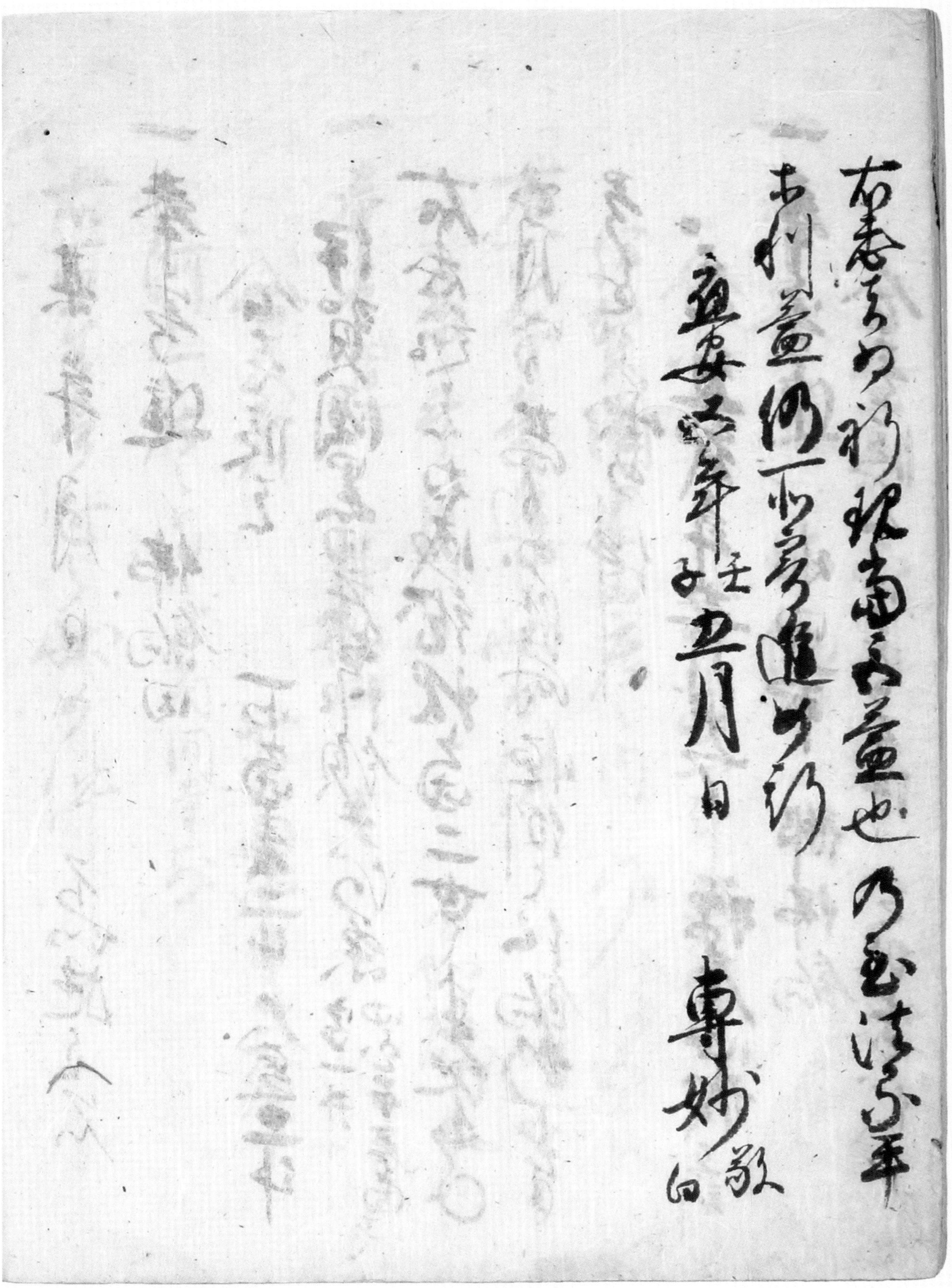

第34丁裏

見返し

裏表紙

東大寺叢書1

東大寺要録一

二〇一八年一二月三一日　初版第一刷発行

編　集　東大寺史研究所
発　行　東大寺
制　作　株式会社　法藏館
京都市下京区正面通烏丸東入
〒　六〇〇―八一五三
電　話　〇七五―三四三―五六五六
ＦＡＸ　〇七五―三七一―〇四五八

印刷・製本　中村印刷株式会社

ISBN978-4-8318-5201-4 C3321